Hong Kong Countryside

野外香港
歲時記

Throughout
the
Seasons

第二版

香樂思
Geoffrey A. C. Herklots
原著

彭玉文
譯註 · 攝影

中華書局

原書

香樂思　獻辭

獻給　我親愛的妻子，海枯石爛的旅伴，見第 19 頁 [1]

To

MY DEAR WIFE,

a constant companion

on my walks,

see p. 19.

1　即本書頁 85 漫畫圖片。

原書

香樂思　序

　　寫這本有關大自然的書時遇到最大的困難，是怎樣選材和表達。此地動植物外貌大異於歐美，無論作者如何描述，讀者也難以獲得具體印象。新來香港的人，會對陌生的、繁雜的物種感到新奇，眼花繚亂，難以記憶其名字，可對新事物只要有心探究，能吸收、勤記憶，很快就能克服障礙，終能享受和欣賞大自然四季之美。

　　能配上大量彩色或黑白相片固然最好，可是彩印成本太貴；戰前儲下的相片和繪畫，都在戰時失去；在集中營製作的圖畫，亦已發表，幸得皇家園藝學會出版社編輯准許我採用在《期刊》（*Journal*）和《杜鵑花年報》（*Rhododendron Year Book*）刊過的圖片，成為本書的卷首插圖和圖板 1 到 8，對此我表示感激。本書有些材料來自曾於報紙專欄發表的文章和十卷本的《香港博物學家》（*Hong Kong Naturalist*），當時就準備輯錄成書；在戰後出版的《食物與花》（*Food and Flowers*）刊過的篇章，這裏就不收錄，以免重複。

　　本書分成兩部分，第一部分按月份記錄本地野外特色事物，第二部分以主題而非月份來劃分。本書備有索引，有助讀者找出自己感興趣的條目。

　　最後，我要強調，本書既非植物志，亦非方物志，更非新界導賞書，其實是作者二十年在香港快樂生活的雜記。

—— 寫於 1951 年

劉克襄　序
一部香港的自然二重奏

　　約莫八年前，我受邀到香港城市大學當訪問作家。教學閒暇時，我常到圖書館借閱珠江的地方文史書冊。那時翻讀最頻繁的，應該是早年的自然志，尤其是鄉野環境的風物紀錄。不管是中文或英文書寫，我都會設法找到原始版本，逐字認真翻閱，藉此對照自己的行山。

　　有此一檢視和比較的樂趣，我自然會接觸到香樂思（G. A. C. Herklots）和亥烏德（或譯「郗活」）（G. S. P. Heywood）等人，20 年代起在港島一帶的自然踏查和觀測。只是書本能借閱的時間有限，為了詳加研讀，後來不得不花錢，分好幾日逐篇影印，希望日後按文索驥，從這些作者的書寫裏擷取更多養分，進而對照香港生態環境的變遷。

　　如今看到有志者願意竭力翻譯，並再次踏查原地，詳加註釋，自是值得大聲喝采。我自己在台灣從事過相似的譯註，因而對這一形式的翻譯和重返現場等工作態度，擁有高度共鳴，也深刻認知這一加註的不可或缺。更何況，原作者和譯者提到的地點，都是我熟稔的鄉野，因而率先取得手稿翻讀時，滿懷閱讀經典的欣喜。一邊翻看，諸多想法也油然而生，如今有幸為序，僅容我就此重新印製的版本說些感想。

　　首先就譯者部分。其一，誠如其序言，時候到了。

　　若是早個十年半載，關心香港的讀者恐怕還無此土地共識的緣份。如今綜觀，從 19 世紀中葉以來，香港因交通、殖民和地理環境等因素，意外地成為西方人進行自然科學調查的良好位置，以及相關人才的養成。

　　從那時起，在地的山川風物始終不乏系統性的科學觀察紀錄。經年累月下來，悄然積累出可觀的資訊。放眼內地東南沿海省份，或者整個東南亞，香港的

自然志一如整個城市的熠熠生輝。

這一自然志的豐碩過往，現在有人適時爬梳，我們愈能展現成熟的視野，甚且對未來做出合宜的環境監護。譯者的序言也不僅在介紹這位不出世的博物學者，或推崇香樂思在香港自然書寫的地位，其研究和著作成果，一個微區域生態環境的精彩內涵，以及百年歷史的變遷，都悄然躍出紙面。

其二，譯者在譯註方面的治學，增加了本書的分量。

一本多年前的自然書寫舊作，因時空地理不同，加上環境生態的迥異，勢必有許多昨是今非的改變。我們讀舊文，難免會產生困擾，若隨文出現扎實而厚實的詮釋，幫助自是甚大。譯者不僅耗費相當長時的田野調查功夫，還帶着科學考證的嚴謹精神，詳加核對各時代的學名和物種。此外還做了必要的地方風物補遺，減輕了我們在閱讀時的節奏干擾。

從譯註引文的加註說明，我們也不難想像，譯者勢必搭配諸多相關書籍做為參考。豐富而深入的補述和研析，不但提供更多想像，擴大文本的各種可能，還創造了跟文本等同等重要的分量。它像電影的旁白一樣，協助我們，進入百年前的描述狀態。

其三，每一篇章都有鞭辟入裏的譯者導言。

一個譯者若無法深入鄉野觀察，跟作者感同身受，再如何多樣的註解都無法貼切，給予活潑而生動的整合和綜觀，甚而提出個人的洞見，在舊作的基礎上萌生新意。

更直白地說，時代不同，譯作者更該有責任提出時代環境觀，把經典舊作放到一個合宜的位置，引領讀者思考，或者提示每一篇章的重點。這方面譯者扮演的角色同樣稱職。每一篇章都精簡扼要，扎實地協助我們，從這個時代深邃而溫暖地回顧，拉近我們和那個年代的距離。

原作重看，意義一樣非凡。其一，作者想要分享的是一種生活價值。

儘管文本展現大量專業知識，甚而可歸類為某一形式的自然觀察報告，但香樂思始終強調，本書既非植物指南，亦非博物志，更非新界導賞書，而是在香港快樂生活的雜記。這一生活價值或許是今天重出時，更應尋思的部分。

享受和珍惜鄉野風情，恐怕也是香港教育裏過往比較疏忽的部分，且缺乏長

遠規劃的內涵。縱使在 70 年代初，環保意識遠比其它地方更早萌生，自然生態保育機構亦提前建制，但並未帶動市民的普遍覺醒。市民個人生活和本地風物地理同樣缺乏連接，直到晚近才有較具體自覺的實踐意識。

其二，作者的歲時記，為地方釐定了一個早年自然風物的曆表。

精湛的歲時記，以自然為題材，本身要俱備博物學的好奇和敏感，更得建立長時日記形式的觀察基礎。香氏以其在香港生活二十年的田野記錄，隨興發想，不泥於一式和固定架構，盡性地寫下大自然的意趣，諸如見過哪種野花野鳥，或者栽種何蔬果等點點滴滴。文體雖未工整，卻悄然寫出一個四季風貌的範本。

華人的地方志或自然志，較少博物知識的書寫傳統。作者不只善於季節性的現場觀察，同時回顧了過往在地和廣東的採集，又或是某一年份將植物運往歐洲，成為園藝栽種品種。這類旁徵博引，兼及歷史面向的引述，擴大了本書的廣度和深度。

其三，作者對地方風物，擁有生動而詳盡描述的才質。

如同對動植物的好奇，西方博物學者常對地方風物充滿特別的興緻，也深愛以此做為自然觀察的背景交待。這一特性和書寫，意外地補充了當時華人視為尋常事物卻反而疏漏的紀錄。香氏又特別愛好研究野菜蔬果和農業栽種，這類紀錄遂成為本書重要的特色之一，增加了本書的風趣和可觀性。

譬如，描述大帽山西南坡水力充足，因而當地有八座水車。水車帶動一系列大木槌，此起彼落，砰然作響，捶製香氣四逸的香燭粉末。又或是，七八月時，在粉嶺附近，有典型的中國式變通耕作法。小男孩坐在泥耙上增加重量，調節施壓的力度與角度，讓水牛深深地犁過稻田。

還有關於野菜的食用，香氏長時在野外來去，具有獨到心得，讓人眼睛一亮。例如，稻田中有一種稗草，當年被囚禁在赤柱集中營時，他們會教伙伴撿拾，加進米粒裏煮熟拌飯。野生品種中有一種棗樹叫刺葵，秋日結出小果實。當棗還是橙色時，便割下帶回家，變熟轉黑，摘下放入口，大力吸吮；吃剩的洗淨，可放入罐中藏好。

以上種種有趣的見聞不勝枚舉，十二個月的歲時記，加上其它篇章對自然野生動植物的綜觀，香樂思展現了一位博物學者早熟而廣闊的視野，在香港郊野生

活裏‧長時快樂地閱讀自然風景。有此才質，想必年輕時的博物基礎打得深厚，而在香港生根的時日也夠久，充滿嫻熟地方動植物的情感。

　　相對的，順手閱讀譯者的描述，一樣能充分感受，那是一個熱愛自然、經常行山野外，對在地流露深厚情感的人，同時為了翻譯此書，做足了相當繁複的準備功夫，才可能出現深入淺出的譯註。

　　我好像在欣賞一次精彩的二重奏演出。香樂思著作的重新出版，加上譯者的竭力盡心，過去與現在的縝密搭配。無疑的，讓此書成為回顧自己郊野家園的重要起頭，而非結束。西方人在香港旅居的自然觀察，絕對是在地重要的自然書寫，甚而是最早的一部分，只是我們過去較為疏忽。一些山友和動植物喜愛者相信早有所悉，現在則宜愈發珍惜，賦予新角度的論述，繼續讓香港的鄉野比其它地方更加獨特而璀璨。

2018 年 6 月 5 日

饒玖才　序

從《香港博物學家》
到《野外香港歲時記》

　　回憶 1955 年，我獲當時的農林漁業管理處取錄為初級農林督察。報到時，主管對我說：「初入職人員要邊做邊學，盡快掌握與職位有關的基礎知識和技能，兩年試用期內表現滿意才會長期任用。本處圖書室所藏書刊，可借來閱讀，對工作會有幫助。」

　　其後，我依提示到該「圖書室」，它只是一個簡陋的房間，擺放了四個書櫃和一套檯椅。所藏的書刊，主要是香港政府的法例、憲報和一批英文與中文的自然科學書籍。另外，有幾套名為 *The Hong Kong Naturalist* 的英文季刊集（中文多稱《香港博物學家》或《香港自然學家》），其釘裝厚實，文章多附有插圖和黑白照片，其中有多張印刷精美的手繪雀鳥和花卉彩圖。由於當時彩色照片尚未流行，故引起我注意。該刊物的總編輯是「G. A. C. Herklots」。前輩同事告知，他的中文名字是香樂思，曾任香港大學生物系教授，學識豐富。二次大戰後在輔政司署任發展科主管，專責漁業與農業發展，是本部門的「大波士」。

　　香樂思在 1928 年應聘香港大學任教後，有感於本地關於自然科學的普及讀物缺乏，於是聯同皇仁書院校長古祿（A. H. Crook），於 1930 年創辦上述英文季刊，內容包括本港及鄰近地區的植物、動物、地質、氣象及人文歷史的資料。除香氏本人外，主要撰稿者包括天文台科學主任郁活（G. S. P. Heywood）、港大生物系講師吉布斯（L. Gibbs）、政府中文顧問宋學鵬，以及考古學學者費恩神父（Fr. D. Finn S. J.）和幾位中國內地大學的中、外籍科研學者。訂閱者大多是居港外籍人士，華人讀者不多。由於銷量有限，該刊曾遇上財政困難，需政府及私人捐助才能維持。日軍佔港時期，該刊曾經停辦，戰後復刊，直至 1950 年香氏離港時結束。

香氏赴非洲及南美洲工作後，對香港仍念念不忘，於是重新整理居港時期的日記，以及他刊於 *The Hong Kong Naturalist* 的文章，並加以補充，成為 *The Hong Kong Countryside: Throughout the Seasons* 一書，由《南華早報》於 1951 年出版。該書刊行後深受自然愛好者歡迎，認為是了解本地風物的上佳入門讀物。我留意到，1960 至 1970 年代，本港中文報刊（如《華僑日報》和《星島日報》）所載關於自然風物專欄的短篇，以及本港著名作家葉靈鳳寫於 1960 年代的《香港方物志》，都帶有香氏作品的「影子」。可惜原著絕版已久，令年輕一輩未有機會閱讀。

有鑒於此，本地自然愛好者彭玉文先生，近年將香氏原著翻譯成中文，並加入他本人搜集多年的資料、相片和見解，作為註釋及補遺，並取得香氏後人同意，將該書重新出版。彭先生在新界長大，熟悉鄉郊環境，早年在葛量洪教育學院及浸會大學畢業後，長期在新界任教，經驗豐富。此後又在香港大學進修，取得教育碩士學位。最近，他將新書初稿給我閱讀，我覺得他的中譯補充版水準很高，既能反映原作者文筆平易通俗、引人入勝的優點，更精確地重現原著的內容。特別高興見到他採用《野外香港歲時記》作為新書書名，符合中國風物書籍名稱的傳統（如南梁元懍的《荊楚歲時記》），故樂為他作序。

最後，我謹祝彭氏新書出版成功。

2016 年 2 月 16 日

目錄

第一章
Chapter 1
·
歲 時 記
Nature through the Year

第二章
Chapter 2
·
動 物 專 題
The Mammals of Hong Kong

第三章
Chapter 3
·
植物專題
Plant Life

第四章
Chapter 4
·
行山遠足
Walks and Climbs

譯者前言

香港史上被遺忘的英雄
——香樂思 Geoffrey A. C. Herklots

　　先祖據稱是希臘大力神海克力斯（Hēraklēs）的 Herklots 家族，[1] 在現代出了一位 Geoffrey Alton Craig Herklots（1902–1986），他在 1930 至 1940 年代在香港工作，當時文人吳灞陵、葉靈鳳稱他「香樂思」，音義俱佳，今人把 Herklots 譯為「夏諾士」、「赫克羅斯」、「赫克洛茨」、「許克樂斯」，反映香樂思不為這一代香港人熟悉，知之者卻視他為「香港史上最重要人物之一」[2]、「很可能是香港有史以來最偉大的博物學家」[3]、「他二十多年超卓的研究成就，無可置疑為香港貢獻良多」[4]。然而這樣一位難得人物的事跡，卻絕少在中文文獻中出現。今年是香樂思誕生 116 周年，也是他最富魅力的作品《野外香港》出版 67 周年，譯者把搜集多年的文獻，整理為文，替香樂思立傳，述其對本土的貢獻。

1　　詳見 http://herklotsfamily.tripod.com/id5.html。香氏事跡不單絕少在中文文獻中出現，外文書刊所載亦缺乏，替香氏作傳幾乎是不可能的任務。直至作者兼用搜尋器搜集，發掘許多由香氏親友、學生、難友、讀者、行家、有關機構提供的重要材料，終能完成本文。

2　　Brian Morton, "Over Fishing: Hong Kong's Fishing Crisis Finally Arrives", *Marine Pollution Bulletin*, Vol. 50 (2005), pp. 1031-1035. http://www.soest.hawaii.edu/oceanography/courses_html/OCN331/Morton.pdf.

3　　Jonathan Downes, "A View to a Kill - the Mythologisation Process in Action", *Porcupine*, No. 25 (May 2002). http://www.biosch.hku.hk/ecology/porcupine/por25/25-vert-tiger.htm.

4　　Peter Cunich, *A History of The University of Hong Kong* (Hong Kong: Hong Kong University Press, 2012), p. 266.

·科學濟世，智庫先河·

　　1902 年 8 月 10 日，香樂思在喜馬拉雅山下印度北阿坎德邦（Uttarakhand）由英國人開拓的湖岸山城奈尼塔爾（Nainital）出生。[5] 就讀劍橋大學時追隨以研究光合作用速度與光線強度及溫度關係而聞名的植物生理學家 Felix Frost Blackman，[6] 以研究馬鈴薯生化作用之論文，[7] 成為劍橋聖三一學院植物學及動物學博士。導師們稱讚他生性聰敏，精力充沛，在殖民地必有一番作為。[8]

　　1912 年啟用的香港大學，當時只設醫學院、工程學院及文學院，唯一的全職生物學教師 R. W. Barney 在 1924 年離職時，連像樣的實驗室也未建立。1928 年 12 月，26 歲的香樂思來到香港大學生物系任職，他「有一種光明磊落的態度」，[9] 努力不懈地工作，不像其他殖民者一樣自命高人一等，養尊處優。在他的努力下，港大理學院在 1939 年成立。根據當年學生回憶，香氏富有魄力，對教學充滿熱忱，大家都渴望上他的課。[10]

5　　Hans Swift's website：http://www.hansswift.com/tree/504.htm。Nainital 另有寫成 Nani Tal 的。

6　　Books on "Plant Respiration" (1932—1960): From Walter Stiles to Felix Frost Blackman to W.O. James to Harry Beevers: http://www.life.illinois.edu/govindjee/PersonalPlantRespiration.pdf.

7　　"The Effects of an Artificially Controlled Hydrion Concentration upon Wound Healing in the Potato". http://onlinelibrary.wiley.com/doi/10.1111/j.1469-8137.1924.tb06638.x/pdf.

8　　MacPherson, "The History of Marine Science in Hong Kong (1841—1977)", in Morton ed. *Perspectives on Marine Environment Change in Hong Kong and Southern China, 1977–2001* (Hong Kong: Hong Kong University Press, 2003), p. 20.

9　　謝榮滾：《陳君葆日記全集》—— 1936 年 9 月 22 日（香港：商務印書館，2004），頁 249。文中「赫克洛斯醫生」即香氏。

10　Uheng Khoo, in Cliffore Matthems & Oswald Cheang ed., *Dispersal & Renewal HK University During the War Years* (Hong Kong: Hong Kong University Press,1998), p. 109.

他不但教學出色，研究工作更能人所不能。當年政府缺乏人才，決策者遇上難題，往往向這位劍橋博士請教。例如向他徵求香港博物館應搜集什麼展品，[11] 以及保障港人食用魚來源的方法等。香氏進一步在 1936 年接受政府資助，在港成立水產研究站，把建議付諸實踐。套用現在的說法，香氏是當時港府最重要的智庫成員之一，他以知識的力量改善民生，提升政府的威望。在當時港大校長敦促下，香氏在 1940 年撰寫一系列控制蛀食糧存害蟲（經濟昆蟲學）、選種及配種（糧食生產）、建立植物檢疫站、檢查食品質素、與劍橋實驗室合作等計劃書呈交港府。[12] 港府雖然最後只批出水產研究站的撥款，但此舉竟然成為戰後港大生死存亡的關鍵。原來戰後英國國會提出非殖民地政策，意欲退出遠東，引出應否繼續辦理香港大學的辯論。反對者認為港大教授大部分只做教學不做研究，研究水平又比不上中國的大學，不如結束港大讓學生北上求學。港府請中國科技史權威李約瑟（Joseph Needham）來港大作外評，熟悉內地大學的李約瑟總評，港大在海洋生物學方面已有基礎，倘能繼續發展，可對中國及全球作出貢獻，英國政府據此意見續辦港大。[13] 此一海洋生物學的基礎，便是由香樂思奠定。[14]

---

11 詳見 Dave & Stefan 於 2005 年 12 月 29 日網誌 "The Poor State of Hong Kong's Museums: 1938". http://blog.mobileadventures.com/2005/12/poor-state-of-hong-kongs-museums-1938. html。

12 Peter Cunich, *A History of The University of Hong Kong*, p. 406.

13 MacPherson, "The History of Marine Science in Hong Kong（1841—1977）", in Morton ed., *Perspectives on Marine Environment Change in Hong Kong and Southern China, 1977–2001*, p. 20.

14 左翼科學家李約瑟（J. Needham）等人建立「科學人本主義」，堅持科學永遠只能服務於人類價值，反對盲目不人道的科技主義。李約瑟是香樂思劍橋生物系師兄，他支持港大不能不排除有香氏的因素。

（左）外貌儒雅的香樂思 [15]

（右）香氏畫自己被水母刺傷的窘樣，還特意醜化樣子，成為大老粗，表現英式幽默。[16]

· 融匯本土與世界的博物學奇葩 ·

香樂思在 1930 年創辦及主編科普季刊《香港博物學家》（*The Hong Kong Naturalist*），吸引了一大批國際知名生物學家及民俗學家撰稿，如費恩神父（Fr. D. Finn S.J）的舶遼洲考古報告、天文台台長助理郁活（G. S. P. Heywood）之香港遠足路線、港大總教習宋學鵬寫新界傳說、皇仁書院校長 A. H. Crook 寫昆蟲、港大生物系 L. Gibbs 寫植物、A. M. Boring 寫兩棲類、W. Setchel 寫藻類、W. Fowler 寫海魚、香樂思自己寫植物和鳥獸。一眾留學外國的中國生物學學者及當時中國生物學的帶頭人如金紹基、秉志、沈家瑞、曾呈奎、林書顏等，也在此刊物發表文章。《香港博物學家》是一本融合中西學者、專業與普羅、文史與科學、文字與圖像的雜誌，其經費來源，靠香氏在自己薪酬中抽出 175 英鎊，以及向英

15　相片來自 Elliott & Fry, 10 March 1953, Given by Bassano & Vandyk Studios, 1974© National Portrait Gallery, London

16　相片來自 G. A. C. Herklots, *The Hong Kong Countryside: Throughout the Seasons* (Hong Kong: South China Morning Post Press,1951), p. 58.

美研究機構申請撥款，[17] 才能持續出版十年，全套十卷，至 1941 年才因香港淪陷而停刊。現時全數可在香港大學網上期刊網站下載，不少珍貴資料今天讀來仍覺趣味盎然。

香樂思 1928 年來港後，受皇家海軍 H. P. W. Hutson 將軍感染，每週伴隨觀鳥，此後一生着迷。1938 年休假期間，香氏到大英博物館鳥類館，查閱 La Touche 等人在亞洲搜集的鳥類標本，對照田野筆記，開始寫作有關香港鳥類的專著。1942 年淪陷後香樂思被日軍送去集中營，他放入行囊的是 La Touche 的《南中國鳥類圖鑑》和《香港博物學家》，據之在營中完成《香港的鳥類》，[18] 1946 年由《南華早報》出版，修訂後多次重印，一直被奉為香港觀鳥「聖經」，直到 1976 年 Michael Webster 的《香港鳥類圖鑑》及 1977 年 Clive Viney《香港鳥類彩色圖鑑》出版，才被取代。在 1999 年，Michael R. Leven 仍然對香氏報道農地生境上的雀鳥軼聞懷念不已。[19]

香樂思主編的《香港自然叢書》（*Hong Kong Nature Series*）之〈蘭花首二十種〉（"Orchids, First Twenty"）及〈顯花灌木與樹木〉（"Flowering Shrubs and Trees"）在 1937 及 1938 年由香港大學出版、《食物與花》（*Food & Flowers*）在 1948 年由港府農業及園藝部出版，香氏親自繪圖，方便市民識別；1971 年起市政局接棒，至 1980 年代出版了一系列供市民使用的本地動植物圖鑑，開華文地區之先河。G. Barretto 等人於 2011 年出版巨著《香港野生蘭花》（*The Wild Orchids of Hong Kong*），共有十七處提及香氏對本地蘭花研究之參與。[20]

---

17 Peter Cunich, *A History of The University of Hong Kong*, p. 410.

18 G. A. C. Herklots, *Hong Kong Birds* (Hong Kong: South Morning Post Press,1953), Introduction.

19 "Special Feature: Focus on Farmland" : http://www.biosch.hku.hk/ecology/porcupine/por18/farmland.htm.

20 G. Barretto, P. Cribb & S. Gale, *The Wild Orchids of Hong Kong* (Malaysia: Natural History Publications（Borneo）, 2011), pp. 115, 172, 192, 254, 258, 301, 317, 377, 436, 441, 461, 497, 500, 505, 552, 597 & 579.

　　香港政府自開埠至 1930 年代，一直漠視本地漁農業的存在與發展，直到日本漁船駛入南中國海大舉捕魚，使魚量大減，漁民生計受到威脅，政府才資助香氏成立「香港漁業研究站」（Hong Kong Fisheries Research Station），保障港人食用魚來源，及防止漁民因失收而引發動亂。「香港漁業研究站」提出的紓困方法，先是推廣醃曬鹹魚技術，[21] 後是倡導市民食用以前不熟悉不敢吃的本地海魚。原來當時香港市場可供選購的海魚種類不下百數十種，外籍居民卻只會選吃石斑、鯧魚、撻沙等少數幾種，認定那些外貌古怪、顏色鮮艷的海魚有毒不能食。香樂思及林書顏兩人在 1940 年出版中英對照的《香港食用魚類圖志》，附上中西式烹調法，務求擴闊食用魚種類。1945 年戰後初期全港糧食短缺，供不應求，該書使所獲海魚物盡其用。到了 1960 年代經濟起飛，該書三次修訂再版，掀起吃海鮮熱潮，香港廚師人手一本，後來此熱潮更擴展到香港外籍人士、廣州人以至東南亞各國。[22]

林氏及香氏合著的《香港食用魚類圖志》

21　MacPherson, "The History of Marine Science in Hong Kong（1841—1977）", in Morton ed., *Perspectives on Marine Environment Change in Hong Kong and Southern China, 1977–2001*, p. 20.

22　詳見鍾潔玲於 2007 年 7 月 5 日題為〈海鮮潮〉的網誌：http://www.tieku.org/110671/4.html.

· 備戰重任 ·

1939 年 11 月，香氏和一位朋友來到屏山濕地以西的輞井半島觀鳥，選了一個理想地點午膳：

> 我們後面是待收割的蔗田，右面林地邊，是一塊休耕地。前面有一棵紫珠，果實正由綠轉紫。後面是大榕樹，遠些便是林地。太陽曬暖我們的背，我們靜靜地吃三文治，這平靜來得不易，因為不遠的邊境以外的中國，戰聲正起。[23]

日誌中香氏對香港即將會受日軍侵略的擔心表露無遺。其實英軍在 1938 年已建成醉酒灣防線，希望縱使日軍進攻，英軍仍能拖延三個月，待援軍來防衛港島。日軍在 1938 年中登陸大亞灣，攻陷廣州，計劃先切斷內地輸送糧食往香港的路線，後強奪香港。時任港督羅富國建議放棄香港，但軍方堅持駐守。[24]1940 年 4 月羅富國稱病離港，岳桐（E. Norton）中將在 1940 年底積極備戰，其中一項是成立軍用物資委員會（War Supplies Board），[25]1941 年 9 月，楊慕琦接替羅富國，香氏被委任為籌集戰時民生糧食總監，保證在日軍包圍下港島市民糧食供給能支持三個月及有足夠營養。香氏先建議政府管制食米買賣，不要讓個別米商囤積居奇，大量貯存黃豆、花生油、鹽，另進口維生素 B1、尼古丁酸；又在港島大量採集松針提煉維生素 C，實驗生產酵母。此等材料全為研製救荒食物、富含維生素營養的壓縮餅乾而設。當時有人稱本地有足夠稻米生產，不用再做餅乾，香氏指出，單靠稻米未能提供勻衡營養，必須以蔬菜補充，但當時香港本土種植的

23　G. A. C. Herklots, *The Hong Kong Countryside: Throughout the Seasons*, p. 69.

24　鄺志文、蔡耀倫：《孤獨前哨 —— 太平洋戰爭中的香港戰役》（香港：天地圖書，2013），頁 70—71。

25　鄺志文、蔡耀倫：《孤獨前哨 —— 太平洋戰爭中的香港戰役》，頁 87。

蔬菜只能供應五分一所需，不得不另製餅乾。政府最終採納了香氏的意見。[26] 殖民地醫務總監可徒永覺（Selwyn Selwyn-Clarke）延請島上衛生水平最高的連卡佛（Lane Crawford）餅店主人 Thomas Ash Lane 協助香氏生產救荒餅乾。經過三十次試驗，終於製成。市民日食一塊，便有足夠纖維，提供每日所需鐵質，避免糙皮病；日食四塊，提供足夠維生素 B，避免腳氣病。壓縮餅乾在三間醫院被病人試食，結果由六個月大到 80 歲的市民都接受其口味。當時政府下令在 1941 年 11 月 15 日起日產八噸，後更加入鈣質及富含維生素 A 及 D 的鯊魚肝油，直到被日軍佔領而停產。果如香氏所言，港人習慣吃打磨後的稻米，缺乏維生素 B，日後在赤柱及深水埗集中營中生活的被囚者，因此飽受腳氣病之苦。[27]

· 勇猛精進集中營 ·

港府在 1941 年 6 月安排居港的歐籍婦孺，乘船撤離香港前往澳洲避難，香樂思妻兒悉在當中。香樂思太太因不願離開丈夫太遠，決定在馬尼拉碼頭上岸，住在當地大學宿舍。據次子 Jeremy 憶述，香樂思曾多次前往馬尼拉探望妻兒，[28] 直至 12 月香港淪陷，香樂思及其他約二千五百名英籍文官被拘禁於赤柱集中營。日方准許文官成立自治組織，根據自身專長，為其他營友服務。香氏被分配

26　Brian 開設了名為 In The Dark World's Fire: Thomas and Evelina Edgar in Occupied Hong Kong 之網誌以回顧他父母 Thomas and Evelina Edgar 在香港日佔期間的經歷，旁及不同人事分項，其中有香樂思一列。詳見 http://brianedgar.wordpress.com/2012/03/12/thomass-work-1/。

27　In The Dark World's Fire: Tom and Lena Edgar in War — A Chronology: http://brianedgar.wordpress.com/2012/03/12/thomass-work-1/.

28　Rosanne 訪問香氏之子 Jeremy Herklots，刊於 The Monthly Magazine of the Cowley Team Ministry, July/August 2007。詳見 http://cowleyteamministry.co.uk/chronicle/200707.pdf。日軍在 1942 年 12 月尾進駐馬尼拉，美軍撤走，香氏妻兒旋被送入當地集中營。香妻曾運用博物學知識採摘野菜，改善集中營飲食。

與醫護人員同住一倉，並被授予實驗室主管一職。[29]

集中營食物供應不足，香樂思運用博物學知識，為營友改善飲食作出重要貢獻，例如以集中營海濱可找到的石蠔殼補充鈣質，以海棗果實充飢。[30]Edith Hansom 憶述，「香先生慷慨地付出大量時間，教導我們營內哪些漿果可吃、哪些草根不可吃，我勤奮學習，想不到它們竟然含有這麼多維生素！我們靠這些有用的情報，使我們能夠找到額外的食物。」「他的正面積極態度鼓舞營友不要放棄。他對香港植物百科全書式的學問，對大家的幫助就更大了，他很快成為營中專家，給廚師和營友開列菜單，指出哪種野菜野果可吃、哪種有毒。」[31] 無獨有偶，在馬尼拉的香樂思太太，後來也被日軍關進集中營，認出一種香樂思在香港野外教曉她的野菜，幫補營友食用。[32]

1943 年 8 月，曾與香氏合作製做壓縮餅乾的連卡佛（Lane Crawford）餅店主持人 Thomas 也被送進赤柱集中營，隨即協助香氏培養富含維生素 B 的酵母，以紓緩營友慢性營養不良情況，結果抑制了患腳氣病營友的增幅。香氏更暗通集中營之外的林書顏，獲得紅十字會捐贈的鯊魚肝油。[33]

———

29　In The Dark World's Fire: Tom and Lena Edgar in War—Thomas's Work（1）: Preparing for War: http://brianedgar.wordpress.com/2012/03/12/thomass-work-1/.

30　G. A. C. Herklots, *The Hong Kong Countryside: Throughout the Seasons*, p. 148; MacPherson, "The History of Marine Science in Hong Kong（1841—1977）", in Morton ed., *Perspectives on Marine Environment Change in Hong Kong and Southern China, 1977–2001*, p. 22.

31　In The Dark World's Fire: Thomas and Evelina Edgar in Occupied Hong Kong—Thomas's Work（4）: Baking In Stanley: http://brianedgar.wordpress.com/category/g-a-c-herklots/

32　"Rosanne Interviews Jeremy Herklots", in The monthly magazine of the Cowley Team Ministry - Parish of Cowley, July 2007, pp. 7-10: http://cowleyteamministry.co.uk/chronicle/200707.pdf.

33　In The Dark World's Fire: Thomas and Evelina Edgar in Occupied Hong Kong—Thomas's Work（1）: Preparing for War: http://brianedgar.wordpress.com/2012/03/12/thomass-work-1/.

香樂思在集中營中負責開拓多個菜園，生產蔬菜供應營友食用。日軍供應品極少，香氏在沒有化肥、殺蟲水、除草劑的情況下，運用科學知識，配合天然條件生產蔬菜。[34]

香氏苦中作樂，用鐵餅罐養蛇做寵物，命名阿杜夫（Adolf）、本尼托（Benito）、小英機（Baby Tojo）供孩子參觀，收取小鼠做入場費，[35] 又在營內主持科普演講。據營友 Barbara 憶述，「香樂思在赤柱集中營是眾所周知的人物，我在1945 年 4 月 23 日曾聽他演講熱帶海洋，我還記得他說海底漫遊的片段。」[36] 醫護人員對他在任何環境下仍保持積極正面態度，留下深刻印象。[37]

赤柱集中營被囚的是文官，日方不需要他們做勞役，造就香樂思在營中繼續研究。他搜集大小不一的廢紙，在上面密密麻麻記錄研究所得，這些資料後來都用在其戰後出版的《香港的鳥類》及《香港蔬菜種植》中。香氏在 1940 年撰寫過一系列改進香港農業的計劃，此時他對初稿作出疏理，成為他日後出任拓展署長後的工作藍圖。[38]

· 解除壟斷剝削 ·

1945 年 8 月 15 日，日本宣佈投降，香樂思太太及兒女歷盡艱辛，輾轉經美

34　G. A. C. Herklots, *Vegetable Cultivation in Hong Kong* (Hong Kong: South China Morning Post Press, 1947), p. 1.

35　G. A. C. Herklots, *The Hong Kong Countryside: Throughout the Seasons*, p. 107.

36　"Memories of Geoffrey Herklots", Stanley Camp — Hong Kong — WWII: http://groups. yahoo.com/group/stanley_camp/message/1205.

37　In The Dark World's Fire: Thomas and Evelina Edgar in Occupied Hong Kong — Thomas's Work (4): Baking In Stanley: http://brianedgar.wordpress.com/category/ g-ac-herklots/.

38　Peter Cunich, *A History of The University of Hong Kong*, p. 410.

國、加拿大回到英國。香樂思獲釋後，趕到英國與妻兒團聚，[39] 恍如隔世。1945 年
8 月 30 日英國太平洋艦隊司令夏慤少將（H. J. Harcourt）率艦隊抵港，從日軍手
中接收香港。輔政司麥道軻（David MacDougall）知道香氏的才幹與熱心，邀請
香氏回港效力。當時全港食物儲量只剩十日，香氏建議漁民即時出海捕魚，解決
燃眉之急。[40] 日後對香港政治有很大貢獻的姬達（Jack Cater）當時為香氏副手。

　　戰前香港農夫漁民思想單純，沒有商業心計，收穫不但被中間人（欄商）壓
價收購，更往往為了維修或建造漁船、應付失收、婚禮、殯葬禮而舉債，中間人
再向貸款農夫漁民收取極高利息，逼他們接受嚴苛的條款，很多漁民辛勞一生卻
債台高築，無法改善生活。[41]

　　日本侵佔香港期間，漁船被軍隊徵用，中間人制度崩潰，漁類經銷改由政府
中央統營。林書顏調查後總結此制之優點。一待光復，香樂思便根據林書顏報
告，[42] 向麥道軻建議沿用日本人訂立的制度，成立魚類統營處，政府提供場地及人
手，只徵收少量行政費，杜絕中間人剝削，協助漁民銷售漁獲。1946 年 5 月 1 日
楊慕琦（Mark A. Young）復任港督，銳意在政治上引入民主自治，與在經濟上主
張生產自給自足的香樂思一拍即合，破格任用這位學者為拓展署署長（Secretary
for Development），確保在軍政府期間奠定的漁農發展計劃得以延續，香氏即把
取締「中間剝削」的原則推展至農業生產部門，成立蔬菜統營處。[43]

　　魚類及蔬菜統營處的設立，結束漁夫農民長期受兼任批發人及高利貸的中間

39　"Rosanne Interviews Jeremy Herklots", in The monthly magazine of the Cowley Team
　　Ministry‐Parish of Cowley, July 2007, pp. 7-10: http://cowleyteamministry.co.uk/
　　chronicle/200707.pdf.

40　Steve Tsang, A Modern History of Hong Kong (London: I. B. Tauris, 2004), p. 140.

41　Gere Gleason, Hong Kong (London: Robert Hole Ltd., 1963), p. 137.

42　MacPherson, "The History of Marine Science in Hong Kong (1841—1977)", in Morton
　　ed., Perspectives on Marine Environment Change in Hong Kong and Southern China,
　　1977–2001, p. 23.

43　Steve Tsang, A Modern Histoty of Hong Kong, pp. 146-147.

人之控制和剝削，對日後香港的發展作出顯著和長遠的貢獻。[44] 我看此舉體現當時英國社會主義「費邊社」（Fabian Society）的精神，觀乎楊慕琦執行英國工黨政府政策，可以支持這一推斷。魚類及蔬菜統營處的設立的歷史意義很可能被低估，它可能是華人地區最早改變佃農制度、消除剝削、改變生產關係、釋放勞動者生產力的成功先例。在合作式營銷安排下，農民和漁夫收入顯著提高，普羅大眾亦可用合理的價錢買到糧食，為 1960 至 1970 年代工業起飛提供條件。直到今天，內地記者李燕仍發現，香港的人均收入大約是北京的八至十倍，然而菜價只相當於北京的二至三倍，比內地菜價相對便宜。內地記者認為這歸功於蔬菜統營制度，「省掉了很多中間商環節，使中間商層層加價的情況不會出現」，[45] 引證了香港史學者曾銳生（Steve Tsang）稱香氏「對香港作出長遠的貢獻」的說法（2004）。

· 以知識改善民生 ·

香氏行事不愛繁文縟節之作風，得到一些殖民官吏和財務官僚的支持，但一些執行人員，因此忙得透不過氣來，曾忿怨批評「楊慕琦總督不應對工作狂香博士言聽計從」。林書顏曾被一些官員質疑薪金過高，香樂思這樣回應：相對於其貢獻，林書顏其實「物超所值」。[46] 林書顏在香樂思的支持下一直擔任香港漁業研究部主任。只需一年半時間，到了 1947 年秋，全港禽畜產量已接近戰前水平，該年稻米收成數量更是本港有史以來最高紀錄。

香氏循科學途徑發展農業，矢志改善農民生活。早在大部分新界農地只種稻米的 1941 年，香氏已出版《香港蔬菜種植》（*Vegetable Cultivation in Hong*

44　Steve Tsang, *A Modern Histoty of Hong Kong*, p. 140.

45　見燕子李三於 2010 年 5 月 12 日題為〈香港 Vs 大陸：蔬菜的成本和價格之迷〉網誌，http://blog.qq.com/qzone/622005022/1273596292.htm。

46　MacPherson, "The History of Marine Science in Hong Kong（1841─1977）", in Morton ed., *Perspectives on Marine Environment Change in Hong Kong and Southern China,1977─2001*, p. 24.

Kong），在被困赤柱集中營時，根據親自經營菜田之經驗及數據，於 1947 年修訂再版。[47] 人類學者認為中國內地政權於 1949 年易手後，廣東省新移民帶來種菜技術，[48] 香港農業因而能在 1950 年代由產值較低之稻米種植開始轉型為產值較高之蔬菜種植。鑒於當時能閱讀香氏英文原著的菜農不多，我們的確不能把香港農業轉型之成功主要歸功於他，香氏亦表示想向在實踐方面比他知得更多的菜農學習，寫蔬菜書之目的，是去搜集及疏理那些農友們較難接觸的科學文獻，藉以刺激農友冒出新的點子或嘗試新品種。[49] 但是跟《香港食用魚類圖志》一樣，《香港蔬菜種植》再次證明香氏的學術研究洞察時代發展大勢，緊貼民生所需；香氏 1972 年再把此書擴寫成《東南亞的蔬菜》（*Vegetables in South-East Asia*），至今廣為世界各地園藝界引用，可能是影響力最大的香港本土知識輸出之一。

香氏就任拓展署期間，大力修復新界古道、渡頭、水陂，新建許多道路、碼頭、糞肥廠、實驗農場。[50]1946 年 11 月他更延請奉行「助人自助」倫理之羅蘭士嘉道理（Lawrence Kadoorie）擔任發展及福利委員會屬下小組成員，[51] 此舉使香氏 1948 年辭任拓展處後，農業發展大計並未人去政息，因為嘉道理兄弟在 1951 年成立嘉道理農業輔助社（Kadoorie Agricultural Aid Association，K.A.A.A.），1956 在香氏熱愛的林村建嘉道理農場，為新界農民及駐港喢喀兵（英國駐港尼泊

47 G. A. C. Herklots, *Vegetable Cultivation in Hong Kong*, p. 1

48 Marjorie Topley, "Capital, Saving and Credit among Indigenous Rice Farmers and Immigrant Vegetable Farmers in Hong Kong's New Territories", in R. Firth & B. S. Yamey ed., *Capital, Saving and Credit in Peasant Societies: Studies from Asia, Oceania, The Caribbean and Middle America* (Chicago: Aldine Publishing Co.,1964), p. 157.

49 G. A. C. Herklots, *Vegetables in South-East Asia* (London: George Allen & Unwin, 1972), p. 1.

50 見中華電力網頁：https://www.clpgroup.com/ourcompany/aboutus/resourcecorner/publications/Documents/ e_aboutClppubCentlgtSection12e5.pdf。

51 見香港社會發展回顧項目：https://www.hongkongheritage.org/Archive/internet/chi/ArchiveDetail.aspx?searchType=0&isChi=0&keyword=herklots&arcID=30。

爾兵）提供培訓、農務供應品和免息貸款，讓受助人自食其力，使數以十萬計無恆產者終能安居樂業。

· 離 開 香 港 ·

楊慕琦在 1947 年 5 月退休，由葛量洪接任港督。葛量洪與楊慕琦對香港的發展有不同的判讀。楊慕琦相信啟動民主進程，增加華人參政機會，高度自主，能增強華人歸屬感，支持英國在 1997 年後延續管治。葛量洪則認為高級華人支持回歸祖國多於政改，專注發展社會經濟，才能爭取認受性，民主進程反會刺激中國政府提早收回香港。[52] 上有好者，下必有甚焉者，香樂思漁農業發展方案被保守官員阻攔。

譯者相信楊慕琦方案被葛量洪推翻是香氏 1948 年請辭的主因。耿直的他是年秋季赴英改任英國殖民地部農業資源部長（Secretary for Colonial Agricultural Resources）及殖民地農林資源及動物健康部長（Secretary of the Committee for Colonial Agriculture, Animal Health and Forestry Resources）。

柳暗花明又一村，1950 至 1960 年代因為韓戰及文化大革命爆發，歐美對包括中國內地在內的共產陣營展開冷戰，港英政府又再重視漁農業，希望透過行政措施促進其現代化，使達成糧食自給自足，減輕對中共的依賴之戰策目的。[53]1954 年，港督葛量洪在第二屆農展會開幕致辭稱「新界農民已能生產供給全港 250 萬居民一個月的米糧及五分之三的蔬菜，其生產與世界上任何一個地區相較並無遜

52　徐承恩曾總結 Steve Tsang, *Democracy Shelved*（1988）及 Gavin Ure, *Governor, Politics and the Colonial Office*（2012）的意見，詳見徐承恩：《城邦舊事》（香港：紅出版〔青森文化〕，2014），頁 185—186。

53　另有意見指出，港英政府資助本地農民的最重要目的，是防止共產黨對本地無產階級的滲入和赤化。

色」，[54] 1960 年，政府把港大水產研究站（Hong Kong Fisheries Research Unit）併入漁類統營處，在香港仔設立研究所，聘用技術官員，推行本地漁業重組及現代化。1964 年，合作事業及漁業處與農林處再合併為漁農處。在政府支援下，本地漁產由 1960 年代的 53,000 噸增加至 1990 年代的 224,000 噸，幅度是四倍以上，[55] 政府及嘉道理兄弟對農業之支持亦使農業產值在 1983 年達 15.5 億元之譜。香港大學海洋生態學名譽教授莫頓（Brian Morton）慨歎，香樂思的漁業大計終於達成了，但領功者另有其人。[56] 譯者成長於新界北區，一班四五十歲朋友中幹練奮發的社會精英，不少都是受惠於從內地南遷而來、重視農業發展政策的農友所哺育的第二代。

香氏離港前不忘為林書顏謀後路，推薦他到聯合國糧農組織任駐中美漁業技師。林氏在中美洲工作至退休，1963 年赴美奧本大學（Auburn University）攻讀學位，1965 去台灣「中國農村復興聯合委員會」任技正。[57] 1970 年退休回美國，受聘為密士西比海洋資源公司顧問，再派往中美洲工作。他常有論文發表，並任美國生物學會、美國漁業學會會員。美國《華盛頓郵報》報道林書顏一生的事跡，稱之為「養魚事業之國際權威」。[58] 林書顏的大名，國內外水產養殖業者無人不識；但林書顏受香樂思賞識與提攜，則很少有人提及。

———

54 Brian Morton, "Over Fishing: Hong Kong's Fishing Crisis Finally Arrives", *Marine Pollution Bulletin,* Vol. 50, 2005, pp. 1031-1035. http://www.soest.hawaii.edu/oceanography/courses_html/OCN331/Morton.pdf

55 見陳同白：〈林書顏先生事略〉，載《中國水產》，第 264 期（1974 年 12 月），頁 264。

56 Brian Morton, "Over Fishing: Hong Kong's Fishing Crisis Finally Arrives", *Marine Pollution Bulletin*, Vol. 50, 2005, pp. 1031-1035. http://www.soest.hawaii.edu/oceanography/courses_html/OCN331/Morton.pdf

57 賴春福編：《魚博物學》（基隆：水產出版社，1995），頁 237。

58 E. Stokes, *Hedda Morrison's Hong Kong Photographs & Impressions 1946–1947* (Hong Kong: Hong Kong Photography Foundation, Hong Kong University Press, 2005), p. 221.

· 重圓博物夢 ·

香樂思在 1948 年離港前寫下不少自然日誌,並總括自己二十年在香港的博物學家生活,寫成《野外香港》,1951 年由《南華早報》出版。他對香港念念不忘,說這裏是他一生最喜愛的地方。

1932 年,香樂思在倫敦與香港海軍將領 Philip Walter 之女 Iris Walter 結婚,定居香港後長子 Peter George、次子 Jeremy Bernard、么女 Stella Horence 相繼出生。香樂思繼承吉爾伯‧懷特(Gilbert White)等英國博物學家記錄鄉土物候的傳統,[59] 以自己和妻女朋友郊遊的趣事、被禁赤柱集中營的日子,加入所涉獵的博物學新知,以歲時記及專題的方法,寫成《野外香港》(*The Hong Kong Countryside: Throughout the Seasons*),把書獻給經常陪他遠足探險的太太。香氏寫兒女同情被關在鐵籠中的綠翅鴨和羅紋鴨、陪小女兒和太太用種子漂染布料、把箭豬翎刺送給小女兒、叫醒小女兒看鬼臉天蛾又怕她怪自己吵醒她 …… 正正顯示他是一位具赤子之心的好父親和好丈夫。

香港因有四成土地為郊野公園而成為世界宜居城市,大家都感激 1965 年來港勘察的環境科學專家湯博立教授(Prof. Lee M. Talbot)。

其實在 1941 年前,香氏已提議在新娘潭地區成立自然保育區,建旅舍供博物學家或行山者休息,僱護林員、置宿舍;[60] 建議向窗外拋煙頭而引致山火的司機乘客罰款;爭取把禁止狩獵範圍,由港島、長洲擴至新界;[61] 勸告國民不要移植野生植物 [62] 和濫殺蛇類。[63] 香氏的想法和倡議有些實現了,有些還是對現實低頭。我

59　李廣田、周作人曾在 1934 年先後撰文推介 Gilbert White 著作 *The Natural History of Selborne*(1789)。周作人在 1924 年寫成〈故鄉的野菜〉後直至過身前,以草木蟲魚為題之小品未曾中斷過;該書由繆哲譯成《塞耳彭自然史》(廣州:花城出版社,2002)。

60　G. A. C. Herklots, *The Hong Kong Countryside: Throughout the Seasons*, p. 14.

61　同上,p. 128。

62　同上,p. 170。

63　同上,p. 4。

們不得不佩服香樂思的高瞻遠囑。他是香港第一位
為本地動植物生存權發聲的保育先鋒，比大部分香
港人更關心本地野外環境的土地倫理。香樂思對香
港鄉土之美、物種之多的欣賞，在《野外香港》字
裏行間表露無遺：「林村谷蘊藏無盡，充滿驚喜。我
來訪差不多已有二十年，每次觀鳥、尋花、賞景，
都有新發現。」[64] 他甚至為香港當時發現一百四十二
種蝴蝶比英倫三島僅有六十八種而自豪。

《香港方物志》原書書影

　　香樂思寫此書以歐美人士為讀者，斷想不到，
最會欣賞此書，並把本書原著發揚光大的一位讀
者，是從上海南來的「新感覺」、「都市派」、「浪
漫唯美」作家葉靈鳳。葉靈鳳把《野外香港》很多
內容都轉化，以至節譯在他傳世之作《香港方物志》中。[65]《香港方物志》於 1950
年代在香港初版，直到 2011 年仍有新版，內地亦有多個版本，把英國殖民地文
化中的優秀部分，也就是西方自然文學的實證傳統，作為營養，注入中國草木蟲
魚小品中，一改感慨多觀察少、無病呻吟、缺乏生動真實的細節、堆砌概念之舊
貌，使讀者驚艷。[66]

64　G. A. C. Herklots, *The Hong Kong Countryside:* Throughout the Seasons, pp.12 & 52.

65　何頻在廣州《南方都市報》指《香港方物志》使葉靈鳳與擅寫風物志的秘含及屈
　　大均齊名，又稱此書被施蟄存認為是葉氏「最可傳世的作品」。見 http://news.163.
　　com/09/0510/04/58U6MANH000120GR.html?f=jsearch。

66　詳細分析見彭玉文：〈重估《香港方物志》：香樂思與葉靈鳳之間〉（https://paratext.
　　hk/?p=1793）。

attention of the three to a tiger 400 or 500 yards away. It walked unconcernedly into the heavily wooded hillside only about 3 miles from Lo Wai, Tsun Wan.

The next day the Chinese, who had originally brought the first news of the animal, said that it had again been seen on 29th December and had chased a deer. The deer had been so frightened that it ran through the village and got stuck in a marshy pig-weed pond 30 yards from the main road and was caught by a Chinese. The tiger also ran through the village but roamed about in some vegetable gardens just outside. Here its pug marks measured 7½ inches across both ways, excluding ⅛ inch on each side to allow for crumbling of the earth. This tiger probably weighed about 200 lbs.

This animal was seen again twice. An old woman grass-cutter was returning home from Tsun Wan when the tiger walked up to her and started to circle round her. She was terrified but it came too close she summoned up courage to give it a few blows with her pole (for carrying the grass) and managed to scare it away. When interviewed later the woman was still in hysterics. On 28th January 1935, it again visited Lo Wai, Tsun Wan, but failed to secure any food. It was not seen again. This tiger had been about in the Tai mo shan district

— 87 —

SNAKE SHOPS.

It is some years since I visited a snake-shop of which there are at least two or three in Hong Kong—and my notes have been lost but I can remember a few details. Only eight kinds of snakes are kept in the snake shops, they are the hamadryad, cobra, banded krait, python, large and lesser rat-snakes and the two racers, *Elaphe radiata* and *E. taeniura*.

"Did I ever tell you about my operation!"

called locally *som zok zin*, three knotted strings, on account of the black pattern on a yellowish ground. Of these the first three are venomous, the others non-venomous. For some reason no other snake is ever, to my knowledge, kept for sale. These snakes are sold for food.

The gall bladder is valued highly especially that from the cobra. It is widely believed by the Chinese that the gall bladder, taken from a living snake, swallowed whole as it is or in a glass of some has remarkable strength-giving properties. I have watched a Chinese snake man take a gall bladder out of a cobra. The cobra is pulled out of a bag containing a number of snakes and one foot is placed on the snake a little behind the head to keep it from escaping. Then by running one hand along the body the position of the gall bladder can be ascertained by the thumb. With the aid of a small knife an incision, perhaps two inches long, is made in the skin at the side of the body and the gall

— 117 —

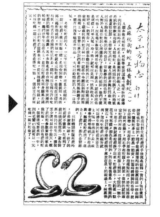

香樂思為《野外香港》手繪不少插畫，惟多番被葉靈鳳（筆名「南村」）直接挪用，成為 1953 大公報副刊專欄〈太平山方物志〉內容。

seem together. I believe enough Magpies don't necessarily breed until two or three years old and many of the birds consequently don't bother to build nests. To make up for the laziness of youth the old birds often are not content with one nest but build a couple finally choosing one for their home. Perhaps the presence of two semi-detached houses in the midst of the garden has suggested the thought of two closely adjacent nests to the mimicking magpies.

If the Pied Magpie is the king then the Blue Magpie is the knave but it is difficult to get cross with such a beautiful bird. His red bill, black head and bib, blue back and long blue, white-tipped tail make him a conspicuous object and, as he chases his companions in amongst the branches of the banyans or in swooping glides over and down the pine-clad hillside, one wonders if he is real. But he is indeed the villain for he and his friends and relatives, for the species is gregarious except when breeding, systematically investigate the trees and shrubbery in search of nests and eat both young and eggs when found. Both magpies, king and knave respectively, are snake-eaters and as robbers traits and lumber-seekers and to speak of harmless species, try in the dreariest the magpies are estranged for the safety and safety of the children

Blue Magpie

香氏於 1952 年升任殖民地研究局長（Secretary of the Colonial Research Council）。[67] 可是就在翌年，51 歲的香樂思便辭官，[68] 遠赴中美洲特尼立達（Trinidad）任帝國熱帶農業學院（Imperial College of Tropical Agriculture）院長，[69] 在抵達一百日後即認出一百種鳥。[70]1961 至 1963 年，香樂思到尼泊爾任政府植物顧問，在加德滿都以南 19 公里的戈達瓦里（Godavari）建立尼泊爾皇家植物園。[71]

他退休後仍然精力充沛，致力於研究東南亞蘭花及喜瑪拉雅山系杜鵑，並成為該範疇之知名專家。[72]1967 年他出版《特尼納達與多哥鳥類》及《熱帶開花攀藤植物》、1972 發表《東南亞蔬菜》、1973 年發表《尼泊爾及印度蘭花》。1972 年

67　Badleian Libraries, University of Oxford: http://www.bodley.ox.ac.uk/dept/scwmss/wmss/online/blcas/herklots-ga.html.

68　有指香氏辭職英國殖民地部，與英國政府在殖民地東非坦桑尼亞投資之種植花生計劃（Tanganyika Groundnut Scheme）失敗有關。查該計劃始於 1946 年，於 1951 年結束。觀乎香氏 1948 年才入職英國殖民地部，雖然在 1948 至 1951 年間可能介入，但查閱網上資料，完全沒提及香氏名字。若然是香氏導致該計劃失敗，應在 1951 年離職，但他在 1952 年反而被升任為殖民地研究局長，那就不合理了，可以否定此說。見 http://www.sjsu.edu/faculty/watkins/groundnt.htm https://en.wikipedia.org/wiki/Tanganyika_groundnut_scheme。

69　此學院為大英殖民地熱帶農學為擁大學畢業後培訓中心，本地漁農署高級職員亦曾派往進修。1960 / 1962 年升格為西印度群島大學（The University of the West Indies）農學系，1996 年又與科學系合併。

70　Trinidad and Tobago - Field Naturalists' Club: http://ttfnc.org/livworld/lw2003/200301-08zoologicalcollectioncop.pdf.

71　今稱國家植物園。見 http://www.britannica.com/bps/user-profile/1304/geoffrey%20a.c.-herklots。據網上資料，該園至今仍是認識植物、觀鳥、賞蟲的好地方，吸引着來自世界各國的攝影家；許多尼泊爾電影都在這裏取景。中國幾位領導人訪問尼泊爾時，亦曾先後在此園種植了銀杏、合歡、玉蘭科樹苗等。

72　G. A. C. Herklots, "Nepalese and Indian Orchids", *Orchid Review*, Vol. 85, No.1013 (1977), pp. 330-331.

皇家園藝學會為表揚其對園藝界之貢獻，而授予維奇獎章（Veitch Medal），[73]1980
年再獲頒授維多利亞榮譽勳章（Victoria Medal of Honour）。[74]香樂思於 1983 為皇
家園藝學會植物學家及國際著名植物獵人 Martyn Rix 的《球根植物種植》（中文
書名為譯者自譯，英文原名為 *Growing Bulbs*）一書繪畫插圖，在倫敦出版，是
為最後作品。1986 年 1 月 14 日，香樂思在英國萊斯特郡（Leicestershire）五百
人口小鎮薩默比（Somerby）逝世，享年 83 歲。[75]香氏夫婦遷往 Somerby 前住在
Surrey 薩里郡一條小村 Bisley。香氏逝世後骨灰撒在生前常去的教堂之花園裏。
次子 Jeremy Bernard、么女 Stella Horence 現居英國，Peter George 則居澳洲。[76]

· 尾聲 ·

　　香港史學者曾銳生以「海克力斯的任務」（Herculean Task）形容香樂思對香
港社會經濟復原兼重構之功績。[77]「Herculean Task」一詞語帶雙關，既指香樂思的
功績，也指希臘大力神海克力斯曾完成的十二項英雄偉業。要數算香樂思為香港
所做偉業，十二項有過之而無不及，詳見上文，不再複述，香樂思的性情其實更
可與海克力斯兩相對照：

73　維奇獎章為皇家園藝學會（Council of the Royal Horticultural Society）每年頒發之獎
　　項，授予在提升及增進任何國籍對園藝科學及實踐有卓越貢獻之人士，1870 年為紀念
　　James Veitch Junior 而設。他是皇家園藝學議會 1856 至 1864 活躍成員，在他領導下，
　　皇家外國苗圃分成蘭花、蕨、新植物、裝飾植物、熱帶植物等九大部門，各設專責人，
　　成為全歐最大同類機構。他也是私人苗圃公司 James Veitch & Sons 之 G. A. 創辦人，該
　　公司派人到世界各地搜集植物進口經銷。

74　此資料由香氏次子 Jeremy Bernard Herklots 提供予作者，原為刊於 1986 年 1 月中倫敦
　　Times 日報之訃文。

75　見 Hans Swift's website: http://www.hansswift.com/tree/504.htm。

76　此資料由香氏次子 Jeremy Bernard Herklots 提供予作者。

77　Steve Tsang, *A Modern History of Hong Kong*, p. 140.

海克力斯有非凡的實力、勇氣、智慧和技藝，有時又很孩子氣，在繁忙工作、沉重任務中，以嬉戲和開玩笑來放鬆。看過《野外香港》的讀者，一致公認這的確是香樂思性情的寫照：海克力斯幫助朋友總是不遺餘力，香樂思對朋友如林書顏正是如此；海克力斯在女神們提出的愉快而簡單和艱辛但光榮的兩條生活之路之間選擇了後者，香樂思在大學或政府身居要職，在職場因循行事可能更和諧暢順，他卻「不識時務」，做了跟海克力斯一樣的選擇，最後辭官復返樹林去；海克力斯打倒向底比斯人施淫威的稅吏，香樂思驅除剝削香港漁夫農民的土豪惡霸。此皆海克力斯與香樂思相似之處。香樂思是否也跟海克力斯一樣，在人間獲得不朽的名聲？

撇開名聲不談，單論志業，香氏是不朽的。承繼香樂思博物學職志的大不乏人。由他在 1930 年創辦的香港大學生物系，至今已發展為生物科學學院，其中保留生態及生物多樣性課程，培養無數人才，繼續為野外香港及華南戮力，現時較活躍發表的有侯智恆、劉惠寧、饒戈、蘇毅雄、馬錫成等。其中陳輩樂更為內地物種調查及保育教育作出很大貢獻。香港大學生物系出版《豪豬！》，繼承《香港博物學家》。2006 年《豪豬！》停刊後，民間再有《香港自然生態雜誌》、《香港昆蟲報》、《蟲訊》等，在網上傳播博物學情懷知識。其中饒戈成立香港昆蟲學會，以一民間學會之力編製《香港昆蟲誌》，出版蜻象、天牛、虻蠅、竹節蟲、螳螂圖鑑；《香港自然生態雜誌》為守衛龍尾灘奮力抗爭。香氏在 1930 至 1940 年代是港府最重要的漁業農林園藝顧問，戰後更成為推動漁農發展的拓展署署長，由他確立的理念及方向，成為日後漁農署、漁護署的發展方針，不少同袍受香氏使命感召，加入以書寫推介香港博物學的隊伍，知名的有饒玖才、李熙瑜、王福義等，更多的是不知名的大批前線人員攝影的大量博物學圖書。港大地理系詹志勇博士，為保留市區樹木及綠化天台奔走出力。當年香樂思經常投稿，而一本接一本替他出版專著的《南華早報》，本身也建立了關注本地生態和發揮監察保育的精神文化，近年獨家揭發商人購置大浪西灣土地建私人別墅一事，惹起公憤，終引致政府介入。

可是在漁農業及大自然研究這個小圈子內，除了前輩如饒玖才、李熙瑜、莫頓、詹志勇一代知道香樂思的貢獻，年青或中年輩很可能對香樂思聞所未聞。台

灣有識之士珍視貢獻台灣生態與民族研究的日本人鹿野忠雄、森丑之助、楚南仁博等人之著；看楊南郡、劉克襄、吳永華的介紹，字裏行間滿溢感恩之心。[78] 生物學家有一行規，就是把自己發現的新物種，冠上另一位值得紀念的、可供稱道的人物的名字，向另一位同行致敬。台灣物種學名的中譯，亦多保留此一傳統，如鹿野氏鼯鼠、森氏杜鵑、楚南氏山椒魚等。在香港，有一種由菲利普・克里布（P. Cribb）命名的蘭花 *Eria herklotsii*、一種由 McClure（1940）命名的禾本科植物 *Indocalamus herklotsii*、一種由 Herre（1933）命名的鯰魚 *Herklotse llaanomala*，皆向香樂思致敬，但這些被冠上香樂思之名的學名，被譯成中文後是「香港毛蘭」、「粽巴箬竹」、「糙隱鰭鯰」，「香樂思」都消失了。為文化人敬重的港大圖書館前館長陳君葆，因為不喜歡香樂思不積極支持理科各系學生須修

香氏隱鰭鯰
（*Herklotse llaanomala*）

香氏箬竹（*Indocalamus Herklotsii*），上有幼年竹節蟲。

78　見鹿野忠雄：《山、雲與蕃人》，劉克襄推薦序、楊南郡譯序（台北：玉山社，2000）；吳永華：《被遺忘的日籍臺灣動物學者》（台北：晨星，1995 年）。吳永華一書中介紹的日籍台灣動物學者另外包括多田綱輔、菊池米太郎、松村松年、素木得一、大島正滿、黑田長禮、楚南仁博、堀川安市、青木文一郎、江崎悌三、鹿野忠雄。

讀中文科的建議，便批評他有「入主出奴之見」。[79] 1938 年 11 月 2 日，陳君葆請求香樂思為中英文協會演講，香樂思爽快答允，[80] 可是在 1945 年 8 月 22 日他到赤柱集中營探望同僚，名單中竟不包括香氏。[81] 1952 年 3 月，他在日記寫「香樂思的辭職而去 …… 也不是要為人民服務做些事的，他只不過要在漁業上做一番事業而已」。[82] 這是香港人對香樂思應有的態度嗎？幸有不絕知音人：

> 我此生最重要的其中一本書，就是香樂思的後期作品《野外香港》，香氏在書中懇請喜愛大自然的香港人每天寫作自然日誌。我離港已 40 年，都沒持續去做，只在過去六年偶爾把有關材料貼在網誌上，可是在 50 歲的今天，也就是在首次讀到香樂思提議之後 44 年，我立志跟他的建議去做。
>
> Jon Downes（2012）[83]

79　謝榮滾：《陳君葆日記全集》（香港：商務印書館，2004），頁 424。文中的「生物系的許教授」即香氏；「入主出奴之見」即「門戶之見」。

80　謝榮滾：《陳君葆日記全集》，頁 487。文中的「黑克洛斯教授」即香氏。

81　謝榮滾：《陳君葆日記全集》，頁 399。香樂思是赤柱集中營無人不識的名人，陳君葆要找到他絕無困難。

82　謝榮滾：《陳君葆日記全集》，頁 160。

83　Jon Downes 所指的是香樂思《野外香港》開篇第一句：「新年伊始，喜愛野外的人，都應該立志寫日誌，這日誌不記俗務，只錄下大自然的意趣，諸如見過哪種野花野鳥，或在後園撒下哪些種子，點點滴滴，不求工整。」見 Jon Downes, Blog (13th January, 2012), Still On the Track - The Voice of the International Cryptozoological Community, http://forteanzoology.blogspot.hk/2012/01/jons-journal-black-tigers-and-black.html。

在米埔野生動物教育中心生態學家實驗室旁，佇立一塊紀念匾，題字「千秋人傑」，[84] 表揚香樂思一生。香氏是孜孜不倦的大自然倡議者，假如今天他與我們同在，肯定會驅策我們團結起來保護米埔，我們因之獲得鼓舞，誠心誠意為大自然效力。

E. Stokes（2004）[85]

當前香港，受困於政治經濟難題，郊野公園被虎視眈眈，我們不是更應珍視香氏傳流給我們的建議和鼓舞嗎？

IN MEMORY OF
DR. GEOFFREY HERKLOTS
10 August 1902 – 14 January 1986
Biologist and Hong Kong's
First Naturalist, Ornithologist
and Conservationist.

"A MAN FOR ALL SEASONS"

為紀念
生物學家及香港首位自然主義者、
鳥類學家和環境保護主義者

香樂思博士

生於一九零二年八月十日
歿於一九八六年一月十四日

「一生長林豐草中，
遍察春燕秋雁景」

紀念匾

（本文收入蕭國健、游子安編：《鑪峰古今：香港歷史文化論集》〔香港：珠海學院香港歷史文化研究中心，2013〕，此為修訂稿。）

84　原文是 "A man for all seasons"，是荷蘭著名人文主義思想家和神學家、《愚人頌》之作者 Desiderious Erasmus 在 1535 年對其好友、英國大法官，也是《烏托邦》之作者 St. Thomas More 的蓋棺定論。前文是「他的靈魂之純潔勝過白雪，在英國從來沒有過這樣的天才，將來也不可能再有」。Erasmus 筆下的 Thomas More 生性幽默，重視友誼和生活趣味，愛好奇珍異寶，虔誠而不迷信，皆可用來描述香氏。St. Thomas More 因為才幹與魄力被國王亨利八世賞識而位極人臣，但因反對亨利八世宗教改革問題上突然改變態度，而被迫請辭，此等際遇更與香氏有相通處。以 Thomas More 事跡為本的英國電影 *A man for all seasons*（港譯《日月精忠》，台譯《良相佐國》）於 1966 年上映，1967 年獲六項奧斯卡大獎。題字者很可能是熟悉香氏、亦熟悉 Thomas More 的朋友，或曾對電影有很深印象，並用之歌讚香氏一生志業。"A man for all seasons" 譯作「千秋人傑」【出自梁懷德譯、R. W. Chambers 著：《托馬斯．摩爾》（台北：聯經出版，1993）】，遠勝「適合於任何時代的人」，或紀念匾的中譯：「一生長林豐草中，遍察春燕秋雁景」。

85　Edward Stokes, *Hong Kong's Wild Places: An Environmental Exploration* (Hong Kong: Oxford University Press,1995), p. 187.

香樂思年譜

1902	8 月 10 日，在印度北阿坎德邦（Uttarakhand）奈尼塔爾（Nainital）出生。
1921	19 歲，入讀劍橋大學，受業於著名植物生理學家 Felix Frost Blackman。
1924	21 歲，在百年老牌植物學綜合雜誌 *New Phytologist* 發表論文 "The effects of an artificially controlled hydrion concentration upon wound healing in the potato"。
1928	25 歲，以論文 "Mechanism of action of ethylene on the respiratory metabolism of potatoes" 取得劍橋三一學院哲學博士（植物學及動物學）； 任香港大學高級講師； 受皇家海軍 H. P. W. Hutson 將軍的知識和熱誠吸引，每星期到新界或港島觀鳥。
1930	27 歲，創辦科普季刊《香港博物學家》（*The Hong Kong Naturalist*）。12 月 26 日在廣州白雲山採集植物。
1932	29 歲，與香港海軍將領 Philip Walter 之女 Iris Walter 在倫敦結婚。回港後每星期仍去觀鳥。
1933	30 歲，長子 Peter George 出生。
1934	31 歲，研究中國鳥類專家拉都希氏（La Touche）的 *Birds of Eastern China* 出版，香氏利用圖鑑一午認出二十至三十種鳥。
1935	32 歲，撰《威海衛之鳥類》（*Birds of Wei-hai-wei*）。受殖民地部邀請前往威海衛作鳥類普查。香港新界與山東威海衛於 1898 年同期租借予英

國，隸屬於英國殖民地部管治。

1936　33 歲，次子 Jeremy Bernard 出生；

日本漁船駛入南中國海大舉捕魚，使魚量大減，漁民生計受到威脅，政府資助香氏成立「香港漁業研究站」（Hong Kong Fisheries Research Station），聘林書顏，保障港人食用魚來源，及防止漁民因失收而引發動亂。後改稱「香港仔漁業及海事分處」（Aberdeen Fisheries & Marine Office）。

1937　34 歲，撰《香港自然叢書》之〈蘭花首二十種〉（"Orchids, First Twenty"）及〈香港開花灌木與樹木〉（"Flowering Shrubs and Trees"），香港大學出版。

1938　35 歲，么女 Stella Horence 出生；

到英國休假，在大英博物館鳥室查閱 La Touche 等人在南中國搜集之鳥類標本，對照田野筆記，寫作《香港的鳥類：野外觀察手冊》（The Birds of Hong Kong: Field Identification and Field Note Book）；

11 月 24 日出席倫敦林奈學會（Linnean Society）會議。應殖民地部邀請借調往中非洲尼亞薩蘭（Nyasaland，即現馬拉威共和國）八個月，調查可提供營養的植物資源。

1939　36 歲，任香港大學理學院生物系系主任。日軍有侵略跡象，港府任命香氏籌集戰時民生食品，供給港島市民三個月分量及營養需要。

1940　37 歲，4 月，時任港督羅富國稱病離港。他曾建議放棄香港，但軍方堅持駐守；

香氏所編輯之《香港漁業研究站學報》（Journal of Hong Kong Fisheries Research Station）第一期出版；

香樂思、林書顏兩人出版中英對照的《香港食用魚類圖志》。附上中西式烹調法，務求擴闊食用魚種類。到了 60 年代經濟起飛，本書三次修訂再版，掀起吃海鮮熱潮。

1941　38 歲，4 月在屏山地區一天認出五十九種鳥。《南華早報》出版《香港蔬菜種植》（Vegetable cultivation in Hong Kong）；

日軍侵略跡象明顯，港府在 1941 年 6 月安排香樂思妻兒乘船撤離往澳洲，香樂思太太因不願離開丈夫太遠，決定在馬尼拉碼頭上岸，住在當地大學宿舍。香樂思曾多次前往馬尼拉探望妻兒；

9 月，楊慕琦接替羅富國任港督，香氏被委任為籌集戰時民生糧食總監，保證在日軍包圍下，港島市民的糧食供給能支持三個月及有足夠營養。香氏先建議政府管制食米買賣，避免個別米商囤積居奇，並大量貯存營養品，研製救荒餅乾；

12 月，香樂思及其他約二千五百名英籍文官被拘禁於赤柱集中營。香氏入營前放入行囊的是 La Touche 的《南中國鳥類圖鑑》和《香港博物學家》，據之在營中完成《香港的鳥類》。

1942	日方准許文官成立自治組織，根據自身專長，為其他營友服務。香氏被分配與醫護人員同住一倉，並被授與實驗室主管一職。集中營食物供應不足，香樂思運用博物學知識，為營友改善飲食，給廚師和營友開列菜單，指出哪種野菜野果可吃、哪種有毒，開拓多個菜園。苦中作樂，用鐵餅罐養蛇做寵物，又在營內主持科普演講。
1943	8 月，營友因慢性營養不良患腳氣病。香氏培養富含維生素 B 的酵母，暗通集中營之外的林書顏，獲得紅十字會捐贈的鯊魚肝油，減緩腳氣病病情。
1945	42 歲，8 月 15 日，日本宣佈投降，香氏趕到倫敦與妻兒團聚； 被時任副華民政務司麥道軻召回港解決食物荒； 10 月，根據林書顏報告，向政府建議沿用日本人取締「中間剝削」的方法，訂立制度，並成立漁類統營處。
1946	43 歲，由《南華早報》出版 *The Birds of Hong Kong : Field Identification and Field Note Book*，後又修訂為《香港的鳥類》(*Hong Kong birds*)； 5 月，時任港督楊慕琦利用英廷撥款，委任香氏為拓展署署長 (Secretary for Development)，回復香港農、林、園、漁及食物生產供應。香氏把取締中間剝削的原則，推展至農業生產部門；

6月，向政府申請購入林村谷皇家地，作建築用（民間歷史檔案類別 HKRS156-1-458）；

11月，被委任為發展及福利委員會主席，邀請羅蘭士嘉道理成為房屋及城市規劃小組成員，為改善未來十年房屋及城市規劃評估需要及為滿足此等需要出謀獻計。與耶穌會賴詒恩神父（Rev. Ryan, Thomas S. J.）循科學途徑發展農業，成立蔬菜統營處，修古道、渡頭，新建道路、碼頭、糞肥廠、實驗農場。

1947	44歲，《香港蔬菜種植》（*Vegetable cultivation in Hong Kong*）與《香港的鳥類：野外觀察手冊》（*The Birds of Hong Kong: Field Identification and Field Note Book*）再版二刷； 5月，楊慕琦退休，由葛量洪接任港督，由於無意發展政改，香樂思的漁業發展方案被保守官員阻攔； 秋季時，全港禽畜總額已接近戰前水平，該年稻米收成是殖民地有史以來最高紀錄。
1948	45歲，1月7日及8日，在《南華早報》上發表〈為雀鳥申訴〉及〈野鳥的絕滅〉兩篇文章； 8月，辭任拓展署署長。
1949	46歲，回英國任英國殖民地部農業資源部長及殖民地農林資源及動物健康部長。辭職前推動賀理士嘉道理捐助漁農業，推薦林書顏到聯合國糧農組織任駐中美漁業技師。出版《香港漁業研究站學報》第二、三期。
1950	47歲，在《世界農作物》（*World Crops*）發表〈中國稻耕〉（Chinese rice cultivation）一文。
1951	48歲，*The Hong Kong Countryside: Throughout the Seasons* 由《南華早報》出版。
1952	49歲，任殖民地研究局長。4月回港觀鳥； 《香港的鳥類》再版； 港大水產研究站（Hong Kong Fisheries Research Unit）成立，由港大動物系提供實驗設備。

1953	50 歲，赴中美洲特尼立達（Trinidad）任帝國熱帶農業學院（Imperial College of Tropical Agriculture）院長，在抵達一百日後認出一百種鳥； 4 月，《香港的鳥類》首印，6 月二刷。
1954	51 歲，12 月《香港的鳥類》三刷。
1957	54 歲，6 月《香港的鳥類》四刷。
1960	57 歲，辭退特尼立達帝國熱帶農業學院院長； 港大水產研究站脫離大學成為政府機構。
1961	58 歲，到尼泊爾任政府植物顧問（Colombo Plan Botanical Adviser to Government of Nepal）； 出版《特尼納達與多哥鳥類》（*Birds of Trinidad & Tobago*）。
1963	60 歲，辭任尼泊爾政府植物顧問。
1964	61 歲，香港漁類統營處與農業及林務部（Agriculture and Forestry Department）合併為漁農處（Agriculture and Fisheries Department）。
1965	62 歲，2 月再回港觀鳥。
1967	64 歲，1 月《香港的鳥類》再版。
1972	69 歲，發表《東南亞蔬菜》（*Vegetables in South-East Asia*）。皇家園藝學會為表揚其對園藝界之貢獻，而授予維奇獎章（Veitch Medal）。
1973	70 歲，在 *Orchid Review* 發表《尼泊爾及印度蘭花》（*Nepalese and Indian Orchids*）。
1980	77 歲，獲頒授維多利亞榮譽勳章（Victoria Medal of Honour）。
1983	80 歲，為植物學家及國際著名植物獵人 Martyn Rix 的《球根植物種植》（*Growing Bulbs*）一書繪插圖，在倫敦出版。是香氏最後的作品。
1986	83 歲，1 月 14 日，在英國萊斯特郡小鎮薩默比（Somerby）逝世。香氏夫婦遷往薩默比前住在薩里郡（Surrey）一條小村比茲利（Bisley）。逝世後，骨灰撒在生前常去的教堂之花園裏。

譯者說明

距離我在 2008 年 1 月 26 日借出香氏大作，到今天本書即將付印，已逾十年。翻查自己的日記，才發現其實早在 2009 年 1 月 27 日便譯成全書的第一稿。慶幸當年沒有衝上出版社要求出版，因為那是錯漏百出的版本。這十年來除了走入野外拍攝書中提及的物種，更為了譯好某些自己未完全理解的文句，親身到香氏描述的現場細察，並查看大量書刊及網上資料，亦不時回大學圖書館，自修香港史與博物學這兩門學問，寫下大堆札記，樂在其中。在游子安博士的鼓勵及指導下，決定把這些札記整理成註釋，成為譯本的一部分。註釋包含以下項目：

1. 為內文配上大量彩色相片（這是香氏在序言所表心願）。
2. 對一般讀者而言較冷僻之人名、著述、術語、熟語、省略語等，作簡明介紹或解釋。
3. 為讀者正確闡釋特定詞語句段，交代必須知道的背景資料，如歷史事件、社會風俗及作者行誼等。
4. 書中植物及鳥類學名如已過時，在原書英文名或拉丁文學名後再加現時通用之官方學名，根據的是 2007 年由漁農自然護理署出版的《香港植物誌》及 2008 年由香港觀鳥會出版的第八版《香港及華南鳥類》。
5. 書中地名、分類、種數如已過時，則補充現時通用的表述。
6. 解釋作者的特別修辭手法，如反諷、幽默、隱喻、謎語及自嘲等。
7. 為少數直譯後表達並不滿意之原文，重新分段、補寫及刪減、改正串字。
8. 為作者自稱不認識的物種、未明確表達之事物或概念作釐清。
9. 對因作者不諳中文及粵語而翻譯錯誤的地方名及植物名作更正。
10. 修正其他譯者如葉靈鳳與陳杏如等錯譯的地方。

11. 提供可供查閱之網上資源，如鳥聲、錄像、圖片等。

12. 對照舊地圖以標示原文所述行程。

13. 對香氏的說法提出懷疑與商榷。

14. 把該段該句所反映的香氏特質、精神、行為邏輯揭示出來。

15. 譯者想與香氏及讀者分享的有關經歷、閱讀經驗與所思所感。

　　部分註釋並不非註不可，如果感覺煩擾，讀者大可略去，單單細讀香氏原文，可能更覺有趣。

　　葉靈鳳曾在《香港書錄》推介本書原著，譯名《香港的郊野》。現不沿用而改稱《野外香港歲時記》，是因為原著第一版的書名 *The Hong Kong Countryside* 之下有副題「Throughout the Seasons」，再就是為了向香港《野外》（1978–1981）雜誌致敬。它的諸位作者哺育我長成一個熱愛鄉土自然的少年。

　　譯者最先在博客發表本書節譯，得到葉子盛先生、周雪麗伉儷讚賞，才有出版成書之想法。後獲香樂思次子 Jeremy Bernard Herklots 先生授權，受港大詹志勇博士、何月東先生與李小達先生的鼓勵，並得 Dr. Brian Morton 與譚以諾先生網上分享、葉輝先生的引用、蕭國健博士推薦香氏小傳發表，游子安博士賜教，又得饒玖才先生初校，亦承蒙劉克襄先生與饒玖才先生賜序，並得饒啟芬小姐引薦，方得出版；謝慧莉女士的催促，沈思先生的期盼與家人的支持，也決不可少，在此一一致謝。

　　限於譯者水平及專業，而原文亦已是近七十年前的作品，譯文及譯註當中一定有不少錯漏與謬見，渴望得到讀者指正，請電郵 pangyukmanl@gmail.com 告之，如有再版機會，必予以修正。

第一章
Chapter 1

歳 時 記
Nature through the Year

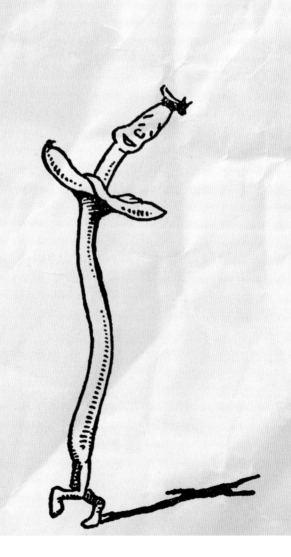

導讀

把自己的鄉土視作世界的中心

　　香樂思在第一章主要寫香港的物候，穿插人物、故園、勝境、民俗描寫，加上集中營回憶及（當時的）生物學新知。為文看似紛雜短淺，互不相干，分節不勻，時有重複，其實每一句都指向一個主題 ——「地方感」（sense of place），這個重要的概念在 1977 年由人文地理學家段義孚（Yi-fu Tuan）提出。[1] 地方感的表達，不以此種戀人絮語式文體表達，便不足反映其真摯與深刻。地方感是由對一個空間的感情與記憶，延伸至任何事物、景觀，甚至人物。[2] 凡是能感受到價值存在，滿足生理或精神需要之處，都可稱為「地方」，不論是實在的或虛擬的形式存在。[3] 地方感理論近年已成顯學，香氏 1951 年的作品不可能主題先行，保證香氏的地方感為高純度，不摻水分。

　　先祖在荒野流徙，無道路、無路標，易被暴露、易受攻擊，並不安穩，直至找到一處特別愜意的空間（並未是「地方」），發覺它似乎能滿足自己的生存需要，便停留那裏，開始注意及記錄其物種及氣候，建構知識。而愈能分辨物種、掌握物候，狩獵農耕愈豐收，家庭或部族便愈強大興盛，[4] 地方感的形成由是可

1　Yi-Fu Tuan, *Space and Place: The Perspective of Experience* (Minneapolis: University of Minnesota Press, 2001)。此書有中譯本，由段義孚著，潘桂成譯：《經驗透視中的空間和地方》（台北：國立編譯館，1998）。

2　蔡文川：《地方感：環境空間的經驗、記憶和想像》（高雄：麗文文化，2009），頁 21。

3　宋秀葵：《地方、空間與生存：段義孚生態文化思想研究》（北京：中國社會科學出版社，2012），頁 44。

4　戴蒙德：《槍炮、病菌與鋼鐵：人類社會的命運》第八章（上海：上海人民出版社，2006）。

能。凝而聚之、擴而佈之，文化、民族、國族於焉形成。

西元前 2 世紀的《逸周書·時訓解》，據黃河流域生物及氣候特徵，列舉一年廿四節令七十二候，各候以一種動、植物或氣候歷時特徵相應，曰「立春之初候東風解凍，次候蟄蟲始振，末候魚上冰；雨水初候獺祭魚，次候鴻雁來，末候草木萌動 ⋯⋯」，略作修訂後流傳至今。黃河流域七十二候對建立中原地方感，以致締造華夏文化及民族一定有其積極作用，但沒有一候適用於珠江流域。清人鈕琇因而作《廣東月令》，曰「正月一候蜃氣成樓，二候水仙來賓，三候荷錢浮於水，四候二麥黃，五候木葉微脫 ⋯⋯」，惜少有流傳。至於適用於深圳河，乃至林村河、城門河、黃龍坑、大潭諸流域之月令，一直付之闕如。直至香氏《野外香港歲時記》橫空而出，本地繽紛生靈自始在全城人眼下登場：

一月噪鵑啼、二月紅花荷開、三月榕葉落、四月楠木吐彩、五月卷尾至、六月鳳眼蓮密鋪池面、七月假蘋婆結果、八月野白合華、九月水母炸、十月雞屎藤送香、十一月烏桕楓香葉轉紅、十二月水鳥群集。

以上物候，可以誦記，可作應用，可予對照，可供戀土。

最早掌握本地物候而又最準確者，其實是本地蜑家人與鶴佬人、廣府人及客家人，尤其是當中的漁農、獵人、樵夫、藥郎。可是他們數千年來忙於生計，無暇亦無文字記錄，英裔殖民者香樂思 25 歲來港，46 歲不得已離去，留港二十一年，卻因為香港是他有生以來最鍾愛的地方，又有餘閒，喜舞文弄墨，引入英國塞耳彭（Selborne）地方牧師懷特為地方修博物志傳統，據二十年田野記錄，為

香港寫出正式的物候大全。此書自出版以來只有極少數華人閱讀，而 70 年前之物候與今日應有不同，如果在今天有人或機構編修更合時宜、更能反映本地物種豐美之物候名錄就太好了。

當人們認為所在的空間有無可比擬的特殊價值時，趨向把自己的鄉土視作世界的中心。[5] 段義孚稱之為「中心感」。香氏在描述香港蝴蝶、蘭花、鳥類物種多樣性時，都強調更勝英國。香氏更借外國人說話，讚美本地物種，如引用 1844 年訪港的著名植物獵人福鈞（Robert Fortune）描述：「在高山上，我們發現了美麗的龍船花，在崖上大片大片開着，在陽光映照下，耀眼悅目，令人目眩。」1870 年中國植物學漢斯博士（Dr. Henry Fletcher Hance）寫紅花荷「此樹聞名是因為極漂亮的花，它也很罕有，現時只在港島有兩棵毗鄰生長，在中國內地則從未發現」。香氏招待牛津女子學院院長觀鳥，院長對香氏質疑她發現錫嘴雀反脣相稽，香氏以院長「若不是會魔法，就是預先把籠鳥放進去」，側寫本地觀鳥每多有驚喜。更美妙的一段是：

> 毬蘭因花朵漂亮，成為英國溫室種植品種。有一天，一位女士帶同一束花來問我是什麼品種。我問花從何來，她說是先生從英國寄來，當我說這種花在她房子外數百碼就有很多時，她面露不悅。

5　段義孚著，潘桂成譯：《經驗透視中的空間和地方》（台北：國立編譯館，1998），頁 143。

　　我們不難想像香氏回答英國女士時身為物種主人的自得之情。此一描述富有時代意義。無論是本地人還是外國人，在戰前都認為本地缺乏人才，物產質素低劣，只有出產自歐美地區的才是高檔貨，今次原生毬蘭，被等同英國高檔產品，獲英國士紳階級欣賞，一如戰後殖民地子民社會地位之提升，此一歷史潮流浩浩蕩蕩，守舊的老殖民者雖然不悅，也無法抵擋。如徐家祥於 1948 年成為歷來首位華人政務官、山頂區撤消了只有白種人才可入住的限制、香港會開始招收華人會員、香港華人自己組成士紳階級，而真正的士紳階級，會以替自己或為別人建立安穩的家園而奮鬥。

　　除了毬蘭外，香氏在本書各章開列了大批歷史上在本地或廣東採集，在哪一年份運往歐洲，成為園藝栽種的品種，如數「家」珍。他更走到歐洲追蹤他的寵兒：「在大埔附近有很多白棠子樹。在英國，人們為了欣賞（它的）紫色果實而種植 …… 在皇家植物園空地，我曾見過。」「常山 …… 長於山頂道、九龍山及大帽山頂，最近我在愛丁堡植物園溫室，也看到它的藍花和藍果。」身在倫敦、愛丁堡，心裏想的依然是在香港野外見過的原生植物，這可算是說明「把自己的鄉土視作世界的中心」最具體的事例了。

一月

January

新年伊始，喜愛野外的人，都應該立志寫日誌，[1] 這日誌不記俗務，只錄下大自然的意趣，諸如見過哪種野花野鳥，或在後園撒下哪些種子，點點滴滴，不求工整。每年此間我都信誓旦旦要把在野外的所見所聞、所作所為記錄下來，但至今願猶未遂；或要寄望比我更堅定更守信的人，[2] 來完成此一志業了。本篇唯有引用不同年份的零星日誌和札記充撐。

自 1947 年 1 月 1 日日誌摘下四則，以示我在這一年的第一天，確有這份志氣：

元旦和家人到林村谷旅行，晴朗無風。小孩吃過燒香腸，飲完冰凍橙汁和熱可可，便到溪裏築堤捕蝦，全身濕透也樂透。我入林觀鳥，總共找到三十三種，全是普通品種，比較特別的，只有一隻紅尾伯勞（Philippine Red-tailed Shirke），和那隻飛過我們餐桌的冠魚狗（Himalayan Crested Kingfisher）。

大擬鷯（Chinese Great Barbet）扯大嗓子，總共叫了一百至一百五十次，維時十至十五分鐘，處身附近另外兩三處樹林的人們，都可同時聽到。大擬鷯一般在 2 月中才開腔，在這麼早的月份鳴叫，紀錄可謂空前，相信也會絕後。中國人說的杜鵑啼血，就是當大擬鷯啼鳴時，血滴在杜鵑花瓣上，乃有赤點紅斑。杜鵑花雖遍佈新界各處開揚溪谷，但大擬鷯只會在樹林中棲息，只會站在高樹之頂啼叫 —— 實應住口，中國浪漫傳說豈容我破滅！[3]

回程時順道逛大埔街市，[4] 在魚檔看到一條很奇怪的魚，全身蒼白，令我極奇困惑。[5] 原來蒼白只因被剝皮，任何魚被剝皮都有此色。查問之後，始知此魚是鱗魨（Trigger-fishes）的一種，俗稱剝皮魚。[6] 三枝背鰭棘的前兩枝，有如手槍之扳機結構，第一枝棘粗硬，垂直豎起後，較小的第二枝棘作

譯註

▼

1　1767 年英國法官 Daines Barrinton 為業餘博物學家設計《博物學家日誌》，供作筆記本，英國 Selborne 地區牧師 Gilbert White 使用該日記，並與 Daines Barrinton 通訊，其後把信件輯成《塞耳彭自然史》(*The Natural History of Selborne*)，在 1789 年發表。該書 1934 年曾被李廣田、周作人推介，2002 年終有繆哲的譯本。

2　香氏勤奮富有魄力，事例不勝枚舉，說自己懶散，讀者不要當真，要知此種說法來自英國文人喜好自嘲的傳統。

3　葉靈鳳（1953）針對本段，在《香港方物志》撰寫〈杜鵑鳥的疑案〉、〈再談杜鵑鳥〉兩文，指香氏把大巴八鳥（大擬鶖）當成杜鵑是弄錯了。譯者有專文〈中國向來所說的杜鵑考〉與〈重估香港方物志：香樂思與葉靈鳳之間〉（未刊稿）討論有關議題。讀者不妨親耳聆聽有關雀鳥的叫聲後才判斷孰是孰非。

大擬鶖：http://sound.niaolei.org.cn/Megalaima-virens/19051.html

鷹鵑：http://www.xeno-canto.org/explore?query=hierococcyx+sparverioides

四聲杜鵑：http://www.xeno-canto.org/species/Cuculus-micropterus

噪鵑：http://www.youtube.com/watch?v=zrkS7izXtFA

4　此處所指之大埔街市，位於今富善街對出，高添強《彩色香港》（2014）一書收錄其照片。上水石湖墟也有同一設計的街市，運作至 1990 年代。

5　香氏及林書顏兩人，曾在 1940 年出版中英對照的《香港食用魚類圖志》，倡導市民食用本來不熟悉、不敢吃的本地海魚，紓緩戰後糧食不足問題。該種鱗魨並未收錄於該書內，此乃香氏困惑的原因。村民用拆皮法即能避免不敢吃問題，更給香氏留下深刻印象。

6　現時街市販賣之「剝皮魚」，大部分是無毒的。鱗魨科及相關家族魚種都被漁民及釣客統稱「沙鯭」。

為「扳機」從後嵌入卡住，前者便變成令人生畏的武器，待後者撤回原位，第一枝棘才會平復，鱗魨因此又稱扳機魚。[7] 此魚有毒，或只是皮有毒，故魚販拆皮後才出售，否則被顧客追討，被剝皮的會是自己。

肉檔裏野豬肉被切成一份份作餸菜擺賣，所剩無幾。雖然孩子們很同情被關在鐵籠中的綠翅鴨（Teal）和羅紋鴨（Falcated Teal），[8] 但汽車載了很多實驗儀器，騰不出地方安置，只好目送鴨子而去。車途中原本罩在儀器上的蓋子突然脫落，發出砰然巨響，孩子們聽了，很是雀躍。中國人也愛巨響，兩者必有一些什麼關連。[9]

本月較後的筆記：

我的么女近來對種子很感興趣，大肆搜集。最熱門的尋寶地點不在新界某山頭，而是她父親的工作桌。桌上原本擺滿我在園子裏採摘的醬果、豆莢、瓜囊，而今悉被洗劫；種子從瓜和莓中被掏出，放進浴盆洗淨，跟果肉分離，最後被放到自製的信封中。破開其中兩枚野生梔子莢果[10]時，浴盆之水變得黃澄澄一片。

我想起這就是中國人的植物染料，放一塊碎布進盆試試看，果然染成黃色。接着放入幾張紙，然後是數條手帕，眼見染料仍濃得可以把女兒所有手帕或一大條浴巾都染好，我趕忙拔起塞子，救了它們一命。現正搜尋其他可作染料的本土植物。最近太太買了一些原色棉布回來，我們全家忙於做算術題：如果兩個梔子可以染黃一打手帕，一疋布要用多少個梔子？很不幸，梔子果季已近尾聲。

駕車環遊新界，在啤酒廠[11]附近看到鸕鷀捕魚，路邊電線桿上站着一隻鶚（Osprey）和十多隻釣魚郎（Kingfishers），其中大部分是普通翠鳥（Little Kingfishers）和白胸翠鳥（White-breasted Kingfishers），也有一隻斑魚狗（Chinese Pied）；也看到好些伯勞（Shrike），包括三隻黑化型的棕背伯勞（Dusky Rufous-backed Shrike），這種鳥原來也有不少。在上水公路旁，我近距離看到電話線桿上站着一隻大卷尾（Chinese Black Drongo）。

7 可能是疣鱗魨（Canthidermis maculata），可食用，現多作觀賞魚，俗名「黑砲彈」、「斑點砲彈」、「疣板機魨」。

8 當年大埔街市出售的野豬肉，相信由林村及汀角一帶農民捕獵；綠翅鴨和羅紋鴨則相信是在輞井半島、米埔捕獵。農民以售賣野味幫補生計。

9 「中國人也愛巨響」一句應指爆竹聲、鑼鼓聲之類。歐洲人對此往往難以適應。

10 饒玖才（2001）列出本地植物染料清單：薯莨染黑，馬藍及藍靛染藍，楊梅染褐；台灣陳千惠（2006）清單：樟染褐，相思染紅，粉葛染綠，雞屎藤、五節芒、艾草、荔枝、番石榴、枇杷、芒果、龍眼、重陽木、榕、鬱金染黃。

馬藍花　　　　　　　　　　　　　　　　　梔子果

11 香氏所見啤酒廠是位於深井的「香港啤酒廠」，由英國律敦治家族擁有。該廠在 1948 年售予菲律賓生力集團 San Miguel，San Miguel 是葡文，相應之英文或法文為 Saint-Michel，中譯為「聖米加」，是守護天堂入口的大天使。

以下記於月杪：

　　農曆新年天氣寒冷，但在野外，春天到來的信息絕不含糊。大葉榕（*Ficus virens*）脫下老舊、破爛、脫色的葉片，披上滿樹悅目新綠，為時雖短，卻教我們眼前一亮。這種樹在港督府近上亞厘畢道及香港大學遊樂場近薄扶林道各有一株。

　　本月有灌木首度開花。被稱為「香港山楂（無刺）」的車輪梅（*Raphiolepis indica*）[12] 開始展露白或粉紅色小花枝，最燦爛花容在下月可見；金櫻子（*Rosa laevigata*），本地薔薇科家族成員之一，開單頭的大白花；光葉薔薇（*Rosa luciae*）一大叢一大叢小型白或粉紅花此時花蕾初綻。金櫻子傳播到美國西南部多年後逸化，被命名為「徹羅基人玫瑰」（Cherokee Rose），[13] 到了 3 月最後十天方盛放。金櫻子在港島很罕見，但在新界大埔等地有很多。在金櫻子花季結束後，大約是 4 月份，光葉薔薇開花最美，在新界大量生長，尤其是在錦田、林村一帶。

　　最近收到三種在新界種植的柑橘屬（Citrus）水果，第一種是無人不知的檸檬。第二種外形跟檸檬一樣是橢圓形，稍大，沒有檸檬的尖頂，橙

金櫻子花

12　香氏以不熟悉亞熱帶物種的歐美裔讀者為寫作對象，為了使他們容易理解，會以外形相似的溫帶物種作比擬；一如國人對外來物種之命名，皆以本土種為主體而前綴以代表「外來」之詞彙，如茄為「西」紅柿、羊蹄甲為「洋」紫荊、釋迦為「番」荔枝。

13　英國人把金櫻子帶到美國東南部，那是北美原住民徹羅基人原居地，18 世紀，美國政府迫徹羅基人西遷至奧克拉荷馬州，徹羅基婦女在遷徙途中漣漣痛哭，是為「血淚之路」，路上每一處有眼淚滴落的土地上，綻放朵朵金櫻子。長老賦予金櫻子意義：白瓣是純潔的徹羅基人的淚，金花蕊是被白人奪走的金礦，七塊葉是徹羅基七族，莖枝上的棘鉤喻抗爭，到處生長譬徹羅基人在旅途中開枝散葉，於是大家重拾信心，走到奧克拉荷馬州，繁衍至今。1916 年，佐治亞州議會通過金櫻子為州花。

光葉薔薇花

色，其汁有怡人香味，曾被用作香芬混入冷飲中，但現在已沒有人這樣做了，幸好它有很多細小種核，我細心取出保存，用作播種。向柑橘屬專家請教，說可能是檸檬跟紅檸檬 [14] 的混種，名字或該是 Oron。[15] 第三種水果大如柚（Pomelo），果皮有二三吋厚，其中果肉比網球還小，名為文旦／碌柚（Citron / Citrus grandis），其皮可製香蜜餞。

下面引錄翌年 1 月的日記，以示我在新年的第一個月，仍然保存勤寫日誌之志氣：

1 月 4 日星期天早上，在花園認出十六種雀鳥，只有一種是意想不到的，另有一些常在花園露面的品種卻不見。本月雀鳥大都因為進入求偶期而變得亮麗。白頭鶲（Chinese Bulbul）被春色驚醒，心花怒放，灰灰褐褐的毛色像被鍍金鍍銀，變得光澤柔潤，似有一枝畫筆，趁牠睡着時，在牠合起的雙翅上，塗抹了一層亮綠。

體形細小且本來顏色暗淡的長尾縫葉鶯（Tailor Birds），這時額頭和膝部的栗色也變得鮮明，行動活潑，由樹底或灌叢底部開始搜索昆蟲，直到樹頂，再飛到隔鄰一株再搜，全程都跟同伴吱吱喳喳。看長尾縫葉鶯時，我的貓在甘藍菜的掩護下，悄悄走近，長尾縫葉鶯不察，只顧唠叨。喜見一隻畫眉從灌木叢飛到枝頭上，全身橙褐色，鮮艷奪目，眼眶四圍是白環，眼後是帶狀紋，非常耀眼，正與貓對望。值得一提的是鶲鳥喜歡啄食綠花椰菜（Sprouting Broccoli）多於白花椰菜（Cauliflower）和捲心菜（Cabbage）。我的綠花椰菜曾被紅耳鶲大肆破壞，看來我要訓練家貓看更。

近日山火肆虐，引火者很多是不小心的遊人，但更多的是沒有公德心的司機或乘客，他們把未熄滅的煙頭 [16] 拋到車廂外路邊的叢林。因為本月十分乾燥，灌木輕易起火，很快便星火燎原，禍及大片山林。林務局現已委派會操粵語的職員廿四小時在林務處當值。一旦發現山火，港島區市民請立即致電 31530，九龍區 57953。[17] 市民在市區或港島任何地區發現山火，都要立即通報。市民不單有責任防火，也應盡力撲止。然而令人投訴林務局者多，

14　紅檸檬即廣東檸檬，又稱黎檬，果紅色，球形。學名 *Citrus × limonia Osbeck*。

15　譯者據香氏描述，認為 Oron 是香櫞（*Citrus medica*），Oron 或是香氏對「香櫞」粵音的直譯，所以沒有字典記錄。香櫞（佛手柑是其變種）置室內多週，仍有悦人香氣。根據近年研究，香櫞是現時繽紛多樣的柑橘屬水果三大始祖之一，其他兩大是野生寬皮橘（*C. reticulata*）和野生柚（*C. maxima*）。後兩者雜交成甜橙（*C. sinensis*），香櫞與甜橙雜交成檸檬，甜橙與柚雜交成西柚，甜橙與橘雜交成柑。只有枳（*C. aurantium L.*）和金橘（*Fortunella margarita*）未參與混血。據此，柑橘屬專家之言，是認父作子孫；橘越淮而枳，也是謬説。

16　未熄滅煙頭在今天仍然是香港山火主要源頭。八仙嶺曾發生山火，燒死兩位教師及多名學生，相傳由隊尾同學拋棄未熄滅煙頭所致。

17　現今可致電 (852) 2720 0777，通知漁農自然護理署山火控制中心。

履行公民責任者少，看來對後者大加表揚，情況才會好轉。

在其他山火災害嚴重的國家，當局會向做出任何可能引起山火的人罰款。若我們的司機知道一旦把未熄滅煙頭拋到灌木叢會遭監禁，便會警戒起來。如果老師對學生耳提面命防止山火，教導他們服務社區，遇上小山火自行撲滅、[18] 遇上大山火通知林務局，那就感激不盡了。

1 月 10 日星期六下午，往新界潮水灣之東的濱海及山腳[19] 觀鳥 3 小時，只發現二十種雀鳥。第二天上午在港島家中，於早餐及出門做義工之間，[20] 便發現十九種鳥。在新界觀鳥，數量稀少，往往連一隻斑鳩也看不到。這是一個值得討論的問題。在潮水灣附近常聽到的砰砰獵槍響聲，這或許揭示了雀鳥絕跡及鳥種稀少的真正原因。

在星期三及星期四，分別在報章讀者版發表《為雀鳥進一言》（Plea for Birds）及《野鳥的絕滅》（Destruction of Wild Bird）兩信，[21] 關注新界雀鳥被任意狩獵的情況。[22] 這裏有太多自以為是的狩獵者，見鳥就殺，剝奪雀鳥生存權，我發願爭取把新界跟港島、長洲一樣，劃為禁止狩獵範圍。

1 月初，難見有吸引力的野花，卻有灌木酒餅簕（Atalantia buxifolia）大片結果，它與同科的金橘（A. hindsii）不同的地方是結黑色而不是橙色的細小果實。我吃了幾粒，吐出來的綠色果核一到兩粒，雖然佔據了果實的大部分，但薄薄的果肉還是挺甜的。我要找的，其實是另一結黑色果實的灌木，名鴉膽子（Brucea sumatrana / B. javanica），與「天堂之樹」臭椿（Ailanthus）屬同一科，同具羽狀複葉，最後我總算找到一些。最近美國化驗室因為知悉它有藥用成分，向我要了一磅去做化學分析。我看它可治療痢疾。[23]

記得多年前有位朋友，帶着一隻苦瓜來找我，問苦瓜可否代替奎寧（Quinine）治療瘧疾？如果可以，何不大量種植，代替很難才搞到的奎寧？這是因為他嘗過苦瓜，發現其味與奎寧相像。

戰時奎寧短缺，現時用來治瘧疾的藥物鹽酸氯胍（Paludrine）在當年尚未發現，米帕林（Mepacrin）仍在測試，生化學家們研究各種聲稱有退熱功效的草藥，結果證實大部分未能對付禽瘧（與人瘧密切相關）的寄生蟲。少

18　使用山火拍，以雙手握持手柄，反覆拍打起火雜草的底部，阻止氧氣供給令火焰熄滅。在上世紀，滅火拍原來是香港消防員在火場出生入死之餘，留守在消防局內，剪碎過期的消防喉管製成。今天消防員已無暇製作滅火拍，過期消防喉管全運往堆填區。

19　潮水灣位於今沙田至九肚火車路與沙田路及沙田圍路之間，今高廈林立，只剩窄狹城門河。潮水灣之東的濱海，指山下圍至小瀝源一帶。

20　香氏一生擔任無數義工，服務社會。早年除任《香港博物學家》義務編輯外，也曾為香港博物館顧問、應各機構邀請作主題演講、供稿予本地報章、海外學報或接受查詢、為英軍繪地圖、籌集戰時民生營養需要。1946 年起與耶穌會賴詒恩神父（Rev. Thomas Ryan S. J.）、猶太裔慈善家賀理士嘉道理（Horace Kadoorie）等人，發展新界漁農業，修古道、渡頭，新建道路、碼頭、糞肥廠、實驗農場。

21　香氏呼籲禁獵之文章，應刊於 1948 年 1 月 14 日及 15 日《南華早報》上。

22　據「香港賽馬會資料庫」，狩獵者以歐洲人為主。1924 年，以社會賢達或高級軍官為會員之粉嶺狩獵會在雙魚河一帶成立，狩獵範圍包括粉嶺、軍地馬場、舊有的沙頭角鐵路沿線及部分邊境地方。詳見張麗翔：《粉嶺舊時月色》（香港：上書局，2014）。

23　香氏應美國藥品化驗室朋友要求提供奎寧（Quinine）代替物，反映近代博物學家一項重要角色，是協助拓展生產資源，開發新產品。部分內地人士認為博物學家販賣動物、掠奪殖民地資源、破壞自然、從事間諜活動，所以「博物學家必須死去」（見《三聯生活週刊》，第 31 期〔2015〕）。歷史學者卻發現，外國博物學家在中國的探險，大多得不到外國政府的保護，而是靠與本地人建立信任，才能完成任務，見范發迪：《清代在華的英國博物學家：科學、帝國與文化遭遇》（北京：中國人民大學出版社，2011）。鹿野忠雄被譽為日治時期台灣最優秀的博物學家，其尊重並熱愛當地風土的情懷深受土著敬佩，及後在北婆羅洲失蹤，據傳因反戰與過度親近土人而給日本憲兵殺害。見林文宏：《台灣鳥類發現史》（台北：玉山社，1997），頁 54。

數的例外是常山（Dichroa febrifuga），拉丁文學名是 *Febrifuge*，正是「退熱」之意。此花與八仙花（Hydrangea）同科。常山圓錐花序的藍花開後，結明藍或紫色漿果，在港島及九龍山區常見。這種草藥，自古以來，在遠東，從北印度到爪哇到中國，都用來退熱。「在爪哇，人們搗爛其葉片後配附料生食，以治熱病」；「……在喜瑪拉雅地區則是折其新梢及剝下莖皮熬水；中南半島 Indo-China[24] 則用葉」；「中國人則從南洋入口乾貨」。下次你在山頂道漫步，如果覺得有點頭暈身熱，可摘一塊常山葉，放入口中使勁咀嚼，看看能否見效。[25]

· 農曆新年 ·

農曆新年不是在 1 月尾便是 2 月初，年宵花市是當中盛事。在戰前美好日子，逛年宵時每能搜集奇珍異寶，我就曾淘過銅紅釉陶器（Sang de Boeuf）[26] 真品一小件，但已在戰時散失。年宵市場還賣鮮花、盆花、散尾及凸眼金魚之類。花市擺出的花種，年復一年不外以下幾種，下文或能幫助準備逛年宵人士。

年宵市場中兩種常見的年花，其一是英國人口中的「中國神聖百合」（Chinese sacred lily），在中國叫「水仙」（Narcissus tazetta），種植法詳見於《香港博物學家》1932 年第三卷，摘述如下：

水仙花中文名的含意是「水仙子」（Water Fairy），更準確地說是「水精靈」（Water Spirit），自加那利群島（Canary Island）[27] 至中國及日本皆有野生，花有單瓣與複瓣之分。水仙花球根之人工培養只見於黃山以東至福建南部漳州之間。花農在 10 月初取出之前好好貯存的小球根，種在戶外肥沃泥土，悉心照料，翌年 6 月掘出，曬乾再藏好，到 10 月再種入泥中，三年後再挖出，運到市場批發銷售。商人把成熟的花頭分成不同等級後包裝入籃，海運到香港、廣州及美國。12 月，把冬眠的花頭去土，地播，或像更多人一樣把花頭放進水中，多曬太陽，就能把它喚醒，約在一個月後準時開花。如光線不足，會令葉徒長，花苞便會遲發。培

常山，結藍果時很容易被認出。

24　中南半島又稱印支半島，指亞洲東南部的半島，東臨南海，西瀕印度洋，因
　　位於中國以南，印度以東而得名。中南半島的南部也稱「馬來半島」，包括
　　越南、寮國、泰國、緬甸、馬來西亞、柬埔寨、中國（雲南）等國。

25　常山含常山鹼，能破壞黏膜，引致腸胃道出血，10 克乾燥根即可引致中毒。
　　如果你真的要試，勿多於一塊。

26　銅紅釉始於宋鈞窯窯變，通過還焰技術。康熙時，江西總督郎延佐所造銅紅
　　釉紅艷絕倫，流傳至西洋，法人稱之為「Sang de Boeuf」，喻其色紅如牛血。

27　加那利群島，位於大西洋東岸，現屬西班牙。台灣作家三毛在此島遇上荷西
　　後結婚。

植者的要務，是要把花苞限制在大年初一那日才綻開，太遲或是太早，在花市上都會售不出。

中國人口中的另一種「年花」，指的是吊鐘（*Enkianthus quinqueflorus* Lour），枝懸粉紅色鐘形小花。此灌木或小樹跟杜鵑或歐石南屬同一科，形狀也有點似歐石南的粉紅色鐘形花，但大很多。花蕾形成前，老葉通常落下，花與新葉齊開。本地[28]山邊吊鐘開滿花蕾時，往往被無情地砍伐，運往花市圖利，所以必須立法保護。現時花市所見的吊鐘，大多來自中國內地。

吊鐘花在本地仍算常見

花市也會出售華麗杜鵑（*Rhododendron farrerae*）的花蕾枝幹，此花紫或粉紫色，開花前老葉落盡，在華南山嶺上野生，山頂盧吉道以上可見。花市中常有帶花蕾的楂枝出售，把楂枝幹浸入水中便會開花。現在所有杜鵑都受法律保護。

樹小而美的木薑子（*Litsea citrata*）[29]同其他樟科植物一樣，花葉皆有芬芳氣味，葉片和青綠嫩芽的外形窄似柳葉，嫩枝常呈綠色，也像柳枝，1月至2月落葉後光禿枝條開出小小的黃色或白色花束，異常濃密。以前在港島常被砍作年花，直到1913年禁止小販販賣，數目才增加。九龍水塘及大埔附近也很普遍，雖在日本佔領時被砍作燃料，戰後種苗斷木重生，數量仍多。木薑子長在港島太平山及西高山北坡，在大潭水塘也有一些大棵的。

原生中國西北的牡丹（*Paeonia suffruticosa*）在全國廣泛栽培，現已培殖百數品種，可長至3到6呎。小型牡丹盆栽在花市出售。此花不能在濕熱的香港度夏，但2月結滿花蕾時十分吸引。

粉紅色的梨花與白色的李花也在花市出售。本地罕有的野生蘭花，開綠黃花的建蘭（*Cymbidium ensifolium*）和開深紫褐色的墨蘭（*C. sinense*）都有香味。所有蘭花現已受法律保護，禁止採摘。

花市中出售的盆栽還有柑桔，結果如橢圓小橙。又有被人為屈折成奇怪形狀的羅漢松（*Podocarpus*）和細葉榕（*Ficus retusa*）盆景，往往附上漁人和水牛等

28 原文為「Colony（殖民地）」。本書以下部分凡用「殖民地」字眼，皆譯為「本地」或「本港」。

29 曾被用作年花的木薑子，春日野外香港漫山遍野可見，如櫻花縮細版，教人驚艷；其葉氣味濃烈，有人比喻為豆豉加薑；果實可作香料，鹹而微辛。台灣稱為「山胡椒」，為了爭奪採集權，曾引發原住民部落戰爭。

今日梧桐山的吊鐘花
仍常被砍伐

木薑子

小陶瓷擺設。

　　名為「Chow Chow」[30]的蜜餞在花市也常有出售，以厚糖漿醃漬水果或塊根，如滿身是孔的蓮藕、薑片、亮綠的冬瓜、小而紅亮的山楂、一整隻柑桔等。

· 一 月 的 鳥 ·

　　本月出現的大部分是留鳥，其次是冬訪鳥，當中包括一些迷鳥。冬訪鳥會在〈十月〉篇介紹，本篇集中討論本地留鳥。香港夏季屬熱帶氣候，冬季屬溫帶氣候。夏訪鳥是熱帶鳥種，冬訪鳥與我們的英國鳥種關係密切，來自北方即蒙古，中國東北和日本。四季都能見到的本地留鳥，牠們要適應兩種氣候，在春季更要在本地繁殖。可以想見本地留鳥必定與英國品種有異有同，同者包括喜鵲（Chinese Magpie）、松鴉（Chinese Jay）、大山雀（South-China Grey Tit）、麻雀〔Chinese Tree Sparrow，與歐洲麻雀（European Tree Sparrow）很相似，但英國的家麻雀（House Sparrow）則不見於香港〕、普通翠鳥（Common Indian Kingfisher）、綠背啄木鳥（Fukien Green Woodpecker）、蒼鷺（Eastern Grey Heron）和小鸊鷉（Chinese Little Grebe）。其他本地留鳥不難辨認，只要把陌生鳥種跟有相同特徵的英國鳥種對比，很快就能辨識，這一類鳥種包括大嘴鴉（Jungle Crow）、白頸鴉（Collared Crow）和珠頸斑鳩（Spotted-necked Dove）。

　　此外，本地其他特色留鳥，包括尾巴很長的紅嘴藍鵲（Blue Magpie）；外形似鶇的黑臉噪鶥（Black-faced Laughing-thrush）和畫眉（Hwamei）；三種常見的鵯 (Bulbuls)；鶇科留鳥紫嘯鶇 (Violet Whistling Thrush) 和鵲鴝 (Magpie Robin)；棕背伯勞 (Rufous-backed Shrike)；兩種鶯，即長尾縫葉鶯（Chinese Tailor-Bird）和純色山鷦鶯（South East China Wren Warbler / Prain Prinia）；同屬椋鳥科的新界黑頸八哥（Black necked Myna / Common Myna）和港島的八哥（Chinese Crested Myna）；全身綠，眼有白環的綠繡眼（South China White-eye）；兩種鶚（Osprey），即白腹海鵰（White-bellied Sea Eagle）和鳶（Kite）；作「Come-to-the-Peak-ha-ha」叫聲的鷓鴣（Chinese Francolin）；最後是白胸苦惡鳥（White-breasted Waterhen）和小白鷺（Little Egret）。這名單不長，因冬天鳥種大部分是來自北方

30　「Chow Chow」應是「Chowchow」之誤。原文 Chow Chow 的詞義是鬆獅狗；
　　Chowchow 才是「雜錦蜜餞」。

鷦鶯

的訪鳥。

1月可見鳥種，而未見於本書其他部分的，可述如下：

冬訪鳥黑尾蠟嘴雀（Lesser Black-tailed Hawfinch / Yellow-billed Grosbeak）是本地唯一已鑒定的蠟嘴雀，每年數量不定，我來港多年後才第一次見到，可能只是過境旅客，所以很少遇見，無論是小群或大群。雄性黑及啡灰色，兩脅橙栗色，翼有白斑，翼尖羽毛也白，大黃喙是其標誌。1月及早春在港島偶見成群出現，但較常在新界如林村、錦田的大樹頂或竹樹頂成群出現。

冬訪的椋鳥有兩種，即灰背椋鳥（Gray Starling / White-cheeked Starling）和絲光椋鳥（Silky Starling）。前者雄性黑頭白頰，尾端白；後者較常見，雄鳥頭白、頸灰、翅黑、尾黑、翼黑、翼肩有白斑，喙紅或淡紅。兩種椋鳥的習性與英國椋鳥接近，喜歡群居，十分嘈吵，在地上覓食時，常混入近親家八哥和八哥之中，因為個子小，所以一眼便能認出。戰後在錦田、大埔墟火車岸堤、屏山警署我都有牠的紀錄。

1月初的一天，發現第一隻出現的啄木鳥（Woodpecker）。此紀錄之前已有，唯只在林村谷中的三個樹林出現。其中一個樹林位於林村河谷尾村後河溪轉南處。第二個樹林在坑下莆風水林對上。第三個樹林是在及其左山腳附近樹林。其外形與英國綠啄木鳥（English Green Woodpecker）非常相似，只有雄鳥才有紅冠。

本地鵯（Bulbuls）以外還有兩種有趣的外來鵯，容貌最出眾的是黑短腳鵯（White-headed Black Bulbul），曾有一年，黑短腳鵯1月中大量降落港島，逗留至2月尾。來港最初時全身黑色，紅喙紅腿；數天後發現一些白頭的成鳥；頭部毛色黑白混雜的也有。此鳥尾有小捲，頭有小冠羽，在野外鳴聲如貓叫春，又似迷路孩子哭叫，容易識別。3月中會移到九龍水塘。可能為逃避中國北方無年無之的寒流才南下。在某些年份的4月，曾錄得牠們在林村高樹築巢。

另一種是栗背短腳鵯（Chestnut-backed Bulbul）。有一年3月中前往九龍水塘，在引水道旁小徑行走時，聽到一大群鳥大哄大嗡，叫聲令人想起鵯鳥，出奇的是如吹響亮的哨子。最終給我找到牠，其翼、腰、尾深褐色，背栗色，頭黑色，頭頂羽毛剛夠形成羽冠。此鳥以前曾在林村谷樹林出現，在港島卻不見。

灰背椋鳥

絲光椋鳥

二月

February

　　本月雖然是全年最冷月份，但結霜仍然難得一見，唯濕濕冷冷，總使人不悅。我最畢生難忘的冬天，就是被日軍拘留在赤柱期間的那一個。當時大家的衣服破爛不堪，食物款式單調，分量不足，營友們魂不附體，意志稍為薄弱，都熬不下去。猶有甚者，那一年的冬天竟連海魚也冷至垂死。當日我從營房外望，看到中國人和日本人一起划艇，撈起各類海魚，小的有雀鯛（Abudefduf）及隆頭魚（Wrasse）等珊瑚魚，大的有深海石斑。魚被沖到岸邊，一位營友趁警衛不察，在刺網掩護下，潛到海底，捉到多條大魚。我獲釋後回到城中，一位華人朋友告訴我，日佔期間，香港海魚供過於求，創價錢最低紀錄，共有兩次。其一是港內船艦遭美軍魚雷重炸之後，[31] 其二就是這一次冷鋒襲港。另一位華人朋友告訴我，他一生中遇過兩次連海魚都冷死的冬天，此為其一。

　　1948 年的冬天也很寒冷，冷鋒雖不致於冷死海魚，卻足以讓大帽山和錦田以東的一座山 [32] 因局部地區性降雨而結冰。冷鋒過後我登上西高山，見到少數杜鵑花蕾凍壞，此外別無損傷，證實此一高度不足以結霜。在 1,200 呎的盧吉道及夏力道轉角附近花園，見到一棵蘆薈被嚴重凍傷。蘆薈非土生，未到結霜的溫度也會受影響。

·1893 年結冰·

　　在 1931 年《香港博物學家》第十一卷第二期，吉布斯先生憶述 1893 年結霜一事，或能引起你的興趣，茲摘錄共賞：

　　　　當時我居於奇力山德輔別墅七號。冷鋒來了數天，九龍天文台（103 呎）

譯註

▼

31　香氏在本書中引述華人朋友之話，每多可疑，而香氏深信之，可謂遇人不淑。查美軍魚雷打沉日艦地點遠離香港，死傷之魚不可能漂到維港。引致海魚供過於求，實因飛虎隊之「誤投」。二戰期間，國民政府宋子文成功游說美國羅斯福總統僱用美國陸軍航空隊中將，飛行員陳納德（Claire Lee Chennault），創建及指揮飛虎隊（本名中華民國空軍美籍志願大隊）破壞日佔香港之日本軍事設施，以阻礙日本利用香港中轉戰略物資到華南及東南亞各戰場。英軍服務團創辦人賴廉士（Lindsay Tasman Ride）曾報告，盟軍空襲黃埔船塢及啟德機場，但「炸彈掉到海裏去，炸死了很多魚，我聽說有蜑民希望有更多這樣的轟炸（好讓他們不撒網也可得到漁獲）」。當年維港水深港闊，污染未重，魚量不少，入海炸彈成為魚炮，引起的衝擊波震昏震死海魚，漂浮到岸，有舢舨者撿起販賣，數量龐大，而當時冷藏設備緊求，為避免變壞以低價傾銷，合乎常理。現時維港兩岸差不多每年都發現未爆炸彈，皆是當年所投，可知死於飛虎隊轟炸的港人不在少數，可是無人追究，更有人誤以為是日軍所為。飛虎隊轟炸香港錄像詳見 https://www.facebook.com/HSHRevised/posts/76758889001351。

32　即今雞公山，地名研究學者黃垕華先生正名為「圭角山」，因鄧族在此建立全港第一所學校力瀛書院，所以是香港第一名山。山頂可望元朗、錦田平原以及后海灣。

雞公山

錄得華氏 32 度[33] 低溫。那天黃昏，家僮得意地取來一條 6 吋到 1 呎長的冰柱給我看。走在當時沒有鋪瀝青的奇力山路，「嘎吱嘎吱」作響，那是踏碎霜雪之聲。

有人在某日早上目擊兩位法官普樂爵士（Sir H. E. Pollock）和 C. D. Wilkinson 在政府宿舍旁鋪了瀝青的馬路上非法滑雪。天氣最壞的一個早上，山頂下雨，當雨降到地上時，便即結冰。我還記得當我走到馬已仙峽時，我的大衣全披滿冰。

山因結霜而變白，對城中華人而言，這是難得一見的奇境。他們上山收集掛冰的松枝，當成奇珍，想帶回家欣賞，但大多失望而回。[34]

Our Island[35] 的作者、英國地質學家施格茲尼（S. B. J. Sketchly）在 1893 年 3 月 17 日寫給 "Nature" 的一封信中，引述香港植物公園總監福特（C. Ford）報告說，有 20 種本地植物遭凍傷，凍死的有烏毛蕨（*Blechnum orientale*）、野牡丹（*Melastoma candidum*）、鯽魚膽（*Maesa sinensis*）和桃金娘（*Rhodomyrtus tomentosa*），更高的地方情況更壞。

· 花樹 ·

2 月開花的木棉（*Bombax malabaricum*）是南中國最大最繁茂的花樹之一，三軍司令官邸（Flagstaff House）[36] 到花園道（Garden Road）沿路種了一大排。其大紅或粉紅色花冠吸引小型鸚鵡（Paroquet）[37] 及昆蟲飛來採食。木棉花其後變成載滿棉花的莢果，內藏黑色種子。棉花可用作枕頭填充物或包裝工具，但在彈力方面不及近親吉貝木棉（Kapokko）。

木棉幼株有刺，不好燒，身輕，色淡，易化軟變腐，置水中卻會變得結實，因此人們用它來製造棺材、船內層、木鞋及火柴，廣見於新界及廣東附近。木棉樹身高大，雀鳥據之作瞭望台，喜鵲、烏鴉、八哥更喜築巢其上。

火焰木（*Spathodea campanulata*）[38] 又叫非洲鬱金香，也在 2 月開花，在大埔駕車過橋時，望前政務司官邸（Island House）[39] 地下，可見一棵。在九龍加拿分大廈（Carnarvon Building）[40] 附近有一兩棵。在粉嶺及大學也有一些。火焰木

33　即攝氏零度。高 960 米的大帽山頂，按每高 100 米氣溫下降 0.6 攝氏度計算，當日是攝氏零下 5.7 度，可能是開埠以來最低紀錄。

34　據 1931 年《香港博物學家》第十一卷第二期吉布斯（L. Gibbs）大作 "The Hong Kong Frost of January 1893" 之附表，九龍天文台錄得攝氏零度的日子是 1893 年 1 月 18 日，由吉布斯本人所繪。可見「6 吋到 1 呎長的冰柱」唾手可得。

35　該書全名 *Our Island: A Naturalist's Description of Hong Kong*，1893 年由 Kelly & Walsh 出版社在香港出版。

36　即今香港茶具文物館。

37　小型鸚鵡（Paroquet）指的很可能是小葵花鳳頭鸚鵡（*Cacatua sulphurea*），相傳是英籍高官寵物，日軍侵港前，由管家放生，至今仍不時在中西區樹上見到。亞歷山大鸚鵡（*Psittacula eupatria*）體形較大，據云也是日本入侵香港時，被英軍放生，但地點在九龍軍營。現時除了在九龍公園，在打鼓嶺週田村、鳳凰湖一帶也很常見。後者是由九龍公園飛來？還是由寵物逸生而成？亞歷山大鸚鵡及小葵花鳳頭鸚鵡的幼鳥，由於在原生地被過度捕捉，已列入近危物種，絕滅後唯有向香港求種了。

亞歷山大鸚鵡

38　火焰木花狀如火焰。原生西非，木蘭綱唇形目紫葳科火焰木屬，其樹幹及花色皆讓人誤為木棉，只是花期較早及較久。

39　前政務司官邸，位於香港新界大埔元洲仔，現已列入香港法定古蹟，並成為世界自然基金會元洲仔自然環境保護研究中心。

40　加拿分道位於尖沙咀彌敦道以東，街道形狀近似拉丁字母「J」，是以威爾斯圭內斯郡的卡那封城堡（Castell Caernarfon）來命名。該城堡由英格蘭國王愛德華一世在 11 世紀侵佔威爾斯時重建。

花長 5 吋，闊深 4 吋許，外圍橙紅，瓣邊及鐘形內部金黃色。在原生地東南亞和非洲被廣泛種植為行道樹。由種子長至開花，只需三至四年，2 月第一次開花，到 5 月第二次再開花。

香港最漂亮的花樹之一，要數紅花荷 / 紅苞木 / 吊鐘王（*Rhodoleia championii* Hook. f.），1849 年被占般船長（J. G. Champion）[41] 在港島西南香港仔一條鄉村對上山邊發現，當時兩株並排，其後在跑馬地樹林又發現數株。在香港仔那邊，港英政府就地保護百年，現在已長出數百株灌木和小樹。在跑馬地那邊，現在恐怕已找不到後代。野生的紅花荷在香港其他地方一株也找不到，樹苗卻可到林務署買到。此艷麗之花不獨開一朵，而是開一簇

紅花荷 / 紅苞木 / 吊鐘王

約五頭，每頭被疊排的花苞圍繞；十五至二十枚花蕊，從 1 吋長花冠中綻出。花苞外披絲絨，混合黃褐色、金色、粉紅色、白色；花瓣則是明亮的玫瑰紅；一眾花蕊黑色 [42]。紅花荷每年 12 月尾到 3 月初開花，以 2 月最美。

· 蘭花 ·

本地已記錄的蘭花有七十五種，在《香港博物學家》描述過並附圖的有三十一種，在 1937 年出版的《蘭花首二十種》介紹了二十種。大部分附生蘭品種開形小色淡的花，地生蘭好些品種則開非常美艷的花，其中一些更有繁多花頭。不同品種在全年不同月份開花，但以夏末秋初最佳。

我曾為尋找野生蘭花長期攀登石澗、峭壁及陡坡，保證此舉既鍛鍊身體，亦富樂趣。蘭花差不多能在本地各種生境生長。一些品種只長在長草掩蓋的山坡上，某些則選擇瀑布旁或山石遮擋的蔭處。攀登絕頂峭壁最為驚險，但最珍稀的品種往往就在這種地方出現。在這些地方，石豆蘭（*Bulbophyllum*）或毛蘭（*Eria*）

41　Champion 其人生平見本書第三章〈植物與植物學家〉一節。

42　紅花荷是少數在冬天開花的喬木，開花時吸引蜜蜂和太陽鳥來採蜜。香氏對
　　紅花荷顏色及質感之描述可在下圖見到。

紅花荷

的附生品種有時數以千計地生長。

　　我有一位朋友，三天內在馬鞍山及吊手岩找出三十三種野蘭，[43] 當然不全都開花。此外，在太平山北坡、紫羅蘭山引水道對上密林谷地、鶴咀佈滿巨礫的河谷，以及大帽山山頂附近花崗岩石群，敏銳的蘭花獵人都可找到野生蘭花。要留意私人搜集野蘭，須獲得植物公園監督發出的許可證後，方可進行。

　　2月份，攀石者可看到本地附生蘭中開花較大之品種，玫瑰毛蘭（Eria Rosea）。此蘭有橢圓厚擬苞，上有一葉，初生時起摺，1月時在摺間抽出花杵，稍後長出三到四朵花，花萼白色，下瓣是很淡的玫瑰色，上瓣深玫瑰色，味芬芳。只有一處地方生長最繁盛，就是太平山北坡高處，可成百上千地開花，因為難以接近，所以不易發現。[44]

·大帽山·

　　2月山頂多雲，不若12月或1月適宜爬山。本月通常有幾天放晴，大家要捉緊機會。大帽山是全港最高山，有多條路線上山，但沒有任何書籍介紹過，嫻熟登山者可參考《香港博物學家》或郁活先生的專著。[45]

　　2月10日天氣好，我和太太及么女[46]從大帽山西北的八鄉上攀。我們自甲龍左邊一個山脊上行，來到距山頂數百呎的由日本人修築的軍路，[47]岔入一處佈滿石礫的溪谷，煮了一壺熱可可。山澗四季長流，[48]澗邊長有很多有趣的植物。大斑岩石上長滿附生蘭和蕨。在大斑岩石十碼外我們停下野餐，柳葉茶（Camellia salicifolia）落花滿地，一手可抓一大把，還見到在香港唯一結鮮藍漿果的常山（Dichroa febrifuga）。結黑色果子的是披針葉茉莉

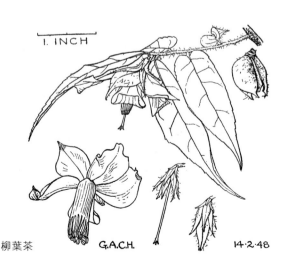

柳葉茶　　　　G.A.C.H.　　　14·2·48

43　J. L. Young Saye, "Orchid hunting on Ma-On-Shan", *The Hong Kong Naturalist* (July, 1937), pp. 84-88.

44　芳香石豆蘭、玫瑰毛蘭是穩定可見之野生蘭。1935 年 2 月 J. L. Young Saye 在香港發現了一種毛蘭，經香氏鑒定後，辨識出與當時本港的毛蘭品種「足莖毛蘭」有所不同，在當年 5 月號《香港博物學家》發表。1976 年，邱園（Kew Gardens）蘭花學家 P. Cribb 認同是新種，在 *Orchid Review* 命名為「*Eria Herklotsii*（香樂思毛蘭）」以表揚香氏。可是 A. D. Hawkes & A. H. Hellerk 在雲南思茅「再」

芳香石豆蘭

發現它，1957 年在美國 *Lloydia* 季刊發表並獲確認，命名「*Eria gagnepainii*」以表揚法國植物學家 F. Gagnepain（1866—1952）。因為後者命名比前者早，故成為正式學名。中文譯者不把「Eria gagnepainii」譯為「加氏毛蘭」，很可能是因為知道它 1935 年早在香港發現，故譯名「香港毛蘭」，如果譯者知道香樂思對香港的貢獻，或者承接 P. Cribb 的美意，應譯為「香氏毛蘭」。更遺憾的是，「香氏毛蘭」2011 年已在香港絕種。

45　香氏在第一章〈二月 · 林村谷〉一節，記述與「天氣預報員」同遊梧桐寨長瀑，這位天氣預報員就是都活。都活把 1935 年 5 月至 1936 年 12 月在《香港博物學家》發表的文章合編成 *Rambles in Hong Kong* 一書於 1938 年出版。該書在 1951 年重印，1992 年由牛津再版，並附加 Richard Gee 的新導言，為原著每一頁作補充。第一個翻譯 *Rambles in Hong Kong* 的是葉靈鳳，稱作者為「海烏」，不提及他是外國人，葉靈鳳在其他地方又稱 Heywood 為「亥烏德」，葉輝沿用。台灣的劉克襄在《四分之三的香港》（2014）中引用 Heywood 原文，成為其書之亮點。Heywood 指世上很少城市的郊野像香港郊野一般美麗，多變的山谷、海岸綫、離島及中國式村落和稻田之景緻，比得上英國任何地方，適合觀鳥、捕蟲、攀山或漫步，令人遠離塵囂。都活女兒最近把都活被囚在深水埗集中營時所寫日記出版，書名 *It Won't Be Long Now*。

46　「么女」是當年十歲的 Stella Horence。

47　即荃錦公路。

48　「谷中有澗四季長流」中之「谷」即今石崗軍營後河谷，「澗」擬即該谷中錦田河上游「大石石澗」。

（*Jasminum paniculatum*）。蘭花中只有扇唇羊耳蒜（*Liparis chloroxantha*）開精緻枝狀淡白綠色花。澗邊有白、粉紅色管狀花的草藥廣州蛇根草（*Ophiorrhiza cantoniensis*），很是吸引。

到山頂後北轉觀音山，在觀音山尖峰俯瞰林村谷和八鄉稻田平原間通道，由西面陡坡下山接走一條割草徑，[49] 附近有幾棵開滿花的嶺南梨（*Pyrus lindleyi* Rehder），結的梨子細小，不宜食用。戰前在沙宣道近薄扶林和山頂道附近，嶺南梨在春天時開白花，襯以綠萼，異常奪目。現時觀音山這一批真正是碩果僅存。

沿割草徑可去到尼姑庵凌雲寺，由凌雲寺可走到林村，再接連錦田主道。

山上鳥不多，只有栗腹磯鶇（Red-bellied Rock Thrush）和一些鷚。冬天山上常見的不是田鷚（Richard's Pipit），就是樹鷚（Olive-backed Pipit），這兩種鳥總是難以分清。

前些時間，我們去攀大埔墟以北的九龍坑山（Cloudy Hill），見到一隻鷚、一隻降落石上的遊隼（Peregrine falcon）及一隻紅隼（Kestrel）。光禿山頂不及山下林谷鳥多，比如 2 月最常見的野鳥山斑鳩（Eastern Turtle Dove），以及美麗的灰背鶇（Grey-backed Thrush），翅下和體側有栗橙色。

· 林村谷 ·

3,140 呎的大霧山（Tai Mo Shan），意即時生大霧之山，[50] 位於香港中心，是香港最高山，其北有王泰山，[51] 西南到東北走向，稍高於 1,600 呎。林村谷夾在大霧山和王泰山之間。林村河由東北向西南奔流一哩半後流入吐露港。在大埔墟火車站驅車北行一又四分一哩，駛過橫過林村河的石橋 [52] 便是林村谷的入口，把車泊在僅容一兩輛車的路旁，由此處起徒步前進。

林村谷蘊藏無盡、奧秘處處，使來訪者充滿驚喜。我來訪差不多已有二十年，不論是來觀鳥，還是尋花、賞景，都會有新發現。梧桐寨石澗上游，有一道高至少 100 呎，甚至有 150 呎的瀑布，[53] 是全港最長瀑布，但因為藏於深山，未為人識。攀到山頂，從東北偏北山坡或溪谷下探，遊人更少。林村河匯集大帽山

49 　嶺南梨（*Pyrus lindleyi* Rehder），雖名嶺南，原產地卻是中國東北、華北和西北，未收錄於《香港植物誌》。所以香氏所指應是豆梨（*Pyrus calleryana*）。饒玖才（1999）指在甲龍林徑有豆梨，並指它是廣東佳果淡水沙梨的祖先。豆梨大小如玻璃珠。文中「割草徑」現時已變成嘉道理農場半山的車路，現時蘭花園左上方路旁有豆梨樹，在本月開滿樹白花，今已高過三層樓，極可能就是當年香氏所見的那棵。

豆梨花及果

50 　大帽山是「形如大帽之山」，而非「時生大霧之山」。此處依原文文意故意保留錯寫之「大霧山」。

51 　香氏原文是 Wong Tai Shan（王泰山）。據「西南到東北走向，稍高於 1,600 呎」，可確定「王泰山」其實是「大刀屻」。「大刀屻」舊名「橫台山」，也符「Wong Tai Shan」發音。李君毅在《野外》雜誌「在野論説」專欄〈香港地名分類初談（中）〉篇指出：橫台山是村名，也是村後山名，客家村民以客語稱「剃刀屻」，被半懂粵語者譯為「大刀屻」，又被不懂粵語者譯為「大頭羊」，後者又被誤讀誤寫成「大羊頭」。這裏因先以英拼粵然後再以粵譯英，而出現第六個名字「王泰山」，可謂香港地名經典故事。

52 　「林村河的石橋」一項，據邱東（1999）：「林村河至坑下莆附近，匯合二流，即為三渡坑，該處原有石橋一道，橫跨該河兩岸，近田處上立有石碑 …… 相信在政府收地建抽水站時，已遭毀滅，或藏於泥土之中。今抽水站附近仍有巴士站名為『三渡坑』」。大刀屻北峰附近山脊薄如刀屻。

53 　香氏估算梧桐寨長瀑「高至少 100，甚至有 150 呎」，B. Owen & R. Shaw（2007）而今度得梧桐寨長瀑為 86 呎，香氏算長了 14 至 64 呎；這誤差可以解釋：香氏對本地自然風景主觀的真誠熱愛，為冰冷的客觀數據增值，情況就像小孩們比較爸爸時都會有所誇張。梧桐寨長瀑今有山路直達，加上傳媒熱捧，假日男女老幼游人如鯽。這一類能感動每一個人的自然奇觀，距鬧市只有一至二小時的腳程（如由有車直達的嘉道理農場山頂出發，十五分鐘可達），亦可謂世上難求。

北坡、南北大刀屻南坡眾支流，流量充沛，河谷廣闊。山谷中部，有一低矮而平的山丘，長滿樹木及開揚的公地。山丘兩邊遍佈禾田及菜田，林村河由西北流向東南，連貫細密小水道，灌溉農田。且讓我權充導遊，帶領大家一窺林村谷的奧妙。[54]

下車後，站在拱橋上，望向河底，見到古雅的大塊花崗石石板，那是從橋上墮下的。現時橋面已改由水泥取代。一隻灰鶺鴒（Grey Wagtail），灰背、白喉、黃腹，在河邊石上好動如常。向河拋下一些昆蟲，河裏群魚爭相搶吃，技巧熟練。達爾文所謂物競天擇，適者生存，於此有了新義。一隻藏身花崗石板下的大蟹，聞味而出，其腿有毛，色褐綠，[55] 村民設陷阱捕捉，送到大埔墟出售。一隻普通翠鳥（Common Indian Kingfisher）形貌一如英國近親，站在 20 碼外橫伸河上的樹枝上，潛進水裏，走出來，口裏銜住一尾魚，吱喳地飛到上游方向去。

前行 200 碼，便會見到一棵大樟樹（Camphor tree），路在此處分走兩方。右路走向河畔，左路走往坑下莆村。坑下莆村背靠前面提及的長滿樹木的低矮平山丘之尾。大樟樹之右是小樹林，裏面有大樹，都是榕屬與月季科植物，以及密佈的灌木，是鳥兒絕佳的棲息地。我們走進樹林，找地方午餐。

小路走了 20 碼，到一棵大榕樹處，便是盡頭。地上有燒過的香燭，證明它是村民的神木。[56] 我們取石砌爐生火，用平底鑊煎腸炒蛋，分甘同味。只見面前的葉片動了一次又一次，卻無一絲風。看清楚，原來是蛙！共有兩隻，體色各異，一隻是澤蛙（Common Paddy Frog），背上有黃線；另一隻是狹口蛙（*Mircrohyla*），三角形身體上有不同的棕色斑紋。狹口蛙是蛙類的跳遠冠軍，牠不加助跑，就可跳到比自己身長 20 倍的距離。看來奧運選手也要向牠學習。

聽到特別嘈吵的叫聲「quee-quee-quee-que-scrrow」、「pit-pit-churr」，就知道是紅嘴藍鵲（Blue Magpie），不要把牠誤認為松鴉，此鳥紅喙、黑胸、白腹、頭部珍珠灰、尾翅俱藍、長長的尾毛之尖端有大片白色，可能是香港最漂亮的大型鳥，卻會殘害其他體型較小的雀鳥。牠們有群棲的習性，一塊細少地方可能聚集二十隻。另一種發出「piew-piew」尖叫聲的，是黑眼先鶇鶥（Black-faced Babbler），外形很似鶇鳥，黑頰、一身羽衣灰褐、橙尾。我們把籃子和燒鍋原地收藏好，回到老樟樹下。

54　香氏曾拍攝林村谷，題名「通向浪漫之門」（The Gateway of Romance），
見 G. S. P. Heywood, *Rambles in Hong Kong*, p. 31。香氏戰前住宅薄扶林碧
麗園是上佳觀鳥地，戰後被毀，香氏一直找尋可以替代之 Dream House（理
想家居），1946 年 5 月 29 日曾申請在林村之政府土地供建屋居住用，見政
府歷史檔案類別 BL2/2911/46。

55　即日本絨螯蟹（*Eriocheir japonica*），俗名毛蟹，譯者少年時在本地河溪仍
可見到。毛蟹與俗名「大閘蟹」之中華絨螯蟹（*Eriocheir sinensis*），大小及
外形十分相似，後者分佈在香港以北。

56　神木附近往往有土地神伯公神壇。

神木

樟蠶幼蟲及其繭

此樹全身掛滿很多東西，很值得探究。樹皮被釘上寶牒，樟寄生（climbing fig）圍住樹幹亂枝橫生，如八爪魚張牙舞爪。樹幹上部，又有一種在 10 月開花的寄生蘭，[57] 纏繞在主要橫枝下方。樹幹下部，表皮裂縫之間貼上多個蛾繭，孵出的毛蟲色亮綠，佈滿一束束剛毛，羽化後變成一種灰白色的樟蠶，跟吃歐石楠的英國皇蛾（Emperor Moth）相若。

前行不遠，便到達坑下莆村。此村周圍有很多有趣植物。開藍色大花的是本土籬本老鴉嘴花（*Thunbergia grandiflora*），黃色紅眼的是黃槿（*Hibiscus*），兩者到處可見。這裏有桃樹、杏樹，花季時，橙花和柚花香氣四溢，足以蓋過豬與垃圾的臭味。沿小徑走過村子，上到林邊空地，是豬、狗、牛的覓食場，也是二三十個小孩的遊樂場。我們倚樹而坐，看小孩遊戲。田鷚（Richard's Pipit）匆匆走過空地。腰和尾部紅棕色、背枕銀灰的北紅尾鴝（Daurian Redstart）很是耀眼，佇立枝頭。蝴蝶何其多。

聽到遠方那聲音嗎？是仙子在搖鈴？非也，是一群綠繡眼在詠唱。他們全身披綠，眼繞白圈，心情愉悅。循聲回頭細察，風吹得大樹枝葉窣窣作響，紅的、黃的、綠的秋葉，一塊又一塊掉落草茵。忽聞一下清音，如銀鈴之聲，接下來叮鈴仙樂處處聞，那便是成群綠繡眼來到樹頂，一隻接一隻跳落低枝，紛紛混隨落葉而下，難以看清身影，轉瞬間便走清光！牠們成群忽高忽低飛翔，卻能保持航向，銀鈴之音，瞬即在遠處消失。

現在請靜下來數分鐘聽我講個故事，幫助大家消化剛下肚的香腸。從前，不是很久，有三個漢子，走進這處迷人的地方，其中一個是陸軍上校，一個是海軍船長。林中棲奇鳥，黑如夜，紅眼閃炭火之光，乃村民相傳之妖鳥，此即今日名為噪鵑（Chinese Koel）之鳥。其聲易於模仿：「pee-pee-oo … pee-pee-oo … ee-pee-oo … 」

67　廣東隔距蘭硬綠藤枝，開山精緻小花，不湊近微攝便會錯過。

廣東隔距蘭硬綠藤枝

綠繡眼

兩位軍人圍捕「妖鳥」

陸軍對海軍說:「讓我們把這妖鳥找出來!我在樹林前方,你在樹林後方,一起包抄!」陸軍便從南、海軍就由北開始潛行。我站在一旁,未幾,林中飛出一鳥,黑如夜,飛過我頭上時,還輕聲地笑了一聲。我等着。北面傳來叫聲,稍停,南面有回應,我膽敢說此際林中沒有其他雄噪鵑,但兩種聲音重複唱和,我感到快要碰上。不久,兩位皇家軍隊的高級代表在林之西並排現身。鑒於禮貌,我克制自己不去問誰先看到噪鵑,其實更一針見血的問法,是哪一隻布穀鳥先見到另一隻布穀鳥 [58] —— 要知道噪鵑就是一種布穀鳥啊。

在公共地的另一方,是另一個樹林,同樣因多鳥而聞名。最好選擇樹林的左面(東邊)小徑走入,選右面的小徑離開。

多年前另一個 2 月,我們在林村看見一群六隻朱雀(Rose Finches),那是一種本地從未錄得的新種。據我們所知,此前只曾在廣東有一次發現紀錄。當我們看着朱雀時,一隻深綠色、藍色的銅藍鶲(Verditer Flycatcher)跳出來。據我們所知,這是另一本地未有記錄的新種。當我們看着銅藍鶲時,頭上飛過一群金翅雀(Greenfinch),那是在林村未被記錄過的品種。同一地點能看到這些色彩各異的稀有品種,在本地可算史無前例。林村就是給你這種驚喜。[59] 大家請坐在河

58 德國黑森林地區鐘錶所在 18 世紀發明布穀鳥報時鐘，每到半點或者整點，
　　鐘錶面上會開一扇小門，彈出一隻木偶布穀鳥，叫「谷故」，叫的次數即當
　　時時數，叫完又收回鐘裏。作者以此比喻兩位將領「兩種聲音重複唱和」的
　　舉動。紅眼為雄噪鵑特徵。

59 譯者根據 1942 年地圖及上文，整理出香氏坑下莆行程。

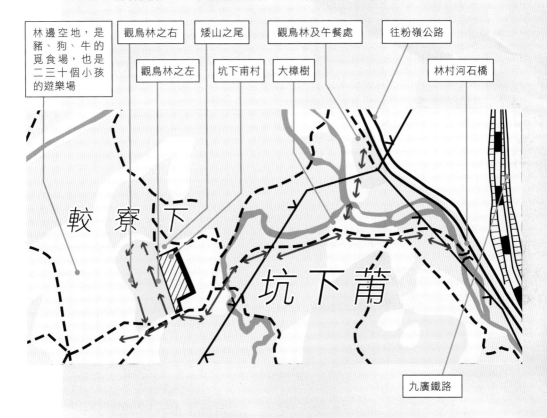

林邊空地，是
豬、狗、牛的
覓食場，也是
二三十個小孩
的遊樂場

觀鳥林之右

矮山之尾

觀鳥林及午餐處

往粉嶺公路

觀鳥林之左

坑下甫村

大樟樹

林村河石橋

較 寮 下

坑 下 莆

九廣鐵路

畔，聽我講另一個故事。

數年前，我招待兩位到訪香港的女鳥類學家。一位問我她昨天在山頂見到的錫嘴雀（Hawfinches）是哪一品種？其實直到目前，我從沒見過或聽過一隻錫嘴雀在本地出現。我想，一定是我的新朋友搞錯了，便在回答中禮貌地給她暗示。豈料，這位牛津女子學院校長不甘示弱，對我反唇相稽。我和她在接着的星期六來到林村，就在距此不遠的竹林，真的看見一群錫嘴雀！從此以後，我在不同地方再看到這種鳥，卻很少在這山谷再見到。同一天我有幸先看到綠色的啄木鳥（Green Woodpecker）在樹幹跳上跳下。據我所知，本地未曾有發現 Fukien Green Woodpecker[60] 的記錄。我開始懷疑這位有學問的女士若不是會魔法，就是預先把籠鳥放進去。每次來此觀鳥，總會發現一兩種稀有種，如鷹中皇者隼（Peregrine）、煤黑的大嘴鴉（Jungle Crow）、漂亮的和單聲道的綠擬鴷（Green Barbet）、身黑紅色的也是本地最小最精巧的啄花鳥（Flower Pecker），以及披雪白外衣、曾因其羽飾而招致大量獵殺的小白鷺（Little Egret）。

在樹林另一端，我們可遠望陡峭的大帽山北坡，鬱鬱蔥蔥，溪澗上源流經的幽壑溪谷，今天沒有時間再探，但你可以坐下來，一邊眺望天際滑過的兩隻鵟（Buzzards），一邊聽我講故事，一個發生在這個溪谷中的一條瀑布的故事。

探索溪谷，最佳方法是先攀上大帽山頂，然後沿溪下溯。有一天，我們三男一女小隊，由大帽山頂澗源下溯，來到一道懸崖，前無去路，便在瀑布頂[61] 的右面，橫過谷肩，步步為營踏過長滿植物的碎石坡，[62] 接走澗道。碎石坡長有二十呎高的樹蕨、碩大的野芋和蕉樹，也有多個品種的附生蘭。

來到第二道瀑頂。[63] 我之前走過此路，知道要在此處用繩索下降，降到潭面，便要跳進深不見底的冰涼潭水中，全身必然濕透。雖然此瀑沒有先前 150 呎的長瀑高，但沒有繩索就下不去。幸好我們早已預備繩索，小心地把女士放到瀑布底，當女士準備跳入潭水時，小隊的其他成員包括博士、天氣預報員和昆蟲搜集者們[64] 談天說地。我們知道在跳入潭水前，要脫掉全身衣服，包成一團，擲到潭畔，跳水游上岸後，用附近的蕉葉抹乾身子，便可穿回衣服。不幸的是，我們的女士朋友[65] 擲不準，衣服給大石反彈進潭中。難得機會來了，（漢子們）沒有更好的誘因跳進冷水去。

60　未在《中國鳥類野外手冊》（2000）找到相應鳥種。棲息於福建而綠羽
　　之啄木鳥為黃冠啄木鳥（Lesser Yellownape）及大黃冠啄木鳥（Greater
　　Yellownape）。該女士所見的可能是擬鴷，也稱「擬啄木鳥」，跟啄木鳥一樣
　　在樹身鑽洞營巢，全身綠色。

61　「瀑布頂」指長瀑頂，即散髮布潭前的懸崖。今有鐵鏈封鎖。

62　「碎石坡」在 2000 年左右曾發生泥石流，導致人命傷亡，後官方樹立標誌封
　　閉，但熱心遊人已走出一條通路。谷中至今猶可見碩大的野芋和蕉樹，但 20
　　呎樹蕨和多個品種的附生蘭已不見。

63　最後一段第一句「來到第二道瀑頂」是譯者自行加上，如果不加上這句，容
　　易讓讀者以為小隊仍停留在長瀑。

64　郝活（G. S. P. Heywood）是當時的天文台台長助理，相信就是作者筆下
　　那位同行的「天氣預報員」；至於昆蟲搜集者則可能是經常在 Hong Kong
　　Naturalist 發表昆蟲論文的古祿（A. H. Crook），據饒玖才先生提示是當時皇
　　仁書院校長，香氏是劍橋三一學院哲學博士，所以博士即是香氏自己。

65　即是香樂思的太太 Iris Walter。《野外香港歲時記》原著第二次印刷版的〈獻
　　詞〉為「獻給　我親愛的妻子，海枯石爛的旅伴，見第 19 頁」，原書第 19
　　頁有漫畫（即本頁的漫畫），畫了一位赤條條的美婦人，伸出香肩，就是香樂
　　思的太太 Iris Walter，香港海軍將領 Philip Walter 之女，當年 31 歲，是 2 歲
　　兒子 Peter George 之母，是一位忠貞能幹，而又能接受香樂思跡近頑童行徑
　　甚至樂在其中的女士。中瀑有這則典故流傳，可媲美新娘潭、曹公潭矣！大
　　可易名「香妻潭／瀑」，英名「Walter's Pool」。

回到坑下莆，找另一條路回到公地。我曾在林中見過及聽過擬鴷（Wood barbet）、噪鵑（Koel），以至是長尾鶲（Ince's Paradise Flycatcher）。夏天則有髮冠卷尾（Hair-crested Drongo）、烏鶇（Blackbird）與灰背鶇（Grey-backed Thrush）。冬月常見它們在地上覓食。到 5 月我會再來坑下莆，仰臥樹影中，看百來二百隻白鷺（Egret）和池鷺（Pond Heron），看它們嘴裏啣着青蛙或魚橫過藍空，為大吵大鬧的兒女奔波。是時候回家了，我們若不準時跳上在粉嶺公路的車，就要走 1.25 哩路到大埔墟站搭火車回家。

· 蝌蚪 ·

港島與新界的山澗，物種繁多，如食肉的水薑、長臂的蝦以及不同種類的蝌蚪（Tadpole）。3 月份在稻田裏找到的主要是澤蛙（*Rana limnocharis*）的黑色蝌蚪。2 月份在山澗則可找到兩種常見蝌蚪，其中體形較大的一種棕啡色，較小的另一種黑色。細而黑的這一種，在口部附近長了趣怪的漏斗，把漏斗舉起，與水面齊平，就能頭上尾下支撐身體，把水面微小有機物吸吮入嘴裏。漏斗薄而充血，功能大概有如附加的腮囊。這就是淡肩角蟾（*Megophrys boettgeri*）的蝌蚪。大蝌蚪食肉。如果你同缸飼養兩種，會看到大蝌蚪用角質顎在小蝌蚪身上銼洞，生吞食死。[66]

· 二月的鳥 ·

如天氣太冷，棲身中國沿海的海鷗，會大量南來香港海灣避寒。最常見的是黃腿鷗（Yellow-legged Gull）、粉紅腿鯡魚鷗（Pink-legged Herring Gull）和黑尾鷗（Black-tailed Gull），三種的成年及幼年鳥兼有。

其他鷗類有時也飛來，例如北極鷗（Glaucous Gull），我們有一次曾在維港看過一共八隻出沒。燕鷗則較少到來，但亦有可能在潮水灣、大埔及后海灣看到。紅嘴巨鷗（Caspian Tern）和白翅浮鷗（White-winged Black Tern）很少來，但偶然可見。我曾在大埔及后海

66　中國野生動物保護協會:《中國兩棲動物圖鑑》(河南:河南科學技術出版社,1999)。書中載淡肩角蟾(*Megophrys boettgeri*)不產於香港,Karsen etl.(1998)*Hong Kong Amphibians and Reptiles* 收入短腳角蟾(*Megophrys brachykolos*),兩種蝌蚪皆具漏斗口器。葉靈鳳《香港方物志》翻譯了本段,作為〈春草池塘處處蛙〉一篇部分內容,另外部分則翻譯自香氏〈四月·樹蛙〉之日誌,均未注明出處。葉氏譯「Megophrys boettgeri」為「鏟足蝦蟆」,其描述為「嘴上生着一根細而長的吸管 …… 只要將吸管伸上來,就可以吸取浮在水面上的微生物」,跟原文出入甚大。

短足角蟾口器特寫

沼蛙

白頸鴉

現時最常見的是紅嘴鷗

灣見過。最常見的是黑枕燕鷗（Black-naped Tern）。白額燕鷗（Chinese Little Tern）在外海最常見，但在后海灣亦有出沒的記錄。

寒冷的 2 月，第一位來賓蒞臨，牠們就是用舊巢育兒的家燕（Eastern House Swallow）和漂亮的日本斑腰燕（Japanese Striated Swallow）。金枕腹白底黑紋，和細小的毛腳燕（Silberian House Martin / Northern House Martin），牠不留下築巢，而是停一兩天後向北飛。

最早築巢以至下蛋的是喜鵲（Chinese Pied Magpie）、白頸鴉（Collared Crow）、大嘴鴉（未找到巢）和珠頸斑鳩（Chinese Spotted-necked Dove）。每月都有珠頸斑鳩的紀錄，所以可推斷牠為留鳥。夏季來客尚未到，要再暖和一些，才適合築巢。

珠頸斑鳩

三月

March

　　是月天氣難料，時而刮起大風，時而溫度驟降，有些年頭平均溫度可以比 2 月更低一度，不過只見於反常年份。溫暖則生霧，致使太平山山頂連月煙縈霧繞。在 3 月，唯一可以確定的，就是春天已經來臨。

　　林中雜木換上新裝，披上鮮綠色、橄欖色、粉紅色不一的嫩葉。一夜之間，久經風雨的老葉盡落，露出光禿的枝椏，可是不消幾天，新芽驀然抽出，竟又把枝椏遮蔽。闊葉榕頑強抵抗寒風，捱過冬天，葉片雖已殘破，卻一片不少。到了 3 月，只消一週，它的樹汁就流到枝梢頂尖；再一週，鼓漲的葉芽破苞而出，綻放新葉，每塊都生機勃發，像無數小旗搖動，迎接春天，招呼大地。

　　家燕銜着泥土與樹枝，築巢祠堂或農舍簷下，技巧熟練，手工精細。白胸翡翠（White-breasted Kingfisher）高唱情歌，聲如推開生鏽鐵閘，難聽極了。一對喜鵲在光禿的刺桐樹頂築巢孵蛋，訕笑牠仍然是條光棍。

　　白鷺和池鷺由婆羅洲和菲律賓出發，經南中國海到來，降落稻田，啄食澤蛙在稻田產下的黑色蝌蚪，大塊朵頤。

　　眼前農田由泥黃轉翠綠，那是地球上最美麗的色澤。水牛又開始工作，踏進被雨水滋潤的田裏，把硬地扒鬆成為泥沼。能耐的村姑來了，在田裏插秧，一行又一行，一列又一列。蛙叫嘓嘓，冬眠的蛇被吵醒，飢腸轆轆，爬出洞外⋯⋯死裏逃生的蛙長胖了，就在水裏游着，或在水邊曬太陽，皮膚閃閃發亮。

　　灌木與攀籐開花極盛，野玫瑰、金櫻子開純白花，香港金鏈花（*Laburnum*）[67] 開鮮黃花，怒放奪目。有毒灌木羊角拗（*Strophanthus*）五片窄小而扭旋的花瓣懸垂，黃底紅斑，看似破爛的羊毛地毯碎布。開揚草地上亮麗的華南龍膽（*Gentiana loureiri*）映天藍。

譯註
▼

67　即蘇木科華南雲實（*Caesalpinia crista*）。*Laburnum* 的原產地為歐洲。

羊角拗和已爆裂的果實

龍膽藍色小花

· 春葉彩顏 ·

　　早春 3 月，許多城中人望着山頂那邊樹林，嘖嘖稱奇：怎麼樹林的顏色如此豐富？何以天天不同？原來很多嫩葉都是先長出紅色素（red pigments），隨後才長出綠色素，後者形成後，會替代或蓋過紅色素，林相因此先現出紅或粉紅色，漸次轉為橄欖或銅綠，或巧克力色，最後才柢定為綠色。

　　秋天時葉片開始衰亡，葉片中的有機物質被分解成醣分，一一轉化為澱粉質，運回樹幹和樹根，以備植物過冬。綠色素先被分解，葉片中剩下黃、橙色素（它們一直存在，只是因被綠色素掩蓋，所以隱藏不露），樹液中的醣分濃度變高時，紅色素才會形成；所以隨着醣分增加，葉片由黃、橙葉再轉紅，這就是秋天彩葉的由來。[68]

　　到了春天，貯於樹根的澱粉轉回醣再傳到葉芽，所以樹汁的醣分又再變濃。嫩葉先長出紅色素、橙色素、黃色素，最後才長出綠色素。紅色素是水溶性的，能與樹液相通。黃色素、綠色素不溶於水，分佈在葉片細胞上，它們的作用是在日間把水和二氧化碳化合成醣。色素留在葉子上的位置日夜不同，其分布影響了葉子的色彩構圖。此所以葉和草在早上與中午顏色會有不同。樹汁保留在每一細胞中央，葉片上的紅色素的位置，不會因早晚而變化。

　　3 月林中色相最紅的，當數樟科潤楠屬的紅楠（*Machilus thunbergii*）和絨毛潤楠（*Machilus velutina*）。它們的葉由天鵝絨紫銅色，轉為木栓黃色，最後轉成綠色。另一種變紅的是常見的車輪梅（*Rhaphiolepis indica*）。多種榕屬植物的葉呈美麗的粉綠色。

· 落葉 ·

　　3 月中，連感官最遲鈍的人也留意到，樹上那些捱過冬天的黃葉，現正數以千計地脫落。真奇怪呀，落葉不是在天氣變冷時被秋風吹落的嗎？怎麼會在變暖無風的春天落下來？原來，每到春天，樹汁經樹幹送到枝椏，到達嫩枝，樹汁產生的水壓會使葉柄細胞形成木栓層，切斷樹汁繼續進入已枯死葉脈之管道，使葉

68　上文第一、二段在原文同屬一段，為了分清香氏描述的季節，特予分段。香氏在原文把關鍵句「樹液中的醣分濃度變高時，紅色素才會形成」放在現時第二段第一句裏，譯者把它調到現時位置，讓大家更方便理解，另外若果能夠在現時第二段尾再補「當秋葉上的醣分全部運回樹幹和樹根，葉片的顏色亦消失，然後脫落」一句，會讓文意更清晰。

紅楠

三月林相

柄變得又乾又脆,這時,只消一陣風,或葉片本身重量,足可使葉子脫落。木栓
層又能防止葉落後病菌從脫口入侵。舊管道不通,樹汁於是集中送到通往葉芽的
新管道去,供應發育所需營養,這樣我們才能看到多彩的春葉。在英國,落葉表
示秋天到了,在香港,卻表示春天到來。[69]

· 開花的樹和攀籐 ·

很多喬木、灌木和攀籐都在 3 月開花,花期數天至數週不等。兩粵黃檀
（*Dalbergia benthamii* Prain）是最常見的山邊木質攀籐植物。在本月 13 日,我駕
車經過大埔以南,看到路邊整個山坡被它小豆大的白花鋪滿,如千堆雪,令人驚
艷,但在四日後竟然一朵也找不到!

被稱為「香港金鏈花」的蘇木科華南雲實（*Caesalpinia crista / C. nuga*）,常
見於新界低地鄉村,開一串串散穗黃花。

花較大朵也較罕見的雲實（*Caesalpinia sepiaria / C. decapetala*）不分枝,直
立總狀花序,長於錦田第一條圍村[70]之後的路邊。蘇木科另外有三個品種,稍後
開花。

另一具吸引力的是紫草科（Borage）落葉喬木長花厚殼樹（*Ehretia
longiflora*）,花純白或粉紅,大而多分枝花簇,露出長長的綠色花蕊,此美麗的
樹葉如蘋果樹,廣佈於港島如山頂、植物公園,在新界的大埔附近也能看到。

長花厚殼樹花　　　　　　　　　　　天料木花

兩粵黃檀，白花密鋪如雪海。

69　熱帶香港大部分樹木葉落或轉色的季節是冬春，而非秋季，但不習慣野外觀
　　察的香港人，尤其是中小學教材編撰者，卻盲目地跟從北方／溫帶規則，但
　　凡提及落葉，必定在秋季落下。周作人亦曾表揚科學與詩意並存之西方紅葉
　　頌，主要是反對中國美文傷春悲秋的頹風。陳雲更指責本地小學中國語文教
　　科書課文，用落葉來無病呻吟，教壞學生。

70　由大埔出發沿錦田公路西行進入錦田，見到的第一條圍村是右面的永隆圍，
　　然後是左面的吉慶圍。泰康圍不在錦田公路路邊。

月尾開花的喬木尚有虎耳草科（*Saxifragales*）的鼠刺（*Itea chinensis*）。小白花長在垂直的多分枝花簇上，深綠色葉常綠，廣佈於淺水灣至石澳、馬鞍山及新界邊界的馬路邊。另一落葉的小樹天料木（*Homalium fagifolium*）開小白花，垂墜總狀花序，長得像柳絮等的荑葇花序，葉似殼斗科植物，廣佈港島及其他地方。

開花的攀籐有惹人注意的忍冬屬（*Lonicera*）。最先開花的是大花忍冬（*Lonicera macrantha*），落葉木本，剛開花時白，後轉黃，故中文名為「金銀花」。

本地唯一原生鳶尾科（*Iridanceae*）植物小花鳶尾（*Iris speculatrix*）在月尾開可愛的花，於淺水灣至港島石澳地區草坡可見。

月中住山頂的人環走奇力山，在路邊草地可看到數以百計無香味的白

小花鳶尾

Plate 6   *Iris speculatrix*

或淡紫色蔓菫菜（*Viola diffusa*）。俗稱「黑眼蘇珊」的翼葉老鴉嘴（*Thunbergia alata*）已野化，一小塊一小塊到處開橙或黃色花，管頸紫色或有或無。女楨屬（Ligustrum）山指甲（*Ligustrum sinense*）以及被稱為「香港山楂」的車輪梅（*Raphiolepis indica*）在各處開花。

綠林比平時鮮亮得多，這是因為紅楠（*Machilus thunbergii*）吐出的紅粉嫩葉，絨毛潤楠（*Machilus velutina*）新芽新葉軟木色，披滿纖細柔毛，兩種都反射陽光。

3月開花的行道樹，除了已述的木棉，便數泡桐（*Paulownia fortunei*）。泡桐於1905年由中國引入本地，可高至20到30呎，落葉後開花，在3月尾4月初

蔓菫菜

翼葉老鴉咀

繁花似錦，花大，長 4.25 吋，直徑 2.25 吋，形如特
大號毛地黃（Foxglove），其內純白或奶白色，有深
紫斑點，尤其在底部，其外奶白色頂部滲淺紫色，
下部滲黃白色，沿司徒拔道及淺水灣附近都有。

· 杜鵑花 ·

Plate 3　　　　*Rhododendron ovatum*

馬銀花

在牛押山及馬鞍山可找到五種野生杜鵑。最佳
探訪時間，通常在 3 月份最後的兩週，到 4 月份的
第一週。這時節天氣多變，中午時山頂會有雲霧，
請早登山。最佳交通安排，是駕車到沙田火車站以
北，在平交道前，轉線來到一個濱海漁村 [71]，泊車
後僱艇經潮水灣往大水坑，並請艇家在五時接你回
對岸。

谷中與山上都有很多血紅色的紅杜鵑
（*Rhododendron simsii*），[72] 正是六個本地杜鵑品種
中最常見的。山嶺上開白紫或粉紅色的是落葉的
華麗杜鵑（*R. farrerae*），[73] 此花在早前開得最燦
爛，到 3 月尾差不多已開完。這兩種杜鵑在港島都
常見。

Rhododendron Farrerae

華麗杜鵑

南華杜鵑（*R. simiarum*）大量生長於牛押山北
陡坡。[74] 其葉面暗綠，葉裏有白或啡色粉狀物，葉
緣內彎，6 至 12 朵球。含苞時虎玫瑰紅色，開時轉
淺，枯老轉白，杯形，高可 15 呎。

羊角杜鵑

羊角杜鵑（*R. westlandii*）長於牛押山南邊及
馬鞍山西陡坡，[75] 至少有一株高達 25 呎，其花非常
香，一束開五至六朵，每朵 3 吋直徑，清輕的蘭紫
色，每朵最高一塊花瓣有橙色斑點。

猴頭杜鵑

71 指馬料水。馬料水在 1963 年被收地作香港中文大學崇基學院擴建用，遷村往粉嶺皇后山。今日在馬料水原址附近填海而成的公眾碼頭，仍稱為馬料水公眾碼頭，有前往東平洲之渡輪，亦為大部分前往新界東北海岸的本地觀光旅行團集合及上船地點。

72 紅杜鵑又名「映山紅」，是南中國最普遍野生、在東亞最被廣泛種植的杜鵑。花期 12 月至 5 月。

73 華麗杜鵑是本地杜鵑中唯一落葉者，在落葉時開花，不開花者不落葉。

74 南華杜鵑通常最遲開花，約於 4 月第一週。

75 羊角杜鵑是諸種本地杜鵑中最奪目者，「在 1 公里外可見」的就是它。

最吸引的要算馬銀花（*Rhododendron ovatum*），[76] 開直徑 2 吋或 2 吋半小白花，最上花瓣或具紫點，可長至 15 呎高，某些年份滿樹花開時，可在 5 哩以外也看見。馬銀花雌蕊只有五枚，而其他品種都有十枚。

最後要介紹毛葉杜鵑（*R. championae*），[77] 只見於港島山頂。其大白花直徑可達 4.25 吋，五朵叢生於枝端。戰時我曾找到兩株，一株 12 呎，另一株 25 呎高。前者開花時在 1,000 呎以下的維城仍輕易可見。此等杜鵑在 1948 年出版的《食物與花》第二期有介紹，此處不贅。[78]

3 月尾至 4 月初的牛押山和馬鞍山，還有多種灌木開滿花，如薔薇科（Rosaceae）車輪梅（*Raphiolepis indica*），在山腳生長的於 1 月至 2 月便開花，在 2,000 呎山上生長的現時開得最美。美山礬（*Symplocos decora* Hance）也漂亮，紫蕾白花，繁密且香。牛押山北陡坡，在紅杜鵑樹蔭下生長的野牡丹科（Melastomataceae）棱果花（*Barthea barthei*），白花 2 吋直徑，四瓣，鑲粉紅邊。搜集此花要放入密封餅乾罐才能完好地帶回家。有些灌木是我不知道名字的，例如近牛押山頂草地上遍生的大片粉紅和白色管狀無氣味小花。

與南華杜鵑（*R. simiarum*）一同生長的還多個樹種，包括樟科（Lauraceae）潤楠屬（Machilus）、常綠的殼斗（Fagaceae）科和 5 月開香白花的木荷（*Schima noronhae*）。4 月初開花的是香花枇杷／山枇杷（*Eriobotrya fragrans*），習性與枇杷（*E. japonica*）相同，但前者花甚香，較大，直徑 1 吋，其葉與種植品種枇杷不同，幾近無毛。此樹在大嶼山及紫羅蘭山、聶高臣山和跑馬地均有發現記錄。

毛葉杜鵑

76 *Rhododendron ovatum* 即馬銀花，本地植物志未收錄，香氏所指現時已鑒定為香港杜鵑（*R. hongkongense*）。這兩種杜鵑不但外形相似，且都廣泛分佈在廣東及江西。

馬銀花

毛葉杜鵑

77 毛葉杜鵑（*R. championae*），現集中在大嶼山大澳新洲。

78 從中國及日本引入的園藝品種有白杜鵑（*R. mucronatum*）、錦繡杜鵑（*R. pulchrum*）。

· 蘭花 ·

3 月蘭花有兩種可記。第一種是廣生在山頂，西高山及其他山嶺陰濕樹幹或石上的寄生蘭，假球莖上長兩葉，有時可達一呎長，花穗長其間。花開 15 至 20 朵，下垂，奶白色。石仙桃（*Pholidota chinensis* Lindl.）是也，英名「響尾蛇蘭」。[79] 可移植，適應良好。

另一是鶴頂蘭（*Phaius grandifolius* loureiro），中文「鶴頂」是其蓓蕾似鶴頭，英名「修女蘭」，[80]1778 年由中國引進歐洲，是非常漂亮的地生蘭，在山邊草地或石罅低處，十分普遍。花莖長達 3 呎，開十五或更多花朵，花期可維持十五到二十六天。其花外有三片白萼及兩片白瓣，內唇白紫啡色。新開的花達 4 吋。

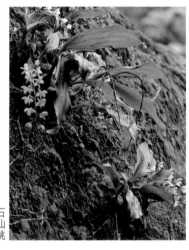
石仙桃

鶴頂蘭

· 我家庭園鳥 ·

戰前我有幸住在薄扶林碧麗園（Bisney Villas），[81] 戰時被轟炸，1945 年獲釋後，我們自集中營歸返故園，一片狼藉，必得拆毀。所見每一棵樹在被佔時都曾被伐砍，庭園回歸荒野。我在頹垣敗瓦中撿起一片破損瓷器，憶及曾經擁有。1940 年 3 月有這篇札記：

79　真正被稱為「響尾蛇蘭」的是原產南亞之宿苞石仙桃（*Pholidota imbricata*），另有荳蘭屬 *Bulbophyllum-section Megaclinium* 及 *Bulbophyllum falcatum* 也稱「響尾蛇蘭」。

80　鶴頂蘭背面白色而彎曲的托瓣與唇瓣，像以前修女之帽架。

81　查 1943 年地圖，配合本段描述，可確定香樂思故園位處今碧麗園 18、20、22 號。

1943 年碧麗園

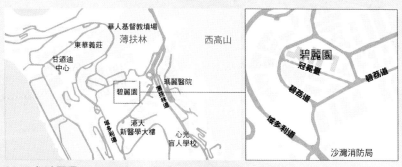

2017 年碧麗園

　　我有幸擁有這幢帶花園的房子，另一幸事則是房子位處港島其中一個最佳觀鳥地點。它是兩所雙拼別墅[82] 的其中一間，四分一哩內別無鄰居，只留給少數牛房，因為房子剛好位處牛奶公司[83] 物業隔鄰。

　　房子位於二三百呎小山山頂，樹木枝葉繁茂，下接海濱岩岸，中間是樹林，林中長有能抵抗颱風的木棉、松和和數棵古榕，還有一排擋風的長竹、在 2 月至 3 月開粉紅花的宮粉羊蹄甲、常綠的木薑子、落葉後在本月展開淺綠華蓋的朴樹（Celtis chinensis），還有幾株殘老的蕉、長成高大喬木的含笑和杜鵑、兩三種雞蛋花、一棵碩大但垂死的魚木，以及常綠的印度橡樹。我妻與我開了一塊田，種出高於 7 呎的花椰菜和番茄，還有一眾花圃，都是辛勞的成果。

　　園中多種植物結出種子，誘來昆蟲，吸引留鳥、訪鳥與候鳥，就這樣，庭園成為鳥的天堂[84]。花園居高臨下，面朝大海，很多鳥兒喜歡此處四無障礙的視

Blue Magpie

紅嘴藍鵲

野。此處又剛好位於西高山下，若然起風，往往持續不斷且風力強勁，環繞花園而建的圍牆斯時保護了榕林、竹林、灌木叢，鳥兒可飛到濃蔭的榕葉之中、竹杆之間、叢林之內避風。庭園的真正主人，其實是喜鵲，在牠們眼中，我們一家才是侵入者，除了偶爾向我們呼嘯幾聲，牠們大多時候對我們視若無睹，我們對之亦不以為然。我不知道家園裏總共棲息多少隻喜鵲，有時一次見到六隻或更多同時出現，也親眼見過木棉樹上結了兩個鵲巢。很多喜鵲長到兩三歲才開始繁殖，之前不曾為籌謀築巢一事費心傷神。為了補償少不更事，老鵲一築便是兩個，我相信牠最後只選用其中一個。牠兩個巢相距不遠，很可能是因為見到家園中的雙拼別墅，得到啟發，此模仿天性也。

82　雙拼別墅（semi-detached house）指有左右兩家的一幢兩至三層房子，各有車庫和花園。1930 年起英國中產階級大量搬去城市邊緣的住宅，都依此設計。當時碧麗別墅左面是牛奶公司牧場，右面則是墳場，所以香氏四分一哩內別無鄰居。

83　熱帶醫學之父白文信（Patrick Manson）認為，牛奶有益衛生和健康，不亞於食水，因此他與商人合作在 1886 年成立牛奶公司（Dairy Farm），在薄扶林飼養乳牛，建牛房、草蘆、職員宿舍，僱用近千名員工，生產牛奶供應港人。一年後白文信成立西醫學堂，即香港大學醫學院前身，孫逸仙是其學生之一。現港大有白文信樓及孫逸仙銅像。香氏在本書第一章〈五月 · 夏鳥〉一節提及在牛奶公司牧場喝凍飲吃冰，在港大陳君葆戰後日記中，也多次出現約了朋友往牛奶公司喝凍飲吃冰的紀錄，可知當時牛奶公司是當時中產階級一處熱門的社交休閒地點。

84　香氏此一造園觀念與一般園藝界講求表面之美觀乾淨、斬伐原生種改種外來種的做法很有分別。Sara Stein 著有 *Noan's Garden: Restoring the Ecology of Our Own Backyards*（1993）宣揚此信念，台灣杜菁萍翻譯為《生機花園》（1996），引起很大迴響。

喜鵲

若喜鵲是皇者，則紅嘴藍鵲便是無賴，但牠是如此漂亮，你很難對牠生氣。此鳥嘴紅、頭黑、喉藍、背藍、長尾白間條，耀眼奪目，無論你看到牠在榕樹枝頭你追我逐，還是從松林山坡猛撲出來滑翔而下，都有如幻似真的感覺。然而牠確實是混蛋一名，牠及其親緣品種，只要不是在孵蛋，便會聯群結黨，搜掠樹叢中其他鳥巢，搶奪幼鳥、鳥蛋來吃。話雖如此，可無論是皇者還是無賴，都會捕蛇，不論是有毒的眼鏡蛇及青竹蛇，還是無毒的品種，所以有喜鵲或紅嘴藍鵲出沒之處，蛇影絕跡，我們可較放心讓兒童在此遊玩。

黑喉紅臀鵯（Red-vented Bulbul）[85] 則是小無賴。牠跟其姊姊、堂弟妹、姑母在木棉樹上愉快高歌，看到你離開園子，一聲號令，家族成員便降落菜園偷甘藍菜吃。首選青花菜，次選花椰菜，再次是捲心菜，中國捲心菜則不放在眼內。牠們剁爛青菜後改攻番茄，專挑熟的來吃，先啄一下試味，不合的便棄去，被啄過的番茄再不能用來做沙律了。

這時鐵面無私的烏鶇（Blackbird）[86] 走出來恫嚇作賊心虛的黑喉紅臀鵯。黑喉紅臀鵯堂弟妹白頭翁（Chinese / Old-man Bulbul）也住在附近。紅耳鵯（Crested / Red-whiskered Bulbul）經常和白頭翁結伴到訪菜園，但很少與黑喉紅臀鵯一伙，說不定從不在一起。

我睡房陽台可看見整棵鳳凰木，正是他們喜愛的棲枝，每早都在此哼唱愉快調子，可大多叫不醒我，直到珠頸斑鳩（Spotted-necked Dove）咕咕叫，旁邊榕

白頭翁

鵲鴝

85　香氏在第二段提及的黑喉紅臀鵯（Red-vented Bulbul）並未記錄仕《香港及華南鳥類》（*The Birds of Hong Kong and South China*），據香氏插圖實是白喉紅臀鵯（Sooty-headed bulbul）。

86　烏鶇在原文是「Black thread」，似是「Black thrush」之誤寫／印，烏鶇之英文名今為「Common Blackbird」。

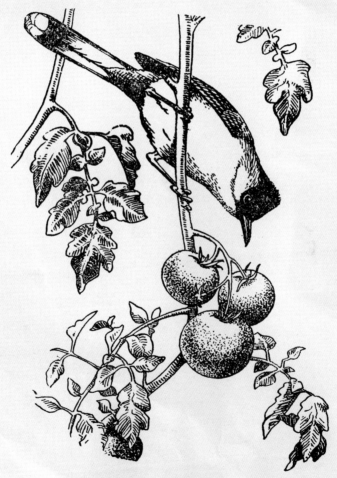

Red-vented Bulbul

黑喉紅臀鵯

樹上八哥呱呱嗚咽唱和，最後連紅嘴藍鵲（Blue Magpie）也加入合唱，發出「pit pit pit pit prrrr pit」高音，我才不得不離開舒適的睡床。

日暮至野草與秧苗難分，蝙蝠離洞，一天將完之際，一陣怪聲自掩蓋車路的蒲桃樹響起。試閉齒發聲「pssz」，你就知道此聲如何。是卷尾（Drongo）嗎？還未到他現身的月份呢，而且卷尾叫聲比貓叫更吵耳。那其實是鵲鴝（Magpie Robin）擇木而棲時的自言自語。日間其歌喉之悅耳，僅次於畫眉（Hwamei），是本地聞名的唱雀，[87] 只是晚上轉了調子。紅脇藍尾鴝（Red-flanked Bluetail）只見於冬天，春天時北飛日本、西伯利亞。把你熟知的英國知更鳥胸中的紅色移走，放一點到翼下脇部，[88] 尾巴加上藍色，這就是雌紅脇藍尾鴝的外形 —— 雄藍尾的背暗藍，而非母鳥的橄欖棕色；遷移的鴝鳥生性怕人，雖然紅脇藍尾鴝、藍喉歌鴝（Blue-throats）、紅喉歌鴝（Siberian Rubythroats）都是冬訪鳥，但只有前者在港島有記錄。

我的車房側邊長有一行竹，沿着以前一條上接香島道（Island Road）[89] 的

黑臉噪鶥，常聽其噪聒叫聲。

私家馬車路（Carriage-drive）的一邊向上蔓生，現已長成一片竹林，成為黑臉噪鶥（Black-faced Laughing-thrush）的棲息地，日間大部分時間在此活動。本地人叫牠「七姊妹」，英國人給牠的名字「嘮叨的人」（Babbler）或許更貼切 —— 請女士原諒。黑臉噪鶥樣子似大而醜陋的椋鳥，但不屬椋科。牠們在竹林中或灌叢中撥開落葉找食物時很輕聲，但吃飽了、被搔擾時或到了閒談時間，便起勁地噪叫「piew、piew、piew」，此招牌叫聲令人一聽便知是牠，看來有多種含義。

真正的鶇科。除了留鳥紫嘯鶇（Violet Whistling Thrush）外，其他都是冬訪鳥，棲於樹林、岩岸、山坡，大部分本地記錄

87　此乃廣東及香港叫法，北方稱「鳴叫鳥」。

88　脇即腋下，鳥類脇部即翼下至胸腹兩側部位。

89　香島道自 1848 年建成，東起筲箕灣，順時針方向環東港島轉，以薄扶林道
　　為西面終點。但 1961 年以後，香島道被分拆成八段，石排灣道變為其西部終
　　點，已不相接薄扶林道。在 1942 年地圖上仍可發現香氏在本文描述的，以其
　　家居為起／終點之私家馬車路（Carriage-drive）〔見頁 103 地圖〕，即今日之
　　碧荔道，上接的是薄扶林道，更準確的說法是沙宣道北端，而非當時的香島
　　道。寫作本章時香氏不在香港，手上也無香港地圖，這種誤記可以理解。

紅脇藍尾鴝，在開曠的山坡地發現。

品種在此庭園都見過，如烏鶇（Blackbird）、灰背鶇（Grey-backed Thrush）、烏灰鶇（Japanese Thrush）、藍磯鶇（Blue Rock-thrush）、栗腹磯鶇（Red-bellied Rock-thrush / Chestnut-bellied Rock-thrush）等。

烏灰鶇（Japanese Grey Thrush）很害羞。本地在 1933 年 2 月有記錄，可能每年冬天都大群而來。今年冬天尤其是 2 月中，我也在花園看到數隻。牠們鳴聲「cluck、cluck、cluck」如烏鶇，但聲量比較細弱，尤其是在黃昏飛回在本地常見的木薑子（Litsea tree）上覓棲枝時。雄性頂部黑深藍，頭及上胸黑，下胸及腹白色，帶藍灰點。雄灰背鶇（Grey-backed Thrush）上身淺藍灰，胸純灰，胸中心及腹白色，脅及翅下羽橙栗色，飛行時顯得奪目。灰背也害羞，整天藏身草叢覓食。一隻栗腹磯鶇（Chestnut-bellied Rock Thrush）每天早上飛到工人宿舍屋頂，從我睡房陽台看得很清楚。我相信牠因借宿車房又不用交租而來向我致謝。該鳥全隻閃耀灰藍或淺藍色，翼尾主要黑色，腹及側腹深栗紅色。

可惜的是，沒有一隻冬訪鶇在園中歌唱。因為牠們只會在 4 月第二個星期飛到北方繁殖時，才會鳴叫。

春月庭園，給觀鳥者最大趣味，因為每週都可以見到新身影，聽到新腔調。大擬鴷（Chinese Great Barbet）在 2 月 13 日現身發聲，提醒你牠是本月最強音。牠有 Caruso[90] 的吐納，叫聲不絕不絕又不絕，誰與爭鋒。其叫聲是「cooloo-ee-you」，強音在 ee，比其他音高半調。有一次，我統計過牠叫此強音一共一百五十九次，直至受到騷擾才飛走。中國人說牠吐血，血滴落之處都長出杜鵑花（*Rhododendron simsii*）上，所以叫牠做杜鵑鳥[91]。在新界此鳥有少數在冬天留下來，更多候鳥在 1 月最後一星期飛來，預告春天將至，到了夏天，數目便會增加。

2 月 20 日，出奇不意下起大雨，當我穿過牛奶公司牧場，沿舊馬車路走回家吃午餐，聽到三隻鷓鴣（Francolins）大叫「come to the peak ha ha」，或用九龍人的說法是「come to the peak no fear」。牠們整個冬天不發一聲，但一下雨，便按捺不住。2 月 25 日和 3 月雨霧的日子，鷓鴣聲響在庭園，但看不到影子。

噪鵑（Chinese Koel）之聲，由 2 月 21 日起到 3 月每日不止，重調是「pee-pee-oo」中的第二節，語意似乎是「How are you？」這句子不斷重複，音調一句

90　　Enrico Caruso（1873—1921），世界著名的意大利男高音歌唱家。

91　　見第一章〈一月〉篇註 3。

比一句高，至不能再高時，稍停一會，從頭再哼。噪鵑剛由海南抵步時，叫四句便停下來換氣。到 3 月中，可以叫到六句、十句、十五句，成為長氣袋。幸好在香港噪鵑之妻愛靜，不似印度噪鵑那樣，以夫唱婦隨聞名，尤其在夜晚。雄噪鵑色黑，帶亮綠光澤，雌噪鵑向天部分褐底佈白點，向地部分白底鋪短褐橫紋，一如各種 Cuckoo（杜鵑、布穀鳥），噪鵑是鵑形目 Cuckoo（Cuculiformes）其中一個科，母鳥會把蛋下到黑頸八哥（Black-necked-myna）巢裏。八哥在新界常見，奇怪的是不見於港島，據此可推論港島的噪鵑會把蛋放在八哥（Crested Myna）或白頸鴉（Collared Crow）巢裏。

春愈濃，夏訪鳥和留鳥歌唱得愈響，往年秋天北來的鳥卻很安靜。或許是為即要北飛而有離愁，或一見面就只顧沉着討論天氣是否適合起程吧。2 月 25 日吃早餐前，發現三隻山斑鳩／金背鳩（Eastern Turtle-doves）在光禿禿的朴樹（Celtis tree）上棲息。牠們以後每早一直駐守，數目也一直增加，到 3 月初最多十六隻，第二天忽地全體北飛。旁邊的老榕樹上一隻本地留鳥珠頸斑鳩（Spotted-necked Dove），祝願這班體形比自己大的堂弟妹一帆風順，我們在樹蔭下沏茶時聽見「cu-cu-cooo-cu-cu-coo」溫婉之聲，融入 3 月陽春。

許是我的庭園讓鳥兒們感到安全，引來庭園皇者老喜鵲在廚房外閒庭信步，有君臨天下之勢，和我們共進早餐。我正寫着這行字時，一隻黑身褐翅的鴉鵑（Chinese Crow Pheasant）來訪。小黃鸝（Oriole）、髮冠卷尾（Hair-crested Drongo）、四聲杜鵑（Indian Cuckoo）和八聲杜鵑（Burmese Plaintive Cuckoo／Plaintive Cuckoo），要待到 4 月才現身，在夏季留下，但是有的只停一小時便繼續行程。3 月 1 日午夜，被一陣東北季風驚起，我和妻子起床修理被吹得卡答卡答發響的百葉窗。外邊風吹老榕枝，忽聞咽聲呱呱，知有鳥隱藏其中；另一棵樹又發出呱呱聲，證實至少有兩隻鳥在此。料想牠們是逆風橫渡中國海南而來，疲乏極了，便在我家庭園竭息。牠們是什麼，我看不清，或許是鷺。中轉鳥本就難辨，何況在起風的午夜。

信筆至此，我又聽到貓頭鷹悲慟地叫 whoo 或 what，持續相隔十秒，就像提醒我不可不提領角鴞（Bare-footed Collarded Scopsowl）這名字。其實我未提及的鳥名還多着呢。

八哥

四月

April

毫無疑問這是博物學家最感趣味的月份之一，也是最佳的觀鳥月份。以香港為終點的夏季候鳥已抵達本港，以香港為中途站的也在此時暫駐，整頓後繼續上路。這又是繁花盛放的美妙月份，各種各類冬眠的蜥蜴、蛇、爬蟲都甦醒了，蠢蠢欲動。

· 行道樹 ·

油桐（*Aleurites Montana / Vernicia Montana*）[92] 是最早開花的桐油樹，來自中國。林務局數以千計種植它作行道樹，散佈在粉嶺、九龍水塘至沙田谷地等地。它是單性花，大圓錐花序的白花群盛放時華麗異常。

英名「波斯紫丁香」（Persian Lilac）的苦楝（*Melia azedarach*）[93] 現在嫩葉初發，開出有香氣的小紫花，霎時變得很吸引。本品種雖非本地品種，但已歸化，廣佈各地，一些地方也用作行道樹。

宮粉羊蹄甲（*Bauhinia variegata*）開粉紅大花，非常香，本月中旬，當花開得最滿最燦爛時，葉片也全部落下，這時令人憶起遠方春天蘋果樹開滿花蕾的樣子。在很多地區都植作行道樹[94]。開白花的變種叫白花羊蹄甲（*Bauhinia variegata* L. var. *candida*）。

魚木屬的樹頭菜（*Crateva unilocularis*）月中前始華。這種在九龍及其他地方普遍種植的行道樹，花黃白色，花蕊又長又多，花謝時有一陣腐爛馬鈴薯的味道。在植物公園底角鄰近花園道入口有很大的一棵，開滿花時異常吸引。每塊葉有三小葉，容易辨識。[95]

月尾，英名「火焰樹」（Flame tree）的鳳凰木（*Delonix regia*）開始開花。

譯註
▼

92　在台灣，油桐花季開始，各地都會舉行桐花祭，以招徠遊客，成為民俗產業。在香港，荔枝窩荒田上的烏桕，在冬日化成五彩林，足以吸引萬千旅客，近年因被開墾為農田而被砍伐。

93　客家人命名為「苦楝」，含「苦難中鍛鍊」之讚譽。民間野史相傳，朱元璋在逃避元兵追殺，四處流竄時，在一棵苦楝樹下打眠，苦楝子跌下打痛他，他便咒罵苦楝樹爛心死過年。此後每過年苦楝樹皆呈現枯死狀，主幹易腐成中空，因此苦楝又稱「苦苓」，諧音「可憐」，被認為影射困苦的生活，所以屋子前後或田邊的苦苓，一律被砍除，這樣的忌諱影響了客家人，也排斥苦楝。台灣被日本人殖民時，日人以苦楝會在春天開美麗的紫色花朵，像其本國的櫻花一樣，在嘉南平原到處種植，當做行道樹，它才在台灣路邊倖存。

油桐花

苦楝花

全棵苦楝花

94　其中一處是皇后山軍營近軍地一邊山坡。4月時整個山坡粉紅花槶和白花槶錯落並置，可能是本地賞羊蹄甲最佳地。皇后山軍營原址正在興建公屋，此景只能留在記憶中。

在印度，鳳凰木名為「金莫赫爾」（Gold Mohur），[96] 外號「森林之火」的另有其樹，在香港「森林之火」卻指鳳凰木。鳳凰木原產馬達加斯加，花色由火紅到鮮橙都有，林務部最早在 1908 年種植此樹一百二十七棵，是首度引入。1913 由青山道沿路種至坳頭，1914 年由沙田種至粉嶺，1915 年由粉嶺至大埔墟。在 1918 年 1 月，在大埔墟有八百棵因霜凍而死。在香港，鳳凰木由播種到開花要用十年時間。

另一在月尾開始開花的是大葉合歡（*Albizzia lebbeck*），原籍印度，也是一種廣泛種植的路邊樹。此樹冬天定期落葉，它赤條條以致成為白色的樹幹，成為駕駛者夜間行車方便的路標；夏天，濃密樹冠成蔭，供農友乘涼。其花是綠白色的小絨球。

· 開花灌木與攀藤 ·

英倫 4 月，地生草本野花如金鳳花（Buttercups）、風信子（Bluebells）、報春花（Primroses）、罌粟（Poppies）、雛菊（Daisies）吐艷。此時香港山花也開得艷麗愉悅，當中的草本卻被灌木與攀藤搶去風采。本地原生兩種攀藤野玫瑰，一種是金櫻子（*R. laevigata*），花大色白，一朵單生；另一種是光葉薔薇（*R. luciae*），花小，色白或粉紅，成群束生，前面已經提過。

本地茜草科玉葉金花屬植物有兩種，第一種為野白紙扇，或稱「楠藤」（*Mussaenda erosa*），英名「佛燈」（Buddha's lamp），因它的黃花／深橙黃色花盛在一大塊白色萼片上，狀如油燈，新穎奇特。大束花長在莖枝尾端，在花束外圍，部分花的單萼擴大成白色葉形結構，引人注目。[97] 此花在大埔以南山坡多見，其他地方少見，於 4 月尾開。另一種是玉葉金花（*M. pubescens*），白萼較小，花色較淺。[98] 以上灌木與攀藤在本地十分常見，通常在 4 月尾至 5 月最盛，但有時全年可見。

另一大型攀援植物光葉羊蹄甲／粉葉羊蹄甲（*Bauhinia glauca*）在 4 月開滿花時，量大如花海，十分吸引。它花香色白，雄蕊柄白中帶紅，葉二裂（bifid）是該屬特徵，由攣生兄弟植物學家鮑欣（Bauhin）命名。大埔以南及港島近司徒

95 2007 年《香港植物誌》在中國科學院
學者編寫後，魚木就改稱「樹頭菜」。
按《樹木谷》網站的説法，所以叫樹頭
菜，是因為「樹頂上幼嫩的樹葉可製成
醃菜」。以「魚木」為關鍵字搜尋，沒
有此一説法，唯有百度百科指出「用
樹頭菜做醬菜，醃漬存儲」。以「樹
頭菜」為關鍵字搜尋，見到《本草推
陳》（1960）一書把「五加科楤木」的
嫩葉叫「樹頭菜」，所附相片可確認就
是魚木，但相片旁之説明卻是「樹頭菜
（刺苞菜）是大理州山區出產的一種野
菜。外形似香椿，是一種刺藤喬木的傘
狀嫩尖 …… 生長於海拔 1,500 米的地
區 …… 」，再查「刺苞菜」，果然就是
五加科楤木（*Aralia chinensis* Linn）。
再看照片，肯定不是我們的魚木。結論
是樹頭菜「樹頂上幼嫩的樹葉可製成醃
菜」之説不可信。既然其樹頭嫩葉不是
菜，則樹頭菜之名不正矣！中國科學院
學者及漁護處請予正名！

96 Mohura 是印度舊金幣名，值 15 盧比。

97 「野白紙扇」在 4 月八仙嶺北坡漫山遍
野開花。

魚木盛開

魚木花特寫

野白紙扇

拔道數量很多，瘦果長而寬，內藏很多細小種子，若要培植，可採集種子播在家居附近斜坡。播前，宜用小刀削去種皮，否則留在地下一年也不發芽，因為蘇木科（Leguminosea）家族種子特徵就是種皮堅韌防水。

山邊常見的茜草科植物梔子（*Gardenia jasminoides / florida*）月中開花，六至九瓣，剛開時白色，枯謝時淡黃色，開時甚香，但只開一天。大棵的可同時開滿百朵，氣味有點像磨菇，它是英倫著名園藝品種重瓣梔子的祖宗。

英名「玫瑰桃金娘」的崗稔（*Rhodomyrtus tomentosa*）是本地最常見灌木之一，葉對生，花長 2 吋，五瓣，盛開時深玫瑰紅或粉紅色，但在一兩天後，即轉白色，容易辨識。花量很大。在桃金娘家族中只有它的葉對生，此簡單特徵可供識別。

Rhodomyrtus tomentosa

崗稔

月尾，籐本植物馬騮藤 / 山橙（*Melodinus suaveolen*）在籐尾開一束純白花，狀如五扇螺旋槳，中有小黃星。馬騮藤葉大，深綠色，對生，撕開莖枝，傷口處會流出白色樹液。[99]

4 月野花中有不少罕見品種，其一是白花丹科白雪花（*Plumbago zeylanica*），形似原產南非的藍雪花（Plumbago），但並非藍色，而是白色，且花枝甚密，摸上去很黏稠，常見於新界鄉村。

金虎尾科（Malpighiacea）的風車藤（*Hiptage madablota / H. benghalensis*）開量大形小栗紅色的香花，花瓣捲起，有流蘇，最上一塊花瓣有一層澄黃色邊，雄蕊也是黃色的。風車藤在新娘潭對下近船灣的鄉村生長。這一屬攀藤中，有些品種被培育為本地觀賞品種，值得在花園栽植。

兩種開黃花的香港金鏈花（*Laburnum*）已經提過，第三種喙莢雲實（*Caesalpinia minax*）現在開綠紫色的花，此灌木或攀籐極其多刺，只在一些地方

98 玉葉金花的花序較楠藤
的為小 / 疏，沒有總花
梗，葉背密被短柔毛。玉
葉金花學名 *Mussaenda
pubescens*，種加詞
「pubescens」解「被上
短柔毛的」。

99 山橙白色樹液如奶，客家人把奶讀如粵音「蓮」，客家人把母 / 媽讀如粵音
「麻」，稱山橙之果為「蓮麻」，遂有蓮麻坑地名。

風車藤果

可見，如青山、屏山地區，在林村谷有一大叢，粉嶺十字路以南數百碼路邊也有生長。此花直徑一吋半，大型總狀花序，果實多刺。

野生的薑科植物山薑／草豆蔻／月桃（*Alpinia nutans*）也開花。在〈野生香料植物〉一節中（編按：詳見第三章）已提及。某些果樹的果熟了。桑葚在月初有供應，枇杷也合時。

上月介紹的兩種蘭花，至今仍可見其花，另一種較小型的地生蘭非常吸引，那就是綬草（*Spiranthes australis* Lindley），英國人美其名為「雲鬢」（Lady's Tresses），此外號更為人所知。綬草開小白或粉紅色花，沿花簇螺旋生長，在較濕草地可見。

· 樹蛙 ·

本地只有一種樹蛙，[100]背褐腹白，頭及背有奇特之黑十字紋，牠的足趾伸長貼地處形成吸盤，能吸附樹皮和大葉。這種樹蛙在香港常見，到了 4 月至 5 月繁殖季節，便大聲鳴叫，十分嘈吵。雄蛙長約二吋半，雌蛙比雄蛙稍大。

此樹蛙的卵並非產在水裏，而是掛於溪畔水池邊的樹上，藏於一團黏性的泡沫中。樹蛙也喜愛在上海浴缸[101]側邊產卵。蝌蚪孵化後，蠕動前游，直落水底。在諸種蝌蚪中，牠們的外形最像魚類，身軀逐漸收窄，在最尾長出扁平而透明的尾鰭，形如幼魚。

樹蛙能隨視覺或觸覺刺激而大幅變換膚色。視覺刺激指眼睛所接收的光線，盲了就變不成，只能像老鯉魚一樣黑。在亮綠樹葉上休息時體色變白，在純黑石上轉黑。這種變化也可能根據觸覺刺激：摸到滑的事物轉淺色，粗糙的轉深色。有一回我在客家人用來堆放先人屍骨的空甕缸內發現一隻土蛙，小心再看，才發現在旁有另一隻蛙，那是樹蛙，其保護色使我難以第一眼便可發現。又有一次，我的幾隻樹蛙逃離實驗室失去蹤影，數天後其中一隻滿戲劇性地現形。在我一次講課中途，一個學生赫然發現樹蛙就在自己椅子上。之前牠一直運用保護色藏身附近牆身，體色與變髒的塗料混和，沒人發現。

綏草

100　1952年發現盧文氏樹蛙（*Liuixalus romeri*）後本地共有兩種樹蛙。右為斑腿泛樹蛙（*Polypedates megacephalus*）掛在溪澗上鄧氏八角（*Illicium dunnianum*）枝上的卵泡，左為在浴室出沒之成年蛙。

101　「浴缸」擬非置於室內。當時想在花園養殖水生生物，而不容掘地或築起水池，最簡單方法就是擺放一具舊瓷製浴缸，蓄水養殖。至於浴缸何以冠上「上海」一名（Shanghai tub），很可能是裝置浴缸之風氣由上海傳來，「上海」在當時代表時尚和高品質，一如1960至1970年代理髮店皆冠「上海」一名。

· 蟬 ·

4 月初，第一隻蟬（Cicadas）現身，以歌聲驅走寒冷天氣。聽到蟬聲，便知夏天不遠。

最先出現的一種[102]，雙翅有黃點，差不多 2 吋長，拿上手，可清楚看見長長的刺吸式口器貼着胸腹摺起，便知道它是一種刺蟲（Bug）[103]。無論是肉食性的刺蟲、植食性的刺蟲，還是蟬，都以擁有此刺針及吸吮口器為特徵。

蟬在很多方面挺怪異的。雌蟬在樹幹產卵，幼蟲孵化，掉到地面，向下挖土，直達樹根，以吸取樹根汁液維生，在地下若干年後爬出地面。有一種蟬在地下生活達十七年。幼蟲攀到高處，抓緊樹幹不動，不久，在背部爆開一條裂縫，帶翅膀的成蟲爬出來，雄的高歌，雌的靜默。古希臘人詩人塞納耳科斯（Xenarchus）喜歡蟬，知其習性，詠曰：

> 蟬過着幸福的生活，因為他的妻子終日沉默不語

之後，有更多蟬脫殼而出。最細小的一種是綠色的，另外一種是是紅色的[104]，中型的一種身體褐色，翅透明[105]。最大的本地品種是深褐色的[106]。

蟬與蟋蟀草蜢，發聲的方法不同。[107]大學講師會聘人替他播放幻燈片，指示播下一張的方法，是在一個金屬製的小罐上按一按。[108]這個小鐵罐內藏緊貼罐身的簧，按時，簧向內彎，發出「啪嗒」聲，鬆開手指時簧變直，發出另一下「啪嗒」聲。蟬體內藏的發聲機制原理，與此小鐵罐相同。

共鳴箱：雄蟬胸部下面最後一雙腿的後方，有兩個並排的圓形箱蓋，箱蓋下是兩個空腔，前後罩上薄膜，成為反射共鳴箱共鳴箱並不發聲，只用作擴音用。箱蓋升高，聲音較大；降縮，聲音較小，情形一如鋼琴音量與琴蓋的升降有關。雄蟬用收緊與放鬆腹部的方法來控制箱蓋升降。

音箱：細驗蟬身，在一對共鳴箱外邊，可找到更細但更深的音箱，音箱有小孔，位於腹的下半部，隱於共鳴箱邊緣。有橢圓形白色薄膜橫過音箱外部，褐色脈紋與之交加，兩塊橢圓形薄膜各連接一條紐帶，拉動一束縱向肌纖維。當肌肉

102 擬為斑蟬（*Gacana maculata*）。

103 Bug 一般譯為「臭蟲」或「蝽象」，特徵是半翅、具臭腺，具刺吸式口器。

104 擬為紅娘子（*Huechys sanguinea*）。

105 擬為黃蟪蛄（*Platypleura hilpa*）。

106 擬為蚱蟬（*Cryptotympana* sp.）。

107 據近人研究，蟬的發音器還包括背瓣、腹瓣、鼓膜、發音肌、腱盤、腱凸起、腹面調節肌、摺膜、第三氣門、共鳴室等十多部分。蚊與蜂則由拍翅的頻率產生聲音。蟋蟀及草蜢身體的一個部分特化為彈器（翅覆上的稜或撥子），另一部分化為弦器（前足腿節上一列齒狀突），互相摩擦而發聲。見〈昆蟲與爬蟲·蟋蟀之歌〉節。

108 發聲鐵罐並沒有電線接到幻燈機，所以「啪嗒」聲不是推動新一張幻燈片走上投影鏡頭前的機械聲。

斑蟬（左）和紅娘子（右）

收縮，薄膜被拉向內，便會「滴答」發響；然後肌肉舒張，有彈性的薄膜恢復原狀，第二次「滴答」發響，變回最初的凸圓狀。連串肌肉快速收縮舒張，控制薄膜的形狀，因此出現連續的蟬叫。某些品種因為沒有共鳴箱，所以音量不能準確控制，人類聽起來就覺得吵耳。

· 鳥的遷徙 ·

候鳥決定在何時向何方遷徙，科學家至今未完全明白其中基本原理。海鸚（Puffins）的遷徙時間準如時鐘，我們甚至能預測牠在某月某日出現，風雨不改。《聖經》〈耶利米書〉第 8 章 7 節說：「天上的鸛知道出席時間。」數千年來人們都想知道候鳥的遷徙：〈約伯記〉第 39 章 26 節提及鷹的遷移、荷馬留意雁鴨、公元前 6 世紀的希臘抒情詩人阿那克里翁（Anacreon）關心燕子。這個千百年來的謎團在近五十年開始解開，詳情自有專著交代，此處只為引起大家興趣。

1924 年有理論指出，日照長短的轉變，是啟動候鳥每年遷移的關鍵。明顯的證據是，把一隻本來向南飛的候鳥捉來關在籠子內，用電燈代替日光，每天都供給比正常更長的光照，把鳥放走，牠便改往北飛去。光照又能加速卵巢的生長，光照愈強，卵巢愈快發育。雞農利用這個發現，延長雛雞每日燈照時間令雞更早生蛋。但燈光並非直接影響卵巢發育的速率；在延長的燈光下增多運動可增加卵巢發育速率，使雞隻在黑夜中保持清醒及運動，效果也一樣。若使籠內地面向同一方向不停緩慢移動，如在電梯上，雞隻為了保持平衡必須不停踏步。你要令雛雞更早生蛋，便要這樣做，每天一到兩小時。香港雄雞何以整夜啼叫？或許是因為他們對妻子們的生蛋速度嘖嘖稱奇。

春遷和秋移可能是本地鳥類學家認為最有趣的兩個觀鳥月份。4 月是南半球的冬天，該地鳥類北飛往正值夏天的蒙古、滿洲或日本，中途在香港落腳。9 月中到 11 月中旬，路線相反，由北方出發的鳥兒飛往南中國海、菲律賓和馬尼拉前，同樣會在香港停留以作補給。在此兩個月份可觀之鳥多不勝數，不可能一一盡錄，只能說出大概。熱愛觀鳥者可去借閱《香港博物學家》，裏面有很多篇幅，詳盡記錄了香港雀鳥春遷和秋移的情況。

鸕鷀越深圳河南下

· 四月之鳥 ·

4 月應到林村谷或屏山地區去，這兩處都是觀鳥好去處。屏山地區觀鳥記錄見本書第二章〈觀鳥清單〉一節。在林中，鶲鳥（Flycatchers）是最應留意的鳥種；在曠地，則是鶺鴒（Wagtails）。本地共有九種鶲鳥，在秋與春季暫留，只有一種在冬季留駐，那就是北灰鶲／闊嘴鶲（Somber brownish-grey / Chinese Board-billed Flycatcher）。遷鳥色彩繽紛，如銅藍鶲（Malachite green verditer），白腹藍姬鶲（Japanese Blue-and-white），以及有親緣關係的黃眉鶲（Narcissus Flycatcher）、白眉鶲（Tricolor Flycatcher）和長尾鶲（Ince's Paradise flycatchers）。

觀察鶲鳥[109]最好的方法，是選擇一個合適的樹林，如林村谷中其中一個，隱身不動，或一步一步慢慢悄悄行進。有一次我在林中乍見黑尾搖擺，那就是綬帶鳥（Ince's Paradise Flycatchers），牠在樹幹之間穿進竄出，恍如傻裏傻氣的松鼠。綬帶鳥身長 3 吋，但尾巴可長達 16 吋。你很可能會接二連三地看到不同種類的鶲科品種。一隻壽帶鳥掠過，失去踪影，三數秒後，第二個品種又出現，使你不免有點窘迫。4 月 20 日下午，我正近觀一隻雄性黃眉姬鶲（Narcissus Flycatchers），被其又橙又黑長尾迷住，忽然另一條擺動的尾巴吸引了我，一隻雄性綬帶鳥（Paradise Flycatchers）就在距我四、五碼外出現，鈷藍眼斑非常奪目。不久，我見到一隻白腹藍姬鶲（Japanese Blue-and-white），身上有閃亮的藍、黑、白色。同一枝椏之下一呎站着一隻綬帶鳥，兩隻同時現身望遠鏡內。後來在看到一隻雄性白腹藍姬鶲（Blue-and-white）後，赤褐及白色的雌鳥登場，站雄鳥後面椏枝。我再來一鏡觀二鳥。為了把雄鳥看得更清楚，我艱難地爬行了 12 呎，終於看清楚其毛色之藍黑白對比。這個下午雨下過不停，先是微雨，後來是斗大的雨。壽帶鳥漸漸離開樹冠，降到林下灌木叢，牠們顯然不愛淋雨，看到牠不停把身上雨水抖去。

本地黃鶺鴒[110]有三種，其一是「Chinese Green」，有黃眼斑；其二是「Eastern Blue-headed」，白眼斑；其三是「Grey-headed」，無眼斑。Chinese Green 每年冬春季在乾旱的稻田出現，不常見。後兩種難見得多，只在 4 月經過香港時會在播

109　據《香港鳥類圖鑑》（2010），在秋與春季暫留的鶺鴒有五種，在冬季留下的有九種，另有七種是迷鳥；綬帶及紫綬帶歸入王鶲科而非鶲科。

110　現鶺鴒科有五種，即山鶺鴒、黃鶺鴒、黃頭鶺鴒、灰鶺鴒及白鶺鴒。Chinese Green 擬即黃鶺鴒、Eastern Blue-headed 擬即灰鶺鴒、Grey-headed 擬即白鶺鴒。白鶺鴒是極常見鳥，學校操場也有，更曾在學校天台花園築巢孵蛋。

黃鶺鴒

白鶺鴒

紅喉姬鶲

了種的田地上找食物。林地鳥山鶺鴒（Forest Wagtail）秋天或春天偶爾在新界或港島見到。牠擺尾時不像其他品種那樣一上一下，而是左右移動。

1948 年 4 月 15 日，一隻黑喉噪鶥（Black-throated Laughing Thrush）造訪我薄扶林家園，這品種是我首見，其黑喉、白頰襯在鐵灰及深綠色身上，對比鮮明突出。其叫聲如橫笛，又似黃鸝（Oriole）、噪鵑（Koel）、伯勞（Shrike）、小雞和貓叫的混合，使人震驚難忘。數天以後某一個早晨，牠竭力鳴叫，我差一點便要起床去看，但躺着聽晨曲天籟，實在太舒服了，我終於沒有下床。29 日牠又在我家花園叫喊，稍後又在山頂盧吉道之下出現，聲量比畫眉（Hwamei）更大，非常吸引。另一日，又有人在香港仔對上谷地聽到牠的叫聲，因此至少有三隻在港島三個不同地區現身。我在本地觀鳥 20 年，從未得知甚至未聽別人說過見過此鳥。黑喉噪鶥是南中國出名的籠鳥，但香港的華人最常養的是畫眉（Hwamei）、喜鵲（Magpie）、歌鴝（Robin）、雲雀（Skyark），其次是綠繡眼（White-eye）和八哥（Indian Myna）。

1941 年 4 月 12 日，我和友人在林村谷觀鳥。當中發現體大色黑灰的杜鵑，因為不能接近，所以不能辨識其品種，同一時間有三隻在樹上鳴叫，聲音四散，其節拍似噪鵑（Chinese Koel / Common Koel），但有四個音節，後兩個音節比前兩個高。一週後回到林村谷，想再弄清品種，但只聽到一隻在叫。追蹤了很久，鳥由一個樹林飛去第二個樹林，愈走愈入，當到達北面山坡松林，終能接近。看清楚，這隻杜鵑羽毛灰褐色，尾有多條寬橫紋，最後一橫或尾二一橫是明顯黑色，今回叫聲只有三個音節：「pe-pee-a」。4 月 25 日再去，整個下午，聽到一或兩隻在叫，時斷時續。我的朋友稍後到粵北觀鳥，在信中提及，也聽到同樣的叫聲。這是我首次見到或聽到鷹鵑（Large Hawk Cuckoo）。戰後我再在港島聽過一次，相信牠也是候鳥。

1941 年 4 月 19 日，在林村谷看到一隻以前未見過的鶇（Thrush）。牠很易辨認，因為有明顯的白眼斑。在 4 月 24 日，我朋友在港島又見。4 月 25 日，我在林村谷更見到五隻，其中有三隻都在同一棵樹上棲息，牠就是灰背鶇（Grey-headed Thrush / Grey-backed Thrush），亦是過境客，我們有幸遇見。

1944 年 4 月 10 日，在赤柱看到一隻燕鴴（Large Indian Pratincole / Oriental

Pratincole）。燕鴴在南瓜田覓食地。當在地上行走，牠習慣在苗圃之間不停走動，持續把頭上下快速擺動。偶爾牠會飛起，漫不經心，轉一圈，然後降落在原地。飛起時，可清楚看到牠有栗紅色腋羽和白色，開深叉的尾巴。在 7 月 25 日看到第二隻。

在香港可看到四種卷尾（Drongos）。有兩種定時在夏天到訪，另二種則較少見。卷尾又叫「鴉皇」（King crows），牠們捕食昆蟲時凌空而降，手到擒來，姿態如空中飛人般優美，有時牠這樣做只為取樂。

全黑的黑卷尾（Chinese black Drongo）是夏季來客，小部分是留鳥，也有代替夏季來客的冬訪鳥。黑卷尾棲息在空曠的野地，尾巴開深叉。竹林或電話杆線都是其瞭望台。在沙田、屏山、粉嶺出現，但在港島絕無僅有。

黑卷尾

髮冠卷尾（Chinese hair-crested Drongo）是大型鳥，羽色也是烏黑中有閃亮色彩，開叉尾羽之外羽向外捲；前額有一束形如長髮的羽飾，向頭頂後彎，在微風中拂揚。牠是冬天不見之夏訪鳥，喜棲息在植有稀疏高樹之林地及花園。夏季定時到訪港島，每年在薄扶林地區哺育後代。在新界林地如林村谷也可見到。4 月來臨，10 月離去。夫婦們會在花園徘徊數日，幸運的話，選中一棵樹築巢產卵。牠們是可愛的鳥，在薄扶林地區我多次看到牠們。7 月中一個黃昏，我聽到奇怪而單調，但只此一家的聲音 ——「psiss-psiss-psiss」。我用了一個小時或更長時間，看着一隻成年鳥在跟一隻差不多成熟的幼鳥在玩耍，配偶守在旁邊，沒興趣玩。成年鳥示範複雜的飛行花招，期間捉到一隻昆蟲，帶回來送給幼鳥，獎勵牠已有能力自行覓食。此可愛之鳥會探訪鄰近所有大樹，以之作瞭望台狩獵。我是經過深思熟慮才說此鳥可愛，其烏黑羽閃着紫、藍、綠色，舉止優雅，外形優美，少有其他鳥種可以匹敵。

灰卷尾（Ashy Drongo）偶然冬天訪港，身灰色而有彩虹光澤，棲息在開闊樹林。尾巴開深叉，尾羽在同一個平面上，喜以空曠林地上的大樹作瞭望台狩獵。白頰卷尾（Chinese White-cheeked Drongo）身也灰，但有白色頰，我曾記錄牠 3 月至 4 月在港島及新界出現。牠喜歡長有高樹的開闊樹林及花園。4 月某星期六午後，我在家居花園看到一對髮冠卷尾時，白光一閃，一隻漂亮的鳥飛到附近的榕樹上，飛行中，第一眼是白色，其後是灰，還有突出的白臉、黑翼尖、微黑下巴及頭額，正是白頰卷尾。第二天早上我看到白頰卷尾成對出現，這也是在香港首次成對出現的紀錄，我看了很久，很快活。

黑卷尾

五月
May

夏天在五月的首個星期來臨，常常是五月的第一天。蟬引吭高歌。非洲蝸牛開始成群進攻農作物。烏桕大蠶蛾／皇蛾（Atlas Moth）幼蟲破繭，各種形狀不同大小的爬蟲伸腰踢腿。鳳凰樹紅花盛放，賞心悅目。大部分夏訪鳥已抵步，冬訪鳥補給後已轉飛北方。新臨候鳥愈見愈少。本月是夏訪鳥和留鳥築巢的高峰期。

5月初，留鳥候鳥全都在歌唱，你聽過清晨合唱團便會相信。我住薄扶林時，在五月天的一個早上，便聽到至少有九隻鷓鴣在對唱，向他們太太說：「Come to the peak, Ha, Ha！（來山頂啦喂！）」；斑鳩叫「Coo」；四聲杜鵑叫「One more bottle（再來一瓶）！」；黑枕黃鸝以四音節唱：「Oh！Where are you？（喂！你在哪裏？）」他太太回答：「Oh, there you are！（啊，你在這處！）」喜鵲快樂地在樹上唱歌；黑臉噪鶥在草地在竹林滔滔不絕；山後畫眉哼有旋律之歌。我欠身打了一個呵欠，我太太說「Here's your cup of tea, dear（這裏正合你意）！」，[111]新一天又開始了。

· 海邊植物 ·

隨着泳季來臨，好些海邊植物開花。海芒果（*Cerbera odollam*）在沙田公路南北兩段都有，在沙宣道羅富國師範學院[112]地下也有一棵，十分常見。葉大而簡，有光澤。它的枝葉破損後會流出白汁。枝梢尾叢生有香味白花，結果如青蘋果。墮海後，由強韌纖維包裹的果子，被潮水衝上沙灘，變成啡褐色，跟其白汁一樣有毒。

5月，紅樹林邊緣或近海沙岸，常見的假茉莉（*Clerodendrum inerme*）開花。此花是簡單的聚傘花序，只有三朵白花，五瓣，花管很長，伸出四五枚雄蕊，雌

譯註

▼

111 本段為鳥人族絕妙之閨房記趣，香太的話是最窩心的鳥語擬聲。本章〈夏鳥〉
一節會更清楚說明本段鳥種鳴聲之不同擬聲。

112 羅富國師範學院於 1939 年創立，香港第一間專門培訓教師的院校。原校舍
拆卸後，現為香港大學醫學院教學大樓及明愛胡振中中學的所在地。香氏是
在羅富國就任港督期內來港任港大教授，開始擔任公職，後被楊慕琦破格委
任為拓展署署長，在繼任的葛量洪期內辭職。

海芒果

假茉莉

蕊紫紅色，這特徵使人一見能辨。差不多在所有浴灘都常見。

　　潮漲時水淹，潮退時露底的潮間帶泥灘，長出文殊蘭（*Crinum asiaticum*），有大鱗莖，蓮座叢，大葉，在其一或其二葉腋長出 1 至 3 呎花枝，開出濃密傘狀花序，散發香味，使我想起羊毛脂。此花屬於百合科，另有白、粉紅、紅色，在沙田附近和錦田近橋路邊有很多。老鼠簕（*Acanthus ilicifolius*）在后海灣紅樹林沼澤成千上萬生長，葉如英國冬青般多刺，藍色花，錦田支路以北新界沿岸路邊可見。

· 開花灌木和樹 ·

　　黃葵（*Hibiscus abelmoschus* Linn. / *Abelmoschus moschatus*）鮮黃花顯眼，高 2 至 6 呎，在大埔及林村警署附近路邊，以及新界鄉村可見。花有紅眼，直徑可達 5.5 吋，是本月花開最大者。種子有麝香味，在印度一些地方此野花當香料使用。

　　多種本地大青（Clerodendrum）屬開花，如灰毛大青 / 獅子球（*Clerodendrum canescens*），由純白小花簇擁而成，葉柔潤如紫羅蘭。另一種尖齒臭茉莉（*C. fragrans,vent. / C. chinense*）廣見於林村谷，其特徵是重瓣，常年開花。這品種初聞有香氣，聞久了會覺得臭。

　　賴桐（*C. squamatumkb / C. japonicum*）開猩紅色花，已野化，在沙田及大埔可見。其英文名稱「Pagoda flower」意義為「寶塔 / 浮屠花」。

　　本地有四種紫玉盤，有兩種值得一提，其一因分佈廣泛，其二因花形大而不常見。紫玉盤（*Uvaria microcarpa / U. macrophylla*）常見，灌木或攀援，5 月至 6 月開黃褐或紅褐色花，六瓣，向下垂，1 吋到吋半長；大花紫玉盤（*Uvaria pupurea / U. grandiflora*），樣子與前者相同，長 3 吋半至 5 吋，深紅，中心由很多柱頭組成，微黃色的，有粘性，排列成密閉螺旋狀，被雄蕊包圍。香島道（Island Road）與域多利道（Victoria Road）交界處 [113] 路邊便有。紫玉盤可由灌木生長成很高的攀援，雖遍佈全港，但不可說是常見植物。

　　本月最常見的蜜源植物是金銀花（*Lonicera confuse* DC）。木荷（*Schima*

文殊蘭，現有作為行道植物種植。

尖齒臭茉莉，多見於開曠荒廢農田。

老鼠簕，其種子似老鼠。

大花紫玉盤，見於林中。

113　即今石排灣道與域多利道交界近薄扶林消防局處。

Noronhae Reinw）也在本月開花，是本地最漂亮的常綠樹，高可達 60 呎，在馬來亞（Malaya）更可高達百呎。在分類學上木荷是山茶（Camellia）屬，花香，長 2 吋到 2.5 吋，金色的花蕊，貌似較細的山茶（Camellia），在香港仔樹林常見。太平山南方及新界鄉村風水林也有。

與木荷同科的有七瓣的石筆木（*Tutcheria spectabilis* Dunn / *Pyrenaria spectabilis*），開寬 4 吋的大花，非常漂亮，常綠，高 30 呎，綻放前由重疊的白綠色鱗片及萼片包裹，長闊可達 1 吋；每瓣花瓣近花蕊有一闊淺金色暈。無數雄蕊泛橘子光澤，倍添美麗。在聶高臣山及香港仔各處可見，在植物公園也有一棵，更廣植於大埔坳育林區，已可自行播種。

另一漂亮的樹種現在也開花，那就是梭羅樹 / 兩廣梭羅（*Reevesia thyrsoidea* Lindl.）。樹小，在梢末開傘房狀的花序白花，容易辨識。小花中間有長雄蕊管，固着十五枚花藥，看似大頭針，每粒種子結木蒴果，內含附紙質薄翅的種子，有如放大了的松籽，供滑翔散播。

假蘋婆（*Sterculia lanceolata* Cav.）6 至 8 月掛鮮紅蓇葖果，自 3 月起開綠色或粉紅色星形五萼花，無瓣，小如黃豆；在很多枝椏上大量綻放，當全樹開滿時十分顯眼。

5 月，有三種樹開花皆密如雪片。其一是非洲紫葳（*Jacaranda mimosifolia*），羽狀複葉，花藍紫色，可見於中環梅夫人婦女會大樓（The Helena May）。

假蘋婆花

其二是蘇木科決明屬的豬腸豆或稱「阿勃勒」（*Cassia fistula*），[114] 樹上掛滿一束束密佈黃花的枝條，長長的，往下垂，風吹過，如黃金雨灑，故另名「Golden Shower」。中區政府大樓入口就有一棵。其三是節果決明（*Cassia javanica* var. *indochinensis*），可見於黃泥涌峽道之新德倫山莊（Sandilands Hut）[115]。

金銀花

木荷花

石筆木

L INCH　G.A.C.H. 31-5-47

豬腸豆花

114　豬腸豆（Indian Laburnum）原產中亞，
　　　另稱阿勃勒／波斯皂莢／黃金雨。

115　即現時香港女童軍總會新德倫訓練中心。

· 水風信子 ·

5 月間，在鄉郊及毗鄰稻田的大片零碎池塘，整個池面或會被深綠色的葉子密鋪，精巧的紫花有序地點綴其中，這就是水風信子 —— 鳳眼蓮／布袋蓮（*Eichornia crassipes*），亦名紫魔（Lilac Devil）。此水生植物原產巴西，在 20 世紀初傳至東方及遠東，確定在 1906 年或以前已在港出現。在斯里蘭卡擴散四十五年後，政府立法禁止種養此種害草。我相信馬來亞和爪哇政府有關部門現在已採取行動。它最早在 1886 年由馬來亞傳至爪哇。我相信此植物在婆羅洲傳播開來，因為我曾在南中國海見過它的蹤影，估計它由發源於卡里曼丹中北部的卡普阿斯河（Kapuas River）中衝出來。

此植物葉柄中央膨大，充滿氣室，遂可浮水；鬚根濃密，有助在水中保持平衡；葉柄上舉，成為桅杆，葉面是帆，風一吹，可由池的這一邊航到另一邊去，塞住去水口，一株接一株堆積，開始密鋪工程。在熱帶地區它繁殖極快，最終阻塞河道，引致泛濫，為害不淺。它是不折不扣的害草！

南中國豬農養殖鳳眼蓮，切碎作豬糧。觀賞魚愛好者看中它根系發達，會放一棵在水簇箱，供小魚匿藏，逃避大魚追殺。鳳眼蓮又名水風信子（Water Hyacinth），因為其軸生穗狀花序外貌與風信子相似。

· 仙人掌 ·

5 月開花的另一種外來植物是仙人掌（*Opuntia dillenii*），原產南美，曾被廣泛種植，因為它是胭脂蟲（Cochineal）的食草，而胭脂蟲當時是染料的原料。現時胭脂蟲已被苯胺（Aniline dyes）代替，仙人掌卻保留下來。在世界一些地方，它一如鳳眼蓮成為過度擴張的陸上有害植物。相傳其果實能預防壞血病，水手便帶到各地傳播。這很可能只是訛傳。在香港，仙人掌最早在 1861 至 1872 年間發現於石澳。現時夏天在各處沙灘開黃色花，果熟時轉紅色，要吃，便先拔刺，否則有你好受。

鳳眼蓮

仙人掌花

· 夏鳥 ·

春去夏來，本來見到 3,000 呎高山便想攀登，聽聞有十來二十哩山路便渴望去走，結果現在卻昏昏欲睡，不肯外出。很難令人相信溫度和濕度只不過上升少許，就可以使人的身心巨變。實情如此，不容否認，喜愛郊野者，在炎夏裏可以做什麼？

不單是人，就連鳥和花，蛙和蛇，面對濕熱天氣，也各施妙法應對。冬訪鳥鷚、䳭鳥、鶺鴒、鶇何處去？都飛到清涼的北方如蒙古、西伯利亞、日本等地築巢育雛。此時，牠們本身的棲地卻被夏訪鳥佔據，夏訪鳥從變冷的南半球逐日而至，在此盡情享受驕陽，包括潔白無瑕的白鷺（Egrets）、黑卷尾（King-Crows），以及金黃鸝（Golden Oriole），還有毛色藍綠耀眼的釣魚郎（Kingfishers），以及身上有奶油黃、珍珠灰和墨黑色的各種椋鳥（Starlings）；如果把這些雀鳥各種顏色的羽毛都收集起來，就可以併貼出一幅堂皇巨制。我們看得到這些彩羽嗎？我想大部分人都因為視線受樹木所阻，或因環境的紛亂而看不見，但我們能用耳聽。就讓我們懶洋洋坐下來，聽鳥兒歌唱。你會發現安靜下來，更有機會驚鴻一瞥。在哪裏聽鳥最好？在薄扶林路邊？還是青山道牛奶公司牧場露天茶座 [116]？當然是後者，因為在那裏可以一邊吃冰棒或飲凍檸檬茶，一邊聽鳥。

聽！「Pee-pee-pee-pee-pee-pee-pee」，清脆的鳴聲，音階逐漸下降並加快，正是人稱「雨鳥」的八聲杜鵑（Burmese Plaintive Cuckoo）在唱歌。一如其名，它從緬甸（Burma）飛來唱哀歌（Plaintive song）。不幸地它哼來哼去只有這一旋律，惟一的變化是「pee-po-pee-ee」，但很少用。依中國北方傳說，牠是在找尋失散的兄弟。為什麼失散？因為同一窩蛋孵化後，他會把一同成長的兄弟摔到巢外，獨佔母親的餵飼。到牠會飛會啼時，追悔舊事，便用餘生來呼召童年玩伴歸來。

八聲杜鵑在縫葉鶯（Tailor-bird）巢內下蛋，縫葉鶯母鳥會忙碌地找食物來滿足牠無窮的口腹之慾。長至身強力壯，便把比牠瘦弱的長尾縫葉鶯幼雛，或另一隻杜鵑雛鳥，推出巢外。四聲杜鵑（Indian Cuckoo）的叫聲，是「kwai-kwai-kwai

116　透過朋友訪問一位在 1940 至 1950 年代的有車人士，證實青山道確有牛奶公
　　　司露天茶座，其地擬在汀九。據「Gwulo: Old Hong Kong」網頁，1960 年代
　　　尾在淺水灣、沙田、彌敦道連卡佛、中環皇后大道都有牛奶公司茶座分店，
　　　出售奶昔、多士、三文治等小食。

長尾縫葉鶯

kwo」，別無他調，日夜如是。在上海，四聲杜鵑的叫聲是「One more bottle」（再來一樽），牠一定是從人類處學來的。

在 2 月份介紹過的噪鵑（Chinese Koel），其叫聲是「How are you」（你好嗎），非常易記，絕不會錯。留意第二個音節是強音，並逐漸提高音：「Pee-pee-oo…Pee-pee-oo…Pee-pee-oo…Pee-pee-oo…Pee-pee-oo…」另一種並非杜鵑科的中華大擬鴷（Chinese Great Barbet），綠色大鳥，淡黃嘴，紅臀，歌聲易與噪鵑混淆，但大擬鴷（Barbet）的音調更單一，可能只是重複「cooloo-ee-you」一百二十次。褐翅鴉鵑（Crow Pheasant）是一種地鵑，叫聲「quoo-quoo-quoo-quoo-quoo」，另一隻聽到了常會作相同的回應，但音調不是高一點就是低一點，在薄扶林與青山道皆可見。[117]

鷓鴣（Cock Francolin）歌聲經常聽見，不用再多描述，只是港島人不熟的唱法是「Come-to-the-Peak-Ha-Ha」（來半山啦哈哈）；住九龍聽不慣的，則是「Come-to-the-Peak-No-fear」（來半山不怕）。旋律是相同的，但依高低[118]而歌詞有別。

金燦燦襯黑色的黑枕黃鸝（Black-naped Oriole）的歌聲只有四個音符，但可編出不同樂章，有時是「Oh, where are you？ Oh, where are you？」（喂，你在哪裏？）；有時是「Oh, there you are！ Oh, there you are！」（噢，你在這裏）；有時難以解譯；有時則在尖叫，既非歌唱，也非歡愉，可能是訴說煩惱。

黃鸝在港築巢，捕捉大量毛蟲，可能因此常見於松樹上。黃鸝下蛋後，不是怕被蛇吃了，就是怕被喜鵲偷去，一副懦弱的樣子，但徨恐催生智慧，牠選擇在卷尾（King-Crow）巢附近築巢，甚至是同一棵樹上。「King-Crow」又稱「Drongo」，與伯勞、鶲親緣，這種鳥很勇敢，任何鳥飛近愛巢，那怕是大型兇猛的鷹或喜鵲，也會奮力拼搏驅趕，愛巢得保，而卷尾看來不排斥黃鸝，所以也成為黃鸝的家庭保鏢。不但在印度有這種現象，[119]連在本地也有，即是見到黃鸝，便可見到卷尾。雖非必然，反之亦然。

本地卷尾有兩種，即黑卷尾及髮冠卷尾。兩種毛色都黑得發亮，並且在特定角度下觀察會見到顏色變化成虹彩，又紫又綠又藍。其尾長，分叉，形如七弦琴。髮冠卷尾體形較大，尾羽似長髮，羽流在背後優雅飄揚。黃鸝和卷尾在夏日

117　各種杜鵑叫聲可參考第一章〈一月〉註3。

118　香氏本段所指的高低很可能不止是海拔高度，更指社會階級。在 1904 年，
　　　由立法局通過《山頂區保護條例》，將山頂區劃為清一色歐人住宅區，華人
　　　不得入住。戰後英國政府為緩和反英情緒，爭取華人信任，洗脫歧視陋習而
　　　取消《山頂區保護條例》，何東成為香港第一位獲准入住山頂區的華人。

119　沈石溪動物小說《鳥奴》（2009）有類近情節：鷯哥夫妻因為怕幼雛被蛇吃
　　　掉，搬到專捕蛇的蛇雕巢附近築巢。最難以置信的是，沈石溪描述鷯哥為了
　　　得到蛇雕准許居留，竟然自願作其奴隸，負責蛇雕巢之清掃。

鷓鴣

皆常見於薄扶林及青山道牛奶公司露天茶座。[120]

　　總不能整天坐聽鳥鳴，現下出發到本地最大的鷺鳥林去。我認識的本地鷺鳥有五種，最大最美的一種在林村谷坑下莆樹林棲息，另外兩種則在沙頭角公路旁樹林[121]棲息。「Heronry」這個詞的意思其實是「蒼鷺聚集孵卵的巢穴」[122]，而我們去的鷺鳥林聚集的主要是白鷺（Egrets）。坑下莆樹林前有池鷺（Chinese Pond Herons），Caldwell（1931）名之為福建池鷺（Fukien Pond Herons），林後有小白鷺（Little Egrets）和牛背鷺（Cattle Egrets），有時在鷺鳥林某處更可發現一兩個夜鷺（Night Heron）巢。坑下莆樹林距馬路只有半哩，除了鷺鳥外，噪鵑（Koel）、貓頭鷹（Owl）、及一些未確定的品種在此築巢，大擬鴷（Barbets）、褐翅鴉鵑（Crow Pheasants）、斑鳩（Doves）、綠繡眼（White-eyes）等有趣品種都可見可聞。因此此樹林不單止是白鷺及蒼鷺的保育區，也可以在觀鷺同時辨識其他有趣品種。

　　坑下莆樹林地上鋪滿枯葉如地毯，處處有異動，原來是鶥鶇（Babbling-thrush）等鳥類藏身其中，尋找蚱蜢及種子吃。聞得一陣異味，看到滿地從天而降的白色糞漬，知道已到達鷺鳥巢穴。我們找到一處較乾淨的、能避開陽光的樹蔭的一小塊地方躺下，向天仰望[123]。忽聞一陣喧囂，朝聲源方向望，只見一個鳥巢架在枝椏上。再望，辨出三種鷺：一種是池鷺（Chinese Pond Herons），對上有小白鷺（Little Egrets），牠的羽飾曾經是製帽商競逐的商品；第三種是牛背鷺（Cattle Egrets）。

　　仰望樹冠間漏出的天空，不時望見一隻一隻鷺鳥飛過，但是由於三種鷺鳥的肚腹都是白色的，所以難以辨別品種，只知道牠們飛到稻田去捕捉青蛙回巢餵飼幼鳥。

　　離開鷺林，腦海仍留有不二之雪羽、不絕的饒舌、不悅之異味。穿過鄉村公地走入另一樹林，途經一間鄉村商店，有屈臣氏飲料和鮮橙出售。再走一百碼後，從林邊進入大樹林，路的左邊有棵非常大的榕樹，比其他樹高很多。坐在河岸上看榕樹上部枝椏，這裏正是髮冠卷尾（Hair-crested Drongo）出沒處。聽到鋸竹一樣的聲音嗎？這是髮冠卷尾不歌唱時的一種叫法。牠們在那兒。兩隻髮冠卷尾悄悄飛到榕樹上捕獵刺蟲與甲蟲。髮冠卷尾羽烏黑，但若從合適角度看，

池鷺未成年羽

120　牛奶公司經營冰廠後在全港設茶座，供應奶昔、小食，兼售凍飲，大多設在公路旁加油站附近，連鎖經營。其中淺水灣及青山道汀九泳灘為露天茶座，服務有車階級。其後小商人加入，在鬧市開設「冰室」，漸演化成今日之「茶餐廳」。

121　沙頭角公路旁樹林指鹽灶下白鶴林，現鷺鳥改棲對出之小島。

122　米埔白鶴洲、粉嶺鶴藪也曾經是「Heronry」。

123　艾思滔引用上一段説明博物學家「學習自然事物時要接受的挑戰」（見 Edward Stokes, *Hong Kong's Wild Places: An Environmental Exploration*〔Hong Kong: Oxford University Press, 1995〕, p. 187）。要説明博物學家之不易為，本書另有很多句段可引，如第一章〈二月·蘭花〉一節：「我曾 …… 長期攀登石澗、峭壁及陡斜山坡 …… 一些品種 …… 則選擇瀑布旁或山石遮擋的蔭處。攀登絕頂峭壁最為驚險，但最珍稀的品種往往就在這種地方出現」。

會遍佈藍紫亮點。尾開深叉，羽毛向上內彎。頭上如髮的羽冠，有微風吹拂時清晰可見。卷尾喜在空中或林邊捕獵。若我們再前行二十碼，就可看到牠的表演。牠近乎垂直地飛到上空，抓住甲蟲，翻了一個筋斗，降落在合意的椏枝上，狼吞虎嚥。

　　廣闊樹林[124]內，還有很多其他有趣鳥類，如大擬鴷（Chinese Great Barbet）、夜鷺（Night Heron）和紫綬帶鳥（Ince's Paradise Flycatcher）。紫綬帶鳥是鶲（Flycatcher）類中最美的一種，雖然罕見，卻是本地留鳥。除了這裏，在大帽山腳的荃灣以及西北的輞井半島，都有記錄。我曾在輞井半島看過一隻盛裝的雄紫綬帶鳥，體形雖小，但極易發現，體色栗色和黑色，藍眼圈，黑色冠羽和有長黑尾，在風中搖曳。我想，無論是立於樹枝上，抑或飛行時，這一頭一尾的羽毛都使牠難保平衡吧。

　　回到馬路，經過坑下莆村，村前空地有豬、雞、狗，孩子們在玩耍，四處長了很多連禽畜也避之則吉的味道差的或有毒的野草。離開村落，向下走過斜坡，踏過門檻似的踏腳石橫過河流，河在左，稻田在右，前有罩滿寄生蘭花之老樟樹。無毒的漁游蛇／草花蛇（*Natrix piscator / Xenochrophis piscator*）在注滿水的稻田中游走找蛙吃，這是本地最普遍的一種蛇，愛淡水，吃多種蛙類。辨識特徵為上身灰綠，下身白色，每塊鱗片有窄黑斑橫越。大家回到公路坐汽車，或在一哩外的大埔墟火車站坐火車回九龍，重過繁囂的都市生活。

漁游蛇

124　香氏在本節描述之觀鳥勝地坑下莆樹林，位於今日許願廣場及香港青年獎勵
　　　計劃之愛丁堡公爵訓練營一帶，只剩邊緣地帶倖存一些古樹。坑下莆樹林在
　　　本書原著出版約十年後，發生一次連環槍殺案，據「香港命案列表」，名為
　　　「大埔竹林案」。1976 年邵氏導演桂治洪取材拍成《臨村兇殺案》。

鷺林

· 紅頸瓣蹼鷸 ·

被拘留於赤柱期間，我們有很多時間觀鳥，有幸發現不少罕見候鳥。1942 年
5 月 1 日，七隻紅頸瓣蹼鷸（*Red-necked phalarope*）就在浪濤拍岸的近岸對出，
在漂浮着馬尾藻（Sargassum）的水域覓食。牠遊得快，頭部不停上下快速擺動，
不易受驚。羽色上部灰白，臉頰有黑斑，下身白色，無褐色或栗色斑。1945 年
5 月第二及三週在幾處地方發現此鳥小群出現，其中 5 月 14 日近距離數得共八
隻，有些頸上有明顯紅斑，有些並不明顯，有些完全沒有。此鳥飛行時翅面有長
白斑可供識別。

· 水車谷 ·

駕車青山道駛過荃灣鄉村不遠，有山溪在青山道之下入海。山溪 [125] 源於大帽
山西南坡，流入近海稻田的溪床陡削，水力充足，可以推動八座水車，很值得探
看。水車帶動一系列大木槌，彼起此落，砰嘭作響，徐徐把置於其下的香木舂成
粉末，香氣四逸，這些香粉會用來製成供拜神用的爐燭香 [126]。由山谷西面小徑上
山，西行，再橫過溪的上游，轉向東北，便可到達高九百呎的山村川龍。遊磨坊
最好在夏天大雨後，因為那時有足夠雨水推動水車。

125 指大曹石澗。此處描述之水車谷位於曹公潭附近。

126 據饒玖才（2001），水車直徑三米，舂碎來自南洋低價香木如檀香、安息香木，再加工製成拜神用的香品，運去內地或東南亞。這種作坊曾遍佈全港，但自 1920 年起政府把溪澗水引入水塘，水車再無動力，舂香粉工業式微。1956 年為城門水塘建引水道，荃灣地區水車最後亦被荒廢。饒玖才（2001）清楚介定，水舂作坊是加工業，產量多但經濟價值低，其出現時期為 1842 年至 1956 年；東莞及新安（後稱香港）種沉香及鑿沉香是農業，產量少但經濟價值高，經 1662 年至 1669 年禁海令及雍正年間（1723—1735）酷令杖殺里役事件，最終絕跡香港。舂香粉與鑿沉香，兩者其實是在不同時空發生的事，並無交集。曹公潭水車圖載 *Heywood Ramburing Hong Kong*；相片在許舒 James Hayes, *Tsuen Wan: Growth of a 'New Town' and Its People* (Hong Kong: Oxford University Press, 1993) 一書可見。

六月

June

　　戰後 6 月的一個星期天早上，我在聖約翰座堂[127]做禮拜，當時的東面大窗還未換做彩色玻璃窗[128]，我往透明的玻璃窗外望，天空飄過一些東西，但不知是什麼。最初我以為是小鳥，但體形太小，非也。難道是蝴蝶？沒有拍翼，也不是。最後得出結論，應該是木棉樹[129]莢果爆開，棉絮隨風飄。即時一團棉絮穿過教堂側廊的氣窗，悠悠降落我腳下，證實我的推測。格物致知之後，才好專心聽道[130]。細心看棉絮，便會發現每一團都載着一顆種子，如果要收集棉絮做枕頭，請不要忘記挑出其中的種子，播在花園裏。

　　本月非洲大蝸牛（Giant Snail）肆虐菜田，在早餐前可在園裏撿滿一桶。其實它們死後可成為有用的氮肥。我建議你把沸水倒進桶中，在你喜愛的木瓜樹旁掘洞，把死蝸牛倒下去埋好，然後就可以每天都想着一隻又大又富營養、美味無比的木瓜，在埋蝸牛的地方長出來。

　　6 至 8 月最吸引的樹無疑是假蘋婆（*Sterculia lanceolata* Cav.）。樹雖小，但一年不同時節都有明顯特徵，不論是春天滿樹開花，秋天抽亮麗多彩新葉，尤其是初夏掛奪目果實時，儘管在遠處，也可把它認出來。6 月，假蘋婆老葉先變黃，再變紅，最後變成褐色脫落，即被新葉代替，先展現大片白綠，即又轉成蘋果綠，又轉暗綠。緋紅色的豆莢，正稱為「骨突果」，是本地最顯眼的果實，如輪軸一樣從中心向外輻射長出五枚豆莢，初生時綠色，長至 3 吋長時轉黃，然後是橙緋紅，最終成熟時艷紅色。各豆莢果皮下邊裂開後，露出兩排烏黑種子，比碗豆大，果皮兩邊向外及向上翹起，使種子全露出如龍眼核，引來拖着長尾巴的美麗紅嘴藍鵲啄食。此果色彩對比強烈，構圖有趣，可堪入畫。

　　香港沒有英國的接骨木（Elderberry / *Sambucus williamsii*），但有同屬的熱帶品種冇骨消（*Sambucus javanica* Blume），在新界一些地區如青山附近可見，6 至

譯註
▼

127 聖約翰座堂（St. John's Cathedral）於 1847 年開始動工，至 1873 年前後擴建完成，為香港最古老的西式教堂。

128 聖約翰座堂 1873 年裝上由英國工藝師摩利斯（William Morris）所設計之彩色玻璃窗，一直用至 1941 年。摩利斯是詩人、作家、譯者、出版商、環境保護運動家、古蹟保護運動者，是英國的國際手工藝運動及社會主義的推手，是百年難得一見的文化奇才。1941 年 12 月日佔後，座堂很多原先的裝置和設備被拆去，包括摩利斯的彩繪玻璃窗戶，改做日本人的俱樂部。香氏此處描述的是 1946 年 6 月戰後情況，座堂重建完成，彩色玻璃窗改用透明玻璃代替。據《蘋果日報》訪問座堂史家胡寬德（Wolfendale Stuart），摩利斯的彩繪玻璃原來收藏在銅鑼灣一修道院的地庫中。但其去向而今卻無人過問！

129 1940 年代聖約翰座堂外相片（http://travel.mingpao.com/cfm/Print.cfm?File=20100924/gui01hm/wta1h.txt），的確有木棉樹，料是香氏當日所見那株。隨着鼻敏感、哮喘病患者日多，棉絮對呼吸道產生刺激，容易引起打噴嚏、流鼻涕、咳嗽等症狀。愈來愈多人認為木棉絮是滋擾，台南、汕頭、福州、廈門都有報道。以木棉為市花的廣州市也認同木棉不是鬧市區行道樹的理想樹種，只適合種在廣場、綠地和公園。

130 原文為「My problem had been answered and I was free to give my undivided attention to the dean's sermon」。反映香氏對科學與宗教並非對立甚至互補的理念。

131 譯者讀小學四年班時，會把一條露兜葉切

Plate 8   *Sterculia lanceolata*

假蘋婆

9 月開大圓錐花序白花。

有兩種野牡丹屬（Melastoma）灌木本月開花。其一是野牡丹（*Melastoma candidum / M. malabathricum*），紫粉紅花六瓣，直徑 3 至 4 吋。另一為毛菍（*M. sanguineum*），花較大，五至八瓣，通常七瓣。前者葉面密披緊壓的白色絲質毛，後者葉面光滑如豬鬃直立之毛，葉常呈紅色，尤其在葉脈部分。野牡丹分佈在海拔較低位置如屯門、米埔。毛菍分佈在較高地方，如九龍水塘下沙田的公路兩旁便有很多。兩者都在 3 月開花至 9 月尾。野牡丹在 6 至 7 月、毛菍在 6 至 8 月最美。攀援的地菍（*Melastoma dodecandrum*）在新界常見，本月開花，較兩者更細，果黑色，可吃。

上月開花的海邊植物到本月繼續開花，以下介紹新加入花季的品種。葉子和嫩莖呈藍灰色，按壓之後可聞到芬芳氣味，開白藍花的攀籐植物蔓荊（*Vitex trifolia* Linn），遍佈沙灘。其名 trifolia 雖然義意為「三葉」，其實大部分並無異樣。在本地我只有一次找到一棵是三葉的。你掘一棵種在庭園，如果不死，它可能會變成三葉蔓荊。

大浪灣及深水灣等海邊普遍可見俗稱「螺絲松」（Screw Pine）的露兜（*Pandanus odoratissimus* Linn.），葉直多刺，尖端細長，如鳳梨葉之放大。其聚合果成熟時橙色，有點似鳳梨。幹莖扭曲一邊成螺旋，此螺旋左旋與右旋的都有。雄樹由 5 月起垂下花序，因受白色葉片或苞葉保護，其香味又吸引無數蠅與蝶雲集，故甚為顯眼。幹上有時長出鮮亮珊瑚紅蕈菌，曾被焚燒過的尤多。某些露兜品種的果實，某些部分可吃，某些露兜品種的葉，可割成條帶，編織成優質帽冠。本地品種的嫩莖心，常被客家婦女砍下切碎，用來餵豬[131]。

有一種鳶尾屬（Iris）植物在海邊好些地方，及在庭園中廣泛種植，就是被冠上一個醜怪名字

蔓荊

毛荵

Plate　9　　　　　　*Melastoma sanguineum*

野牡丹

下來，批去葉緣鋸齒，依約吋半長位置兩折，把葉摺成三頁，把第一及第三頁疊在第二頁上，然後在第一片中心點界出小弧，在第三片中心點開小裂，掀起小弧，扣入小裂，便做好飼養跳蛛的籠，供對決用。

132　中名「射干」是因「其莖直立，且長長的如射之長竿」。為何香氏指

的射干（*Belamcanda punctata* Moench）[132]，它又稱為 *Pardanthus chinensis* Ker Gawl.，是中國野生品種，生長於西貢附近及較偏遠地方，橙花上有緋紅斑點。它在 1759 年被蘇格蘭植物學家米勒（Philip Miller）移植到英國，其植株或種子可能來自廣東。

矮小的喬木黃槿（*Hibiscus tiliaceus* Linn.）[133] 在沙田、香港仔等海邊附近常見，6 月至 7 月開黃花，花蕊部分如紅色的眼，花冠從不全張，如一年生或兩年生的黃葵（*H. Abelmoschus*），很快便轉為難看的枯橙色。熱帶國家沿海人們會把它的樹皮製成強韌纖維，繞成繩索。馬尼拉船主會用其纖維來填補船隻漏縫。

黃槿開花　　　　　　　　　　　黃槿落花

以下選出本月三種較少見的蘭花來介紹。首先是白蝦脊蘭（*Calanthe veratrifolia* R. Brown / *Calanthe triplilicata*），它廣佈於亞洲，1819 年經印度移植到英國。在排水良好溪邊蔭處，500 到 1,000 呎的聶高臣山和紫羅蘭山，及本地大部分高山可見。它是地生蘭，大葉，15 吋長，貌似鶴頂蘭（Phaius）但較窄，色較灰及更多肋，樣子更似俗稱「Hellebore」[134] 的藜蘆（*Veratrum L.*），直長花莖高 2 呎或以上，最頂長出總狀花序 3 至 4 吋長純白花密集直徑吋半，6 月至 7 月開花。Calanthe 的拉丁文詞義是「美麗的花」[135]，名副其實。此花唇瓣兩邊長出橢圓形的圓裂片，中間一片又再分成兩片更大的圓裂片。

野生的墨蘭（*Cymbidium sinense*）極罕有，有高雅香味，為華人鍾愛。墨蘭之「墨」喻其花為暗褐色。在本地野生，無疑已成珍稀品種。另一品種建蘭（*C. ensifolium* Sw.）也有香味，花色卻是淡綠或黃綠，雖罕有，但細心的搜集者仍不

Belamcanda punctata 是醜名字？網上查得 punctata 來源於拉丁文
「punctus」，意為「斑點」，並無醜意；Belamcanda 是「由馬來西亞土名
belamtandam 拉丁化而來」，查網上馬來文 — 華文字典，belam 解「暗淡朦
朧的」，亦無貶義；反而查到山西省平定縣舊關村一帶以「鬼扇子」稱射干，
算是最難聽的了。

133　《人在野》主持 Bear Grylls 在其中一集曾說黃槿是鑽木取火最佳木材，原來

露兜

射干

達爾文《小獵犬號日誌》1831 年 11 月記錄了大溪地土著用黃槿木摩擦，不
消幾秒便能生火，Bear 大概亦從土著習得。

134　Hellebore 的中譯是「嚏根草屬」，為毛茛科多年生草本，產於中國西部至
歐洲，與本地山上常見的百合科藜蘆屬，是形狀特性很不同的兩種植物。
因藜蘆的英名為「Black False Hellebore」，可確定香氏在上一段提及的
Hellebore，其實指的是「Black False Hellebore」，而非嚏根草。

135　Calanthe 港譯「蝦脊蘭」，是因為「單一個體小花有外翻的唇瓣，在造型
上像小蝦的尾巴，蝦脊蘭由此得名」。至於外翻的唇瓣和小蝦的尾巴有何相
似，而蝦尾和蝦脊又為何等同，我至今未明。台灣網站載「Calanthe 為希
臘文 kalos 及 anthos 二個字組合，意為『美麗的花』」，一看就明。台灣譯
Calanthe 為「根節蘭」，似乎華文世界的植物學家決定中文學名時創意空間
極大，可以完全疏忽拉丁或希臘文原意。

時尋到。建蘭在斜坡草地如力高臣山生長，它的外貌與常見的山菅蘭（*Dianella nemorosa / ensifolia*）相似，除非開花，否則難以辨別。墨蘭和建蘭花莖長一呎至呎半，一杆可長多菖花。兩者都有園藝變種，雜交出不同顏色的花和有條紋的葉，獲華人高度襃獎。

頭造禾通常在 6 月尾開始收成，在割禾及打穀階段，禾杆和穎果還是綠色的，田還是注滿水的。造禾在 11 月收割，那時米農才會把田裏的水放乾，把穀粒曬乾收藏。直到戰前，本地頭造米供內需，晚造則供出口。清朝時，沙田谷出產的稻米曾經以貢品的身份運往北京，近年則遠銷紐約。自從戰事發生後，出口已成絕響，唯供內需。其實在頭造開始收割前數天，農人便向如奶油一樣的濕潤田床撒晚造的米種。

建蘭

草菖蘭

七月

July

　　本地的野百合又名淡紫百合，在 6 月中至 7 月尾開花，以 7 月最初十天最美。以前稱 *Lilium. Brownii var. australe*，最近 *Lilies of the World*（編按：此書於 1950 年出版）第 165 頁把它改稱為 *Lilium. brownii var. australe*（*Lilium brownii var. viridulum*）。英國植物採集家威爾遜（Ernest Henry Wilson）在 *The Lilies of Eastern Asia*（1925）一書有記錄。野百合是中國最常見的開喇叭形大花的百合，與另外一或兩個品種，野生於全國十八省。其鱗莖可供食用，由中國內地運來的百合鱗莖，不一定就是淡紫百合，在街市有售，都叫「生百合」。自從本地政府立法保護野百合，在港島和新界都較前普遍。莖頂通常只抽一或兩朵，我則拍攝過三及四朵的。

　　野百合莖長 2 至 5 呎，花盛放時長 7 吋，色美且香。花瓣共 6 片，瓣內白色，三外瓣瓣面有濃重之青銅紫色。三內瓣瓣面也是白色，但中間常有闊紫條紋。雄蕊深橙色。長在花莖兩邊的葉片，位置愈高，葉面愈細，這是此品種之特徵。鱗莖藏在地下 3 至 5 吋，把它掘出來容易弄傷，更屬犯法。它難以移植到花園，更難適應英國的氣候和泥土。

　　本地有五種鐵線蓮（Clematis）都開白花。英倫只有一種，名「旅人之歡愉」（Traveller's Joy），初秋在灌木籬牆結果時，現出長毛芒，整片看來似蓬鬆毛絨球，頗為顯眼。最常見本地品種是毛柱鐵線蓮（*C. meyeniana*），由 6 月開到 9 月，以 7 月最美，花白，腋生圓錐花序，香味遠至數碼外也聞到。每花有四白色萼片，每片半吋長，內有很多枚雄蕊。五塊小葉長在如卷鬚的深綠色葉柄上。

　　另一更芬芳的攀援植物是假鷹爪（*Desmos cochinchinensis / D. chinensis Lour.*）。此花甚特殊，每花有三小萼片，六塊花瓣，有三塊在外輪生，另三塊在內輪生。懸垂之花吊在接連葉枝之幼長花柄一端，花瓣如絹帶，經常呈扭捲狀，

毛柱鐵線蓮果

淡紫百合花

假鷹爪花與果

Desmos cochinchinensis

假鷹爪

長 2 至 4 吋不等，花色由綠轉金黃時香氣最濃，似橙花，但更芬芳。本地數量不少，結出奇形果實，花柄尾端投射出約 20 吋心皮果，向外輻射，似穿在鐵線上的一串豆。果實冬天成熟，色由綠而黃紅而深紫。

另一種 7 月開花之攀援植物是毬蘭（*Hoya carnosa*），因花朵漂亮，成為英國溫室種植品種。有一天，一位女士帶同一束花來問我是什麼品種。我問花從何來，她說是先生從英國寄來，當我說這種花在她房子外數百碼就有很多時，她面露不悅。[136] 此花蔓生石上，在太平山近盧吉道有很多，肉質的葉對生，花柄尾端長約 30 朵花，組合成降傘狀。花外披臘質，色兼淺粉紅與深粉紅。毬蘭是蘿藦科黑鰻藤屬（Stephanotis）[137] 的近親。把毬蘭種在吊籃內，勤澆水，花便會開得很美。

在鄉村常常見到一些別處所無的植物，相對於其他地方，當中有更多有毒植物，這是因為通村走的豬和雞把無毒植物吃光了，留下來的多有毒。當中有些是因意外引入的外來種，日子久了，已完全在本地逸生，例如在本月開花之馬利筋（*Asclepias curassavica*）[138]，別名「假吐根酊（*false Ipecacuanha*）」，兩呎高草本，

譯註
▼

136 香氏在本書第二章〈昆蟲與爬蟲〉一節曾說因香港蝴蝶品種比英倫多而自
　　豪，本段更以無知英婦以為本地野生毬蘭是外來園藝品種來說明本土物種
　　之繁。

137 今入毬蘭屬（Hoya）。

毬蘭花

138 金斑蝶幼蟲吃馬利筋以
　　累積毒素防止天敵捕獵，
　　但譯者發現庭園中馬利筋
　　上金斑蝶幼蟲大量被各種
　　胡蜂及雀鳥捕獵，似乎天
　　敵已進化出防毒的機制。

馬利筋

頂生花聚開鮮紅或橙花，破損後會流出白汁，因此也叫「乳草」（Milkweed）。馬利筋花後結蒴果，附棉絮，被風吹起飄揚如降落傘落下，有利散播。可播種於庭園，在夏天可持續開花兩個月。

沙灘上另一外來種是大戟科猩猩木屬（Poinsettia）的白苞猩猩草／柳葉大戟（*Euphorbia heterophylla*），不顯眼的花圍繞莖端生長。同屬的一品紅／聖誕花（*E. pulcherrima*）葉片半綠半鮮紅，酷肖白苞猩猩草，但紅色苞葉較大，長至一兩呎高，像馬利筋一樣具有毒白汁，沒蝸牛敢來犯。

多種蘭在 7 月開花，以下四種較易辨認：黃色地生的毛莨蘭，學名苞舌蘭（*Spathoglottis pubescens* Lindl.）其嵌入假鱗莖如劍蘭之球根，只生兩葉，0.5 呎至 1 呎長，兩端尖細，花柄 1 至 3 呎高，五至十朵花散生，鮮黃色，唇瓣稍紅，直徑 1 吋或以上。

另一同樣普遍的品種愛在涼濕潤草地生長，俗名「硫磺蘭」（Sulphur Orchid）；學名坡參（*Habenaria linguella* Lindl.），高可達 2 呎，聚生十至三十朵細小純硫磺黃色小花，變老時由黃轉為咖啡色，這種變法我看是全港獨有。

第三種是非常美麗的「蘇珊蘭」（Susanna Orchid），學名鵝毛白蝶蘭（*Habenaria susanna* R. Brown / *Pecteilis susannae*），地生，莖多葉，開大白花，廣佈於熱帶亞洲，在 1834 年或 1835 年引入英國。3 至 4 呎高嫩枝頂開 2 至 5 朵香花，花長直徑 3 吋，長有形如馬刺之短枝（spur），長達 2.5 至 5 吋，除了花大易認，側面的花瓣萼片邊緣具流蘇，在西高山 1,300 呎處、大潭及大帽山山坡可見。

7 月至 9 月初開花的本地附生蘭，最易辨認的當是蕉蘭（*Acampe multiflora* Lindl.），其大果莢不但形狀似小蕉，奇怪的是連氣味也有強烈的香蕉味。蕉蘭沒有石仙桃的膨大假鱗莖，寬大而堅硬的葉片 6 至 8 吋長，兩列互生，每塊葉與主莖的夾角角度一致。兩或三支花序從去年生的葉之葉腋中抽出，每支花序生出三或四短枝，其上密密開花，每朵四分之三吋長，黃底，上有鮮紅斑點，喜生長於海拔 200 呎到山頂日照良好岩石上，如鶴咀等地，有大幅花崗石崖上大雨後有水流瀉之處，或在崖頂上，長成一大片。

7 月尾至 8 月初，稻田正忙，新界公路旁尤其在屏山一帶，一哩又一哩的稻

坡蔘

苞舌蘭

蕉蘭

田，有的為新一造禾犁田翻土，有的把上一造收成後剩餘的禾桿鋪散曬乾，有的未完成收割，有的用小黃牛拉耙，攪拌泥淖成奶油樣，有的在把秧苗插進水田裏。

駕車駛過粉嶺附近時，看見一種典型的中國式變通耕作法，只消用一件便宜的農具，[139] 便能做出相抵於一部重型機械才能勝任的粗活，關鍵在於使用者自行調節施壓的力度與角度。小男孩坐在奇怪而顛簸的牛車上，其實是套在水牛上的一個長而尖的泥耙，男孩不但增加了泥耙的重量，更駕駛着耙，把已草草犁過的稻田劃得更深。不要以為男孩很輕鬆，他既非觀鳥，也非觀賞路過的車輛，他眼望前面大地，要很費勁才能保持平衡，不致掉到泥漿去。[140]

稻田中長一種雜草名「稗」（*Panicum Crusgalli / Echinochloa crus-galli* (L.) P. Beauv.），[141] 與俗稱為「日本地堂稷」（Japanese Barnyard Millet）[142] 的雜草「穆」（*Panicum frumentaceum*），有親屬關係。當年被囚赤柱集中營的我們，都會記得怎樣檢拾它細小而跡近球狀的、外披褐色種衣的種子，加進米中煮，看它受熱膨脹打開，流出少量白色的米漿。在菲律賓，稷被燒成爆谷那樣，香香脆脆，更易入口。

139 據饒玖才向譯者親述，這種農具在廣東稱「而字耙」。「而」字是其象形。香
氏除了留心各種自然物，亦注意耕作器具等人工物，所以譯者反對把 Naturist
譯作「自然學家」而取「博物學家」。劉華杰（2015）指出古羅馬老普林尼
（Pliny the Elder）著作《博物志》（*Naturalis Historia*）中除包含動物、植物、
礦物等自然物，尚及於農業、園藝、冶金、採礦、藝術、羅馬技藝等人工物。

140 攝影家艾思滔（Edward Stokes）著《山水有情：探遊香港郊野》（*Hong
Kong's Wild Places*）引述香氏本段部分原文，陳杏如（2000）把引文翻譯為
「一個小伙子坐在一頭大水牛的背上，命牠拖着長耙把泥土犁開。他小心的
抓緊大水牛，生怕會從牛背滑到泥漿裏，蠻有趣」（頁 103）。在描述小男孩
前，其實香氏清楚交代他發現一種典形的中國式取巧耕作法，即着小男孩做
「相抵於一部重型機械才能勝任的粗活」。我認為香氏絕不會把童工之窘態當
成「蠻有趣」。香氏為本節所繪插圖，小男孩並非坐在牛背上，而是壓在泥
耙上。陳杏如翻譯時應沒看此插圖及上下文，所以誤譯了。香氏關心男孩，
「不要以為男孩很輕鬆，他既非觀鳥，也非觀賞路過的車輛」，留心「觀鳥」
正是香氏及其他殖民者的閒暇嗜好，「他眼望前面大地，要很費勁才能保持平
衡，不致掉到泥漿中」，這番表白引證香氏要不是感到身為殖民者有同謀之
罪，至少決不會以殖民者高高在上心態看待低下華人，而是設身處地去感受
其艱苦的生活。查香氏就讀劍橋大學時，同期學生不少信奉共產主義，成為
蘇聯特務或左翼「科學人本主義」者，堅持科學永遠只能服務於人類價值，
反對科學主義。香氏有此想法絕不為奇。楊慕琦似乎也是同路人，但葛量洪
不是，此種思想衝突可能就是香氏辭官的根源。

141 稗之穎果見《潘爸的喃喃自語》網誌（plj-johnng.blogspot.hk）。網誌稱稗穗
比水稻高出 20 至 30 公分長，看起來好像很飽滿，裏面結的穎果連小米的一
半都沒有。

142 一年生草本，在《植物名實圖考》（台灣：世界書局，2012）中稱為湖南稷子，
它是谷類中穎果澱粉最精白的一種糧食作物。富含澱粉、蛋白質、脂肪和 B
族維生素等。食用稗是一種古老的穀類作物，在亞洲、非洲、歐洲和世界較
溫暖的地區均有種植。

　　本地戰前另有多種稷；最常見的是俗稱「手指穆」（Finger Millet）的穆（*Eleusine corocana*）及俗稱「狐尾稷」（Foxtail Millet）的粱（*Setaria italica ragi / Setaria italic*）。前者又稱「印度鴨腳稗」（Ragi of India），辨識特徵為聚束之穗尾，形如手指，後者穗色紅彎曲，所以得此英文名。高粱屬（Sorghum）不常見，偶爾在粉嶺看到。手指穆和狐尾稷都在 7 月初收割。

　　7 月的英國甚少鳥鳴，只有金黃鸝（Golden Oriole），少數鵐科（Buntings），一兩種鶯科（Warbler）、雨燕科（Swift）及幾種鷦科（Wren）。本地則有很多。就薄扶林我家聽到的列舉如下：能唱四種聲調的黑枕黃鸝（Black-naped Oriole）易於辨認；鳳頭鵐（Crested Bunting）的歌聲是單調哀傷的「tse-tse-tse-ee」；叫聲與小巧體形不成比例的縫葉鶯（Tailorbird）；棕背伯勞（Rufous-backed Shrike）會先來一輪詛咒然後模仿鷓鴣（Francolin）或鴨叫；褐翅鴉鵑（Chinese Crow-pheasant / Greater Coucal）、小鴉鵑（Lesser Crow-pheasant / Less Coucal）、鵲鴝（Magpie Robin / *Copsychus Saularis*）、畫眉（Hwamei）亦在詠唱。

棕背伯勞

八月

August

8 月至 12 月，多年生的桔梗
（*Platycodon grandiflorus*）在草坡上
開花，似放大了的藍鈴花（Harebell）
或風鈴草（*Campanula*）。花冠直徑
三吋半，在港島淺水灣、石澳、赤柱
山上數量頗多，在新界也有。桔梗高
1 至 3 呎，直挺的花枝上開苑紫色花
數朵。開花前花苞鼓漲，故又名「氣
球花」（Balloon-flower）或「中國鈴
花」（Chinese Bell-flower）。

馬鞍藤（*Ipomoea pes-caprae*）
是攀緣植物「朝顏」（Morning glory）
之一種，常見於本地沙灘如大浪
灣、石澳，其葉是顯著的二裂片
（bilobed），形如羊蹄。8 至 11 月，
長莖末端長出約六朵紫紅色花，直徑 2 吋。

Plate 10

Platycodon grandiflorum

桔梗

7 月開的本地蘭花，會持續開至 8 月。另有兩種在本月加入名單，皆引人注
目之品種，其一為竹葉蘭（*Arundina chinensis* Blume），葉多，似蘆葦，莖 1 至
3 呎高，在花軸上可持續開六朵或以上，2 吋直徑花，五塊花瓣皆淡紅，1 吋長唇
瓣外緣淡紅，來到圓裂片變深紫。廣佈於全港各高度草坡，某些地方數量很多。
此花廣佈於熱帶亞洲，在印度馬來西亞野生的葦草蘭（*A. bambusifolia*），外形與
之相似，但長得更高。

馬鞍藤

竹葉蘭

葦草蘭

其二為純白色的鵝毛玉鳳花（*Habenaria Miersiana* Champ. / *Habenaria dentata*），1 至 2 呎高，地生，在花軸上開四到十七朵大花，直徑一又四分之一吋，形如飛天仙子，頭下長雙翼雙腳，英名「飛仙蘭」（Floating Fairies Orchid），不好叫，知道的人不多，我曾經建議改稱「魅影蘭」（Phantom Orchid）。[143] 此花由海平面到 1300 呎可見，數量不多，但分佈廣泛，喜蔭。在太平山、香港仔山坡、火石洲可見。

早上巡視園子時，聽到一陣喧鬧的鳥叫，望向棲滿雀鳥的野榕，一隻紅嘴藍鵲（Blue Magpie）站着，一群黑臉噪鶥（Black-faced Laughing-thrushes）在旁喧譁。再望清楚，樹下蹲了家貓。眾鳥向牠挑釁，但距離太遠，家貓無法逞凶，只能露出一副無奈的樣子。我也樂得做個看客，置身事外。黑喉紅臀鵯（Red-vented Bulbuls / Sooty-headed Bulbuls）和棕背伯勞（Rufous-backed Shrike）這時加入派對，伯勞（Shrike）聒噪，似在說粗話，後來又來了兩隻紅耳鵯（Crested Bulbuls / Red-whiskered Bulbuls）和一些白頭鵯（Chinese Bulbuls），皆悄然無聲，一對鵲鴝（Magpie-robins）飛入樹叢。

家貓愈發罔然，最後轉身，沉着離開。眾鳥見敵人敗退，叫聲登時轉成悅耳的讚歌，唱完《感恩歌》（*Te Deum*），再唱《讚美詩篇》（*Venite*）。當家貓走入轉角，身影消失，歌聲倏然而止。一隻麻雀遲到，天性邪惡的伯勞，啄向一隻鵲鴝，眾鳥一哄而散。

譯註

▼

143 英國著名水彩畫家華樂庭夫人（Mrs. Beryl Walden）與美國哈佛大學植物學家胡秀英博士合著的《華南暨香港四季花畫譜》（*Wild Flowers of South China and Hong Kong*，1987）認同香氏意見，採用「Phantom orchid」作英名，中文名「齒瓣鷺蘭」，但接下來無論「Phantom orchid」或「齒瓣鷺蘭」都被忽略不用，以不明所以之「鵝毛玉鳳花」取代；原生於北美西岸的全株白色的蘭花頭蕊蘭（*Cephalanthera austiniae*）今天卻真的採用了「魅影蘭／幽靈蘭」（Phantom orchid）一詞成為別名。

紅耳鵯

鵝毛玉鳳花

· 水 母 ·

泳季在 5 月開始，水母（Jelly-fish) 到 8 月至 9 月才多見。最常見的海月水母（*Aurelia aurita*）是直徑 4 到 8 吋的透明圓盤，向外幅射無數白藍或白紫色的觸手，觸手上的倒鈎不能穿透人的皮膚，所以對人無害；[144] 但一些其他品種含有刺絲細胞（nematocysts），雖極微細，可真不幸，數以百計的刺細胞，像排炮一樣，一整列或一整團排在觸手上，一旦被觸，數百數千劑微量毒液劑注入，其總和足以令人十分痛楚。

8 月某一天，我在南丫島游泳時，遇上深黃色大水母，我的右臂至肩膀被牠罩住。最初感到嚴重灼痛，就像被皮鞭重重抽打一下。我把牠扯掉，游上岸檢驗傷勢，只見上臂有一行一列粉紅色小水皰，大概一個水皰由一條觸手造成。其後整片粉紅色消退，但傷口仍然紅彤彤的。我再下水，痛如再螫，只好離開。[145]

第二天，我的手臂佈滿紅色鞭痕，脈搏跌至每分鐘 50 下，心情抑鬱又頭痛。直到第二天早上，鞭痕才漸漸消退，八個月後仍然有疤。我的傷勢其實不算嚴重，一位朋友曾向我展示三年前被螫傷的疤！螫傷的治療方法是用酒精稀釋鹼液（dilute alkali）塗傷口上，抹硫酸鈉（sodium thiosulfate）也可。[146] 據聞菲律賓海岸有一種水母名葉腕水母（*Lobonema smithii*），非常危險，在馬尼拉灣一天內，曾有九人被螫，其中一人更因此死去。

144　八大中國最常見水母之一的海月水母，目前成為水族界的寵兒。但是據網上資料，一旦按觸海月水母觸手，「立即會得皮疹，讓人痛苦不堪」。海月水母觸手上之刺細胞外有刺針，內藏刺絲及毒液，當刺針受到刺激時，刺絲就會在刺細胞中外翻出來，迅即刺入獵物體內，將毒素注入其中。

145　據香氏在第二段的描述及手繪插圖，刺傷香氏的水母可能是太平洋海刺水母（*Chrysaora fuscescens*）。從現代急救知識看，用海水沖洗傷口是正確做法，只是香氏應先去除觸手。2008 年 6 月 12 日，香港發行「水母」郵票一套六種，除包含上述海月水母及太平洋海刺水母外，另外的花帽水母、八爪水母、啡海刺水母、幽靈水母，其棲息地都不是香港。

146　現代急救知識沒提及用稀釋鹼液及硫酸鈉處理傷口。醫師洪子堯指出可用 45 度攝氏熱水浸泡一至個半小時，可加快毒素分解；或先用膠卡、刮刀配肥皂泡刮去刺細胞，後用海水而非淡水沖洗。浸醋適用於僧帽水母刺細胞。但果殼網網友 linki 則指出去除觸手，用海水沖洗後，「要抑制刺細胞的活性，用醋沖洗也是一個好方法 ── 但僧帽水母除外！」詳見洪子堯：《24 小時保命關鍵！第一時間該懂的外傷急救手冊》（台北：PCuSER 電腦人文化，2013）。

九月

September

人類遺傳自動物祖先的多種感官中，最不濟的，可能是嗅覺。魚類的嗅覺神經可能是進化的極至，靠它能找到食物和配偶。人類的嗅覺並不敏感，單靠嗅覺，可能什麼也找不到。敏銳的嗅覺對博物學家來說，重要性僅次於視覺。著名兒童小說《柳林風聲》（*The Wind in the Willows*）[147] 的作者、卓越銀行家格雷厄姆（Kenneth Grahame）寫道：

> 動物無時無刻感應環境，與其他生物互動交流，無論日夜，鼻子接收各種微細的呼召、警告、挑逗或拒絕。我們人類的感官不再敏感，只能用「嗅覺」這貧乏的詞語，去涵蓋這一系列纖細的顫動，再找不出另一字眼去表述。

有一次我領着一群長居城市的男女學生到野外考察，來到一幢坍塌的石牆前。我的嗅覺雖然不靈光，但仍嗅到蕁麻（nettles）的氣味。我問他們嗅到了嗎？他們說沒有。大家不期朝石牆後望，果然找到一小叢蕁麻。[148]

很多香花植物，如果停下湊近聞，你會發現它原來是臭的。靈貓（*Viverra civetta*）的分泌物實為惡臭，經加工才變香。香港有很多香花植物，也有一些是臭的，有些既香又臭。9月開的臭屎茉莉（*Clerodendron fragrans*），在林村谷村邊牆上或垃圾堆旁常見，2至4呎高，長出白或粉紅色像玫瑰的小花，淺聞有香氣，聞久了就覺臭。

另一普遍的香花是茜草科（Rubiaceae）攀援植物雞屎藤（*Paederia foetida*），[149] 香得可以用鼻子跟蹤採集。芸香科（Rutaceae）的九里香（*Murraya exotica*），[150] 中文名的含意是人在九里外也聞到香氣。一華里等如 1894 呎或 3.25

譯註

▼

147　故事主要寫癩蛤蟆靠祖傳家產過活，揮霍浪費，結果家業被壞人搶走。在鼴鼠、老鼠和獾的幫助下，智鬥黃鼠狼，奪回家業。蛤蟆改過自新。書中以細膩典雅的筆調描繪大自然風光，被譽為「英語散文的典範」。詳見 Kenneth Grahame, *The Wind in the Willows* (London: Methuen, 1908)。

148　查香港野外沒有蕁麻（nettles），只有「Ramie」，即蕁麻科苧（音柱）麻屬苧麻（Boehmeria nivea）。苧麻珍蝶是香港唯一的珍蝶，幼蟲只吃苧麻葉。據我接觸，苧麻並無特殊氣味。苧麻葉可當蔬菜食用，混合片糖、粘米粉、糯米粉、花生碎做成茶果。

雞屎籐

149　雞屎籐有強烈臭味，故名之，但做成茶果後臭味便會消失。雞屎籐藥用具袪風除濕，消食化積，解毒消腫，活血止痛等功效。我懷疑香氏在上文引述用嗅覺找到的是雞屎籐。

150　九里香又名七里香。

哩，可見其飄香能力驚人。九里香在中國野生，但在新界鄉村卻多屬栽種。

9 月至 10 月有兩種附生蘭開花，一種是流蘇貝母蘭（*Coelogyne fimbriata*），[151]
也是最普遍的石蘭，在開揚處成千長滿岩壁，山頂夏力道（Harlech Road）對上
石壁可見。

另一種是攀援的廣東隔距蘭（*Sarcanthus teretifolius / Cleisostoma teres*），它
與香港其他蘭花的樣子很不同，圓葉，有點似萬代蘭（*Vanda*），廣見於地上，樹
上更多，如林村路口那棵大樟樹便經常掛着。

9 月中某一天，我由錦田駕車回家，在元朗馬路旁發現一株奇特的禾本科植
物，檢視後確定是英國人稱為「約伯之淚」（Job's Tear）的薏苡（*Coix Lacryma-
jobi*）。[152] 這是我在新界首次見到，其後在粉嶺也有發現。薏苡每一束圓錐花序中
有一條褐色丫狀柱頭在底部長出，其餘是黃色雄蕊，其果可吃，可製頸鏈，菲律
賓人用線串成漂亮籃子。葉有黃紋，可作裝飾，南美人則吃它來治牙痛。

151　流蘇貝母蘭現只見於密林石澗隱蔽處。
中國科學院植物研究所程瑾（2009）指流
蘇貝母蘭能發出胡蜂喜歡的腐爛水果的氣
味，欺騙牠們前來授粉。廣東隔距蘭跟眉
蘭屬以假裝成某種昆蟲的雌性的外貌，吸
引該種昆蟲的雄性抱着唇瓣來交配，當雄
蟲做抽送動作時，帶走或放下花粉。蘭花
還扮成昆蟲的巢穴、產卵地或食物來欺騙
昆蟲和其他小動物幫它傳粉。據云世界上
有三分之一的蘭科植物擁有這種技倆，終
能衍生出二萬五千個物種，遍佈各大洲沙
漠、熱帶霧林、山巔、樹冠層，因為如此
智慧，被譽為植物中的「靈長類」。智慧與
美貌並重，香港兜蘭別名「香港小姐」，遂
有新解。

流蘇貝母蘭

152　薏苡在北區廣佈，在鄉村空地可見，表明
香氏甚少踏足北區。香氏一輩英國人稱之
為「約伯之淚」，譯者詢之以英裔老師，現
今一代已不這樣叫。「約伯之淚」源於《聖
經》〈約伯記〉，其中有人對神的質問及順
服的精彩辯論。薏苡屬植物原來有七種，
馬援薏苡（*Coix lacryma-jobi* var. *mayuen*
/ *Coix chinensis* var. *chinensis*）是栽種
種，殼（總苞）柔軟，用指壓則凹，脫殼
後就是我們常吃的白色薏米，中間有凹
糟。其他六種為野生，香港鄉村小路旁
及田邊常見的是其中一種野生種，殼（總
苞）堅硬，用指捎不破，我曾試用硬物鎚
爆後撕去數層種衣終見比米粒稍大的土黃
色薏仁，有不明顯凹糟，放入口咬爛可咽
下。《香港植物誌》只冠名「Coix lacryma-
jobi」，説它多栽種，可作食物及藥用，以逸
生而非野生形容。譯者種它在校園給學生
串手鏈及頸鏈，似乎沒有人為食用或藥用
而栽種它。

薏苡果

十月

Octoben

　　10 月野外，白背鹽膚木（*Rhus hypoleuca*）的花最奪目，一串串白色圓錐花序，密密開滿。其葉是奇數羽狀複葉，易於辨認。白背鹽膚木是漆樹科的一種，有毒，沾上皮膚，刺癢難當，不易治理，只能以肥皂水緩和，所以當它開花，或葉片轉鮮艷顏色後，不宜採集，除非你具備取汁不沾手的巧藝。此汁可製成漆。[153]

　　用作行道樹的白千層（*Melaleuca leucadendron*）原產澳洲，圓錐花序，像一枝洗瓶用的毛擦；樹皮質地似軟木栓，能層層剝開；葉能搾白樹油，也就是「神油」。[154] 白千層多種植在水稻田旁，是因為其根久浸水中不壞。[155]

　　栽培品種波羅蜜，更多人叫作「大樹波蘿」（*Artocarpus heterophyllus*），在本地也有野生品種，本月結果，果實像畸形的杏 [156]。

萬宜水庫白千層

譯註

▼

153 香港漆樹屬中唯木蠟樹（*Rhus*
    succedanea Linn.）才是割取樹
    汁製漆的品種。竹、木器物上漆
    後，耐久不腐，增加光澤，但我
    至今未讀過本地人採漆的記錄。
    遠藤敬《男的民族學 —— 山林
    篇》（2008）介紹日本信州職業採
    漆人每棵漆樹每天只挖一道溝，
    隔四天讓樹恢復後才再挖另一道
    溝，挖時避開主根那邊，不傷其
    大動脈，是為永續生產方法。日
    人對漆樹尊重尚且如此，如果採
    的是比漆貴重千萬倍的沉香呢？

154 白樹油及茶樹油有高濃桉葉素（cineole），會刺激皮膚，引起哮喘、低血壓
    及循環系統衰竭等症狀，使用 10 克可能引致中毒。

155 沙頭角、粉嶺、上水、錦田公路兩旁至今仍保留這批白千層，可以推斷之前
    公路兩旁盡是稻田。浸水不壞的白千層以城門水塘及萬宜水庫內的最為人知。

156 畸形的杏和大樹菠蘿沒有可比性，有可能是指榴蓮。

本月至 11 月開花植物中，最著名的是大頭茶（*Gordonia anomala / G. axillaris / Polyspora axillaris*），[157] 其學名為紀念英國園藝家戈登（James Gordon）而起。花和葉的樣子和山茶屬（Camellia）植物很似，都屬山茶科（Theaceae），但果實很不一樣，所以另立大頭茶屬。全球有二十種大頭茶，中國有六種，香港只此一種。大頭茶白瓣金蕊，很是美觀，但花只開一天。由於五塊花瓣和花蕊相連，所以凋謝時整朵掉落，不會落英片片。

常見的白楸（*Mallotus cochinchinensis / M. paniculatus*）也被叫作「Malays balek angin」，即「風轉背」的意思，這是由於其葉背銀白色，被吹動反轉，即閃閃發亮。此樹開圓錐花序花，有香氣。鶇科和其他鳥喜歡吃其黑色種子。

在港二十年，我曾收過諸種奇怪的禮物，某些我會接受，某些則拒絕。10 月某天我收到一隻長有四隻腳的小雞。我推斷牠是用來做測試的：

啟德機場跑道短，飛機起降有危險，因此要設計更安全的起落架。如果麻鷹和燕雀能在高速中安全降落，關鍵在於雙腿，那麼用四腿着地，一定更有效 [158]。有打油詩一首云：

機場名啟德
跑道短到眼都突
多得雞雀
裝備四腳
用後腳先降落

157 大頭茶「花冠大而華麗」,「在極惡劣的土質」甚至是採礦後地區仍能生長。此樹英文名「太陽蛋樹」(Fired egg tree),以其花貌名。有微香,用來伴碟更勝蘭花。除了在樹上看,更美的是在它人量掉落山徑、潭面、石上時。除觀花外,不妨在春夏等待它播種一瞬,果實裂開,附單邊翅膀的種子彈出,如直升機螺旋槳旋轉,飛到遠方落下。它是本地植林的常用種,經常連綿成林。曾在新西蘭奧克蘭一家民居門前遇上大頭茶盆栽,有他鄉遇故知之慨。

大頭茶

158 香氏為何經常收到禮物?為何拒絕接收四腳小雞?港大中文系講師陳君葆,取得相傳在全中國唯一一棵緬茄樹的一枚種子,透過當時中文系主任許地山送予香樂思。著名報人吳灞陵也曾將讀者在大城石澗捉來的香港瘰螈(葉靈鳳誤認為是娃娃魚)轉送香氏。范發迪《清代在華的英國博物學家》(*British Naturalists in Qing China: Science, Empire, and Cultural Encounter*, 2011)指出,很多人會主動送標本去給那些以其知識成就而享有盛譽的博物學家,贈者可能獲得以其名字為動植物命名為榮耀。四腳小雞是生物界常見的基因畸變現象,香氏拒絕接收自然是因為他不是少見多怪之人。「我推斷牠是用來做測試的」是香氏又一英式幽默,既不直指市民少見多怪,復對本來無關本事的社會議題予以抨擊。香氏曾對本地山火頻生、打獵成風、博物館落後發表意見,都不離他的專業範圍;至於機場跑道,因為他經常乘搭飛機往返香港,關心起降安全,也是可以理解的。

· 冬訪鳥 ·

秋天來了，北方候鳥一浪接一浪蜂湧而至，有的早在 9 月尾便抵步，某些則遲至 11 月。牠們在本地待到 3 月下旬至 4 月初才離開，以下開列的是好些歐洲人也熟悉的品種：鶇（Thrushes）、鴝（Redstarts）、歌鴝（Robins）、鴝屬（Chats）、鶲（Flycatchers）、鶯（Warblers）、椋鳥（Starlings）、鵐（Buntings）、鶺鴒（Wagtails）、鷚（Pipets）、蟻鴷（Wryneck）和夜鷹（Nightjars）等屬。在歐洲見不到的晝行鳥則有斑鳩（Doves）、鷗（Gulls）、鷸（Curlews）及其他水鳥如沙錐（Snipe）、鸕鷀（Cormorants）、雁（Geese）和鴨（Ducks）等屬，當中有一些歌喉很好，但有些品種在冬遷時不唱歌，如烏鶇（Blackbird）、歌鴝（Robin）和鶯（Warbler）；例外的是藍磯鶇（Blue Rock-thrushes），牠們在 4 月至 5 月離開前十日或一週，會邊飛邊唱，到距港不遠的廣東之南或福建繁殖下一代。

來香港過冬的鶇鳥分磯鶇和林鶇兩種。磯鶇當中的藍磯鶇（Blue rock-thrush）和栗腹磯鶇（Red-bellied Rock-thrushes）剛到達樹林時難以分辨，待到春天，藍磯鶇藍色或藍栗色繁殖羽出現，才可確認。白喉磯鶇較藍磯鶇常見。牠們可能在高地產卵，因為磯鶇在春天常見於大帽山。到了冬天，磯鶇在沿海岩岸很常見，會飛進沿岸人家或花園。至於栗腹磯鶇（Chestnut-breasted Rock-thrush），我們只記錄過一兩次。

林鶇（Woodland-thrushes）中以烏鶇（Chinese Blackbird）的觀察最富趣味。我已觀察記錄牠們經年。牠們整群而來，一兩星期後一小組一小組分開，到冬天便一隻一隻散走。牠們先棲於樹頂，繼遷到樹下矮籬花園。此鳥在香港鄰近地區如廣東下蛋，歌聲甜美，最常見的林鶇是灰背鶇（Grey-backed Thrush），飛行時現出鮮橙色邊，易於辨認，較少見的是烏灰鶇（Japanese Grey Thrush）。

北紅尾鴝（Redstarts）和歌鴝（Robins）等冬留鳥也值得研究。紅尾鴝（Daurian Redstart）每年都會在 11 月到訪，喜停駐在灌叢或低矮電線上搖尾，可快速上下擺動數分鐘。紅尾水鴝（Plumbeous Water-redstart）只能在有岩岸的河邊如林村谷見到。歌鴝（Robins）中以藍歌鴝（Siberian Blue-tail Robin）最常見。某幾年的冬天在新界港島很常見，有時則罕見。紅喉歌鴝／紅點頦（Siberian Ruby-

北紅尾鴝

藍喉歌鴝

throat）只見於新界荒郊林地。藍喉歌鴝／藍點頦（Red-spotted Blue-throat）[159]
則更罕見，只在米埔海邊有紀錄，在最寒冷的月份才最有機會看見。

· 晝行食肉猛禽 ·

　　尾部開叉的麻鷹／黑鳶（Black-eared Kite）是本地品種，是港口最常見的鷹，
食腐肉，會捉蛇。原生的白腹海鵰（White-bellied Sea Eagle）[160] 在聖誕節前下蛋。
鶚（Osprey）也是原住民，但我們未找到牠的蛋作實。

　　遊隼（Eastern Peregrine Falcon）有時留居，曾有在獅子山築巢的紀錄。有
一年，一隻可能是白腹山鵰（Bonelli's Eagle）的鷹在青山高處築巢。白肩雕
（Imperial Eagle）[161] 和蛇雕／大冠鷲（Chinese Serpent Eagle）都可能是原住民，
有紀錄為證，但香港太細小，容不下太多對白肩雕。

　　其他的晝行食肉猛禽都是冬訪鳥，秋天來，4月去。冬天到新界遠足，很可
能看見一對一對的遊隼（Peregrine）。燕隼（Hobby）在港島林地較少見，在香
港仔後山谷最可能出現。我們沒有目擊灰背隼（Merlin）的紀錄，但冬天有可
能在新界出現。紅腳隼（Red-legged Falcon）[162] 是罕見的候鳥。紅隼（Japanese
Kestrel）則很普遍，以捕食草蜢、蝗蟲、蜥蜴為生。叢林山火後，常見一隻
到數隻隼在火場上空盤旋，捕食在火場中跳逃出來的蝗蟲。緬甸隼（Burmese
Kestrel）[163] 體色較黑，也更罕見。

　　鷂（Harrier）是很有代表性品種。最常見白腹鷂／澤鷂（Marsh Harrier），當
夾雜 Striped Harrier [164] 時難辨，尤其未成熟前。看鷂最好在深灣（Deep Bay）。
在此地有目擊烏灰鷂（Montagu's Harrier）的記錄。白尾鷂（Hen Harrier）有
可能來訪，而鵲鷂（Pied Harrier）則是常客，雄性較易辨，牠有黑白羽衣和珍珠
灰尾。

　　普通鵟（Japanese Buzzard）有時在冬天很常見，可據其圓尾與翅下黑白紋及
翱翔姿態辨別。日本松雀鷹（Asiatic Sporrow-hawk）也是常見冬訪客，但數量不
及隼多。此鷹會攻擊籠鳥。有一次我收到一隻死鷹，附着這張便條：

159　據尹璉等《香港及華南鳥類》（2008），鶇科包含鵲鴝、歌鴝、紅尾鴝，燕尾、地鶇、磯鶇等屬凡 41 種。

160　白腹海鵰是本港的留鳥，只有約十對在香港繁殖，大約三十多隻在香港生活，棲息在西貢、石鼓洲、青洲、龍鼓洲等地。牠們一般會在崖邊大樹或岩石上築巢。白腹海鵰選定伴侶後終身不離，冬天回老地方築巢，共同養育雛鳥。

161　白肩雕是瀕危物種，冬天自中西亞、東南歐遷徙到非洲、印度、中國、香港。奧匈帝國的君主曾經將白肩雕選做紋章上的動物，所以英名中有「Imperia」一詞，今日在奧匈已幾近消失。白肩雕定時在米埔出現，照片可到香港觀鳥會網站找到。

162　擬即阿穆爾隼（Amur Falcon）。

163　或是指猛隼（Oriental hobby），但沒收錄於《香港鳥類圖鑑》。

164　現時把 Marsh Harrier 和 Striped Harrier 視為同一種。

麻鷹

白腹海鵰

紅隼

　　這隻鷹是我射死的。我習慣把我家金絲雀籠掛在後園。今天下午一時，我看見這隻鷹站在鳥籠上，把弄已死的金絲雀。我不知道牠是怎樣殺死金絲雀的。牠只顧把弄，不知道我就在跟前，所以才被我殺死。

　　鳶（Kites）也常被投訴會獵殺禽畜。此外鵟（Buzzards）和隼（Falcons）一有機會便會抓小雞。我曾親眼見過一隻鵟，從藏在一棵高樹上的鷹巢裏，靜悄悄地飛出來，降到鄉村地堂，在人和狗來救駕前，把小雞捉去。我也曾多次看過遊隼（Peregrine）高速捕獵小雞，英勇果斷，沒半分猶豫。有一次朋友聽到窗外喧聲，探頭一看，一隻巨鳥黑影掠過地上，只見一地鳥羽。原來是一隻鷹剛攻擊一隻走出雞棚的成熟母雞，牠嚇得竄回雞棚，在慌亂中忍不住痾了一隻蛋出來。

　　有一次我們在船灣附近遠足，稍息時，看見一隻鵟，就在我們頭上拍翅飛過，用牠廣闊的扇尾保持平衡，倏地進入一股熱氣流，翅不拍一下，全身便螺旋而上，翱翔天上，不消一會，升到高空，影像細小得看不清牠的翹尾，也看不到其翼底黑白斑。

　　某年 4 月 2 日早上，我在薄扶林目擊一項奇觀，一大群樣子像鷹的猛禽，在頭上盤旋向北而去，數一數總共三十六隻，或更多，在摩星嶺（Mount Davis）盤旋，不久離去。牠們很可能是紅隼（Kestrel）。我也在其他地方見過較細群的猛禽，當中有鵟，牠們不是秋天剛抵步，就是準備春天往北飛。

猛䳎成群盤旋

十一月

November

本地最吸引的山茶科植物是香港茶（*Camellia hongkongensis*），約 14 呎高小樹，在 11 月開花至翌年 3 月中，花直徑 2 吋，蕊鮮黃，瓣桃紅。此樹最早在 1849 年由陸軍中校 Lt. Colonel Eyre 記錄了三棵，感謝百年保育有功，今天在舊香港仔道頂已有數百棵。

山茶有多個白花品種，其中包括罕有的油茶（*C. drupifera / C. oleifera*），開 3 吋大花，有微香。我只曾在赤柱半島黃麻角山邊見過數株。

較常見的小花品種是柳葉茶（*C. salicifolia*），葉片如柳，三四吋長。長在開揚處的柳葉茶，比長在蔭處的較強壯。香港仔有一叢，因為長在高大常綠林下，所以連花也不開。長在大帽山 3,000 呎開揚岩坡上的，由 11 月至 2 月初都花大如斗。

Camellia hongkongensis, fruits

香港茶

在飛鵝嶺及其他山地，以前曾有農人種植茶樹，[165] 但都限於很小範圍。有時栽成灌木的茶（*C. Thea / C. sinensis*），[166] 可見於山村或山徑旁，也在 11 月開花。

山茶家族有小灌木細齒葉柃（*Eurya japonica / E. nitida*），常見於山頂山坡，

譯註

▼

大帽山北麓茶田

165 英國東印度公司自 1717 年起自中國用白銀購買茶葉，廣州、新安等地開始生產專供外銷的茶葉。考古學者韓義理（C. M. Heanley）（1935）認為大帽山北麓較大規模茶田，是在 18 世紀初茶葉價格高時期開闢的，但到了 19 世紀末，福鈞把茶樹帶到印度大量種植後，茶價驟降，種茶無利可圖，因而被廢棄。香氏文中「以前曾有農人種植茶樹」指的就是此一時期。19 世紀尾茶價何以驟降？原來英國不想流出白銀，除了在印度種鴉片運到中國賺回白銀外，又在 1848 年派福鈞（Rober Fortune，見第三章〈植物與植物學家‧香港植物學家〉一節）到中國收集茶樹、茶種、製茶工具、機器，又帶回茶農、茶工，傳授技術，在氣候及土質跟四川相近的殖民地，即印度的阿薩姆邦、大吉嶺及錫蘭等地，建立茶園，到了 19 世紀末已能大量生產，取代中國茶葉，因此中國茶價驟降。大帽山北麓茶田亦於此時被捨棄。

166 茶樹（*Camellia sinensis*）下分茶（小葉中國茶，*C. sinensis var. sinensis*）、普洱茶（大葉亞洲茶，*C. sinensis var. assamica*〔*Masters*〕Kitamura）、白毛茶（*C. sinensis var. pubilimba* Chang）和苦茶（*C. sinensis var.* kucha）等四個栽種種。

茶花

在 11 至 12 月開大量小而綠色的單性花，雄花被
鮮橙色花粉履蓋，很易辨認，花有強烈臭氣，味
如三碘甲烷。[167]

　　多年生的王爺葵（*Tithonia diversifolia*），[168]
別名「墨西哥太陽花」，形如放大的雛菊，花蕊奶
黃色。早於世紀初，已在香港落地，在山頂大片
生長，新界路邊一些地方也有。王爺葵在日照較
長的夏天生長，在日照較短的秋冬開花，是短日
照植物的上佳例子。

　　常春藤科（Ivy）的代表常春藤（*Hedera
helix*）在香港野外不存，只作園藝種植，但在
山頂地區卻可能逸生。鵝掌籐樹（*Heptapleurum
octophyllum*）是野外常見品種，屬五加科
（Araliaceae）。月蛾的幼蟲很喜歡吃它。鵝掌柴是
一種小樹，葉掌狀，共八片，揉破後可聞到強烈
的長春籐氣味，花也似長春籐，但長成一大束。
鵝掌柴 11 月開花，常吸引數以百計的蝶、蜂、蠅

細齒葉柃

鵝掌柴的蜜源，成為昆蟲在
秋冬季的重要食物。

167 化學式為 CHI_3，有甜味和刺激性氣味。相關化學品為碘仿，在 20 凵紀初開始用作傷口防腐藥，現已棄用。

168 新界村旁荒地常見王爺葵生長，總愛大片大朵生長。但近年大量批建丁屋，相信會愈來愈難見到。

王爺葵

聚集。中國婦女會折其枝取汁塗髮，此舉不僅比購髮油省錢，且更有效云。

· 秋色 ·

到了 11 月，某些樹木和灌木如秋楓（*Liquidambar formosana*）、漆樹（Sumacs）、烏桕（Tallow tree）、巴豆（Crotons），攀籐如野葡萄（Wild vines）等，葉色變得多彩悅目，直至翌年的 3 月至 4 月才枯脫。

本月秋色未是最濃，但楓香（*Liquidambar formosana*）在 11 月中已換上金裝，很快轉黃色，最後轉銅色。楓香又名「遠東洋桐木」（Far Eastern plane tree），在戰前有很多，戰後在大埔仍有剩餘，在新界一些風水林內也有保留。港島上的楓香全是栽種的，除植物公園外，其他地方也有。種名 Formosana 的意思是「美麗」，分佈於日本至南中國，其木材可用來製作棋子。

漆樹科（Sumacs）有羽狀葉，像英國的梣樹（Ash）。木蠟樹／野漆樹（*Rhus succedane*）光滑的葉片在本月轉胭脂紅色，果實會在 12 月成熟，一串串掛在葉下。白背鹽膚木（*R. hypoleuca*）的葉底白色，葉面由鮮橙變深紫。第三個本地品種鹽膚木（*R. semialata / R. chinensis*）的葉在本月會轉成深紅色。

烏桕科（Tallow）有兩種，不難分辨。烏桕（*Sapium sebiferum*）葉呈菱形，

楓香

木蠟樹／野漆樹

在荒田邊出現的烏桕林及烏桕葉特寫

如歐洲山楊;山烏桕（*Sapium discolor*）的葉則是橢圓形的,葉面會由綠漸轉成胭脂紅,葉底褐啡色。

　　林村谷村邊,長出有毒的巴豆（*Croton tiglium*）,其種子是最強力的催瀉劑。這種灌木習性和葉形都似丁香（Lilac）,葉在 11 月始轉色,最後變成最美的銅綠色。林村谷滿佈紫葳科的木蝴蝶（*Oroxylum indicum*）,村民每年也替這種小樹剪枝。葉落後,莖上會留下疤痕。此樹在晚上開花,味奇臭,卻深得蝙蝠偏愛。木蝴蝶葉片在 11 月轉為紫啡色,有時更變成橙或黃色,儘管你在遠處,也醒目可見。

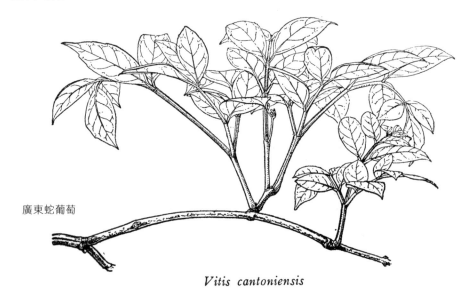

廣東蛇葡萄

Vitis cantoniensis

　　本地有多種野葡萄（Vine）,其中至少兩種在冬天葉色鮮艷。廣東蛇葡萄（*Vitis cantoniensis / Ampelopsis cantoniensis*）羽狀葉轉深紅;角花烏蘞梅（*Vitis angustifolia / Cayratia corniculata*）的掌狀葉轉黃紅或橙,攀附石上或其他植物,在某些地方長得十分繁茂,為地景增色。

　　11 月,罕見的紫紋兜蘭 / 香港拖鞋蘭（*Paphiopedilum purpuratum*）[169] 開花,長 3 吋,綠底紫紋,在幽蔭溝壑有落葉堆積的石上生長,見於港島畢拿山（Mount Butler）、紫羅蘭山和新界的馬鞍山。此蘭像其他蘭一樣,不可採摘,應留予其他人欣賞。

169　紫紋兜蘭（*Cypripedium Purpuratum*）。
杏樂思（1930）在紫羅蘭山澗畔石
上發現約二十棵紫紋兜蘭，希望香港
的紫紋兜蘭，不要跟英國的杓蘭（*C.
Calceolus*）一樣，被過分採集而變得罕
有。觀乎今日情況，香氏不幸言中。香
樂思（1930）介紹説它由蜂來傳播花粉，
據劉仲健等（2004）在深圳梧桐山四年
來對 407 基株的研究，紫紋兜蘭會用無
償的方法欺騙雌性和雄性短刺刺腿食蚜
蠅，而不是蜂，來幫助傳粉。欺騙雌性
的方法有二，其一為唇瓣會發出輕微氣
味，其二為花瓣長出點點，囊瓣中央更
長出大量黑栗色斑點凸起，模擬大群蚜
蟲。因為食蚜蠅幼蟲以蚜蟲為食物，雌

性食蚜蠅便以為該處適宜產卵而降落。欺騙雄性的方法則是位於唇瓣口的退
化雄蕊，偽裝成雌性食蚜蠅，吸引雄食蚜蠅降落交配。無論雄雌，都會滑落
唇瓣內，必須通過僅容它通過的基部通道才能逃逸，而在逃逸時必先接觸柱
頭然後才碰撞雄蕊，這樣花粉就可以避免落自己的柱頭上。紫紋兜蘭的花冠
設計顯示其智慧，而具美貌，被外籍人士譽為「香港小姐」，實至名歸。

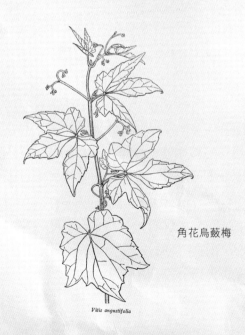

角花烏蘞梅

Vitis angustifolia

· 蝴蝶大會 ·

英國昆蟲學家寇沙（J. C. Kershaw）在他的著作《香港蝴蝶》（*Butterflies of Hong Kong*, 1907）提及，某些蝴蝶品種會在 11 月群集，在 12 月尾解散。我曾在 1 月見過鱃藤／榊葛（Anodendron）開的花特別吸引蝴蝶。喜歡群集的品種包括擬旖斑蝶（*Danaus simiilis / Ideopsis similis similis*）、黑脈金斑蝶（*Danaus plexippus*）和藍點紫斑蝶（*Euploea midamus*）。11 月某天，大嶼山一個石溝墾一邊長有很多開花的鵝掌藤樹（*Heptapleurum octophyllum*），樹上密佈蝴蝶，經我們兩人估算多達二千隻，其中大部分是黑脈金斑蝶（*Danaus plexippus*），上面提及的另外兩種蝶佔少數。[170]

· 十一月的鳥 ·

本月不再需要為觀鳥而風塵僕僕，只消找個合適的地方坐下來，靜觀細聽，每有所獲。1939 年 11 月，我和一位朋友來到屏山濕地以西的輞井半島，選了一個理想地點，就是河邊最高處。我們在此午膳，下面是一條穿過林地的古道，通到一百碼外的鄉村。因為河岸太深，以致我們連一個過路人都看不到，連在下面覓食的豬也看不見。我們後面是待收割的蔗田，右面林地邊，是一塊休耕地。前面有一棵紫珠（Callicarpa），果實正由綠轉紫。後面是大榕樹，遠些便是林地。太陽曬暖我們的背，我們靜靜地吃三文治，這平靜來得不易，因為不遠的邊境以外的中國，戰聲正起。

忽然一抹鮮艷的顏色閃過，一隻雄性白腹藍姬鶲（Japanese Blue-and-White）在老榕樹選擇了一條愜意的枝幹，銜住一條蟲，跟我們共晉午餐。幾分鐘後，一塊美麗的落葉吸引我們的目光，其艷彩與暗綠榕葉對比強烈，誰料這是另一隻鶲（Flycatcher），日本歌鴝（Japanese Robin Flycatcher），其體色與英國歌鴝（English Robin）相若，使我們恍如一下子回到地球另一邊。這是一種比白腹藍姬鶲較細小的品種，更容易與環境融合。

還有其他鳥來探訪我們，如黃腰柳鶯（Pallas's Willow Warbler）與綠繡眼

170　2001 年 2 月我與葉子盛、葉子林兄弟走貝納祺徑下塘福，轉到一段，路上有大量死去之擬斑蝶，好奇心驅使下，鑽入右邊（即石壁水塘一邊）雜有數株高大樹木的灌叢，驚見樹木枝幹上密密麻麻停滿數千斑蝶。由於樹上沒開花，可確定群集不是為了圍食，而是為了越冬。子林當時任職記者，把此消息告之當時香港鱗翅目學會主席饒戈。饒戈（2004）指出，本港十二種斑蝶中除金斑蝶及絹斑蝶外，都有群集越冬習性。斑蝶 11 月至 1 月在分流、小冷水、石壁水塘、深水灣後山谷群集越冬，數量由五千到數萬隻。Kershaw 見到蝴蝶在 11 月群集 12 月尾解散，一個可能的解釋是南遷蝶群以香港作中途補給站。

鱔藤

紫珠花

（White-eye），但我們一心一意找尋那嬌小的紅黑色啄花鳥（Flowerpecker），我們知道牠就棲息在林內，現下四處找尋午餐。

鴉（Crows）和喜鵲（Magpies）功過參半，功是食腐肉和捕蛇，過是掠奪其他小鳥、食其蛋鶵。11月某天，我在粉嶺一小山頂下望連綿的田疇，觀察一大群鴉和喜鵲，點算到二十二只喜鵲和四隻大嘴烏鴉。我嗅不到腐肉味，但知道一定是有什麼強烈氣味吸引這一大群鳥聚集。食腐肉的鳥如鴉類，可在海邊地區如沙頭角海、大埔墟見到，因為這些地方為牠們供應食物。我一位朋友1月尾在沙頭角海見到在港很稀有的禿鷲（Cinereous Vulture），當時和一群大嘴鴉（Jungle Crows）混在一起，附近想必有動物腐屍。被羈留在赤柱的日子，偶爾由營房下望海邊，我也曾見到一隻飽足的禿鷲（Vulture）向我們打招呼。

我的朋友有天在太平山頂看見一對喜鵲，殺了一條碩大的眼鏡蛇，這的確是難得一見的場面。我知道有一對白頸鴉（Collared Crows）在硫磺海峽（Sulphur Channel）到薄扶林之間的地區棲息覓食。大嘴鴉（Jungle Crows）則未見於港島，在林村谷或海邊，偶然可以見到一隻或一對。

喜鵲在冬天是群居的。在港島遇上漂亮的紅嘴藍鵲（Chinese Blue Magpie）的機會比在新界多。我曾在一個冬日遇過多達十八隻的一群長尾藍鵲，真是美妙。美中不足的是，牠們會破壞許多種雀鳥的巢，若有一對飛來你花園，牠們會地氈式搜查一草一木，把搜到的鳥蛋幼雛吃掉。此鳥喜於枝頭追逐呼叫。牠們的叫聲多變，富旋律，「pit-pit-pi-churrah」是其中曲目之一。

· 稻米收成 ·

第二造稻米收成，始於10月10日，終於11月尾。農人用農具把收割後留下的殘株犁入未變硬變乾的泥漿裏，成為肥料。如果缺水，或沒有人力灌溉，那就把泥挖起，堆成田壟。這時農人會在田床上，用番薯莖插枝。因泥土仍有濕氣，所以容易生根，如果水分充足，就不種番薯，改種蔬菜。戰前某些地方，在兩造番薯之間種豆。我懷疑這是由日本傳入的輪種方法。豆科植物的根瘤菌能為泥土固氮，加強肥力，成為肥料，供給番薯生長。

大嘴鴉捕得一條小蛇，正打算送給伴侶。

稻米穎果

十二月

December

本月各種灌木和攀緣植物，結出不同形狀、不同顏色的果實。

果色	植物名稱	特徵
紅	多個冬青科品種（*Ilex*）	灌木，很普遍。
	硃砂根 *Ardisia crenulata*（*crispa*）（*Ardisia crenata*）	蔭生，小灌木，很普遍。
	草珊瑚 *Chloranthus brachystachys*（*Sarcandra glabra*）	蔭生，小灌木，很普遍。
	菝葜 *Smilax China*	攀緣，有捲鬚，具刺，普遍。
	蘿芙木 *Rauwolfia chinensis*	山頂矮灌，有一對卵形果實。
紅黃	九節 / 山大刀 *Psychotria elliptica*（*Psychotria rubra*）	樹籬小灌木，普遍。
紅紫	假鷹爪 *Desmos cochinchinensis*（*Desmos Chinensis*）	山邊灌木或攀緣。
橙	馬錢 *Strychnos*	兩種，灌木或攀緣，開揚山坡，普遍，果實如小橙。
	山橙 *Melodinus*	三種，攀緣，果實如硬橙，普遍。
	雞眼藤 *Morinda umbellata*	山邊攀緣，普遍。
	山橘 *Atalantia Hindsii*（*Fortunella Hindsii*）	開揚山坡灌木，卵形果，普遍。
	梔子 *Gardenia jasminoides*	山坡灌木，六稜的胞果，普遍。
奶白	鯽魚膽 *Maesa sinensis*（*Maesa perlarius*）	蔭生，山邊灌木，普遍。
	山油柑 *Acronychia laurifolia*	山邊高灌木。

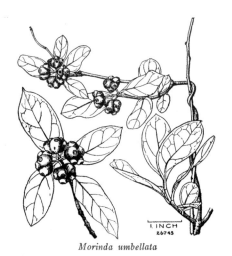

雞眼藤

Morinda umbellata

果色	植物名稱	特徵
白	穿根藤 Psychotria serpens	山邊樹或石上攀緣，普遍。
	紫珠 Callicarpa	山邊大型灌木，普遍。
藍	常山 Dichroa febrifuga	山邊矮灌木，微濕蔭生。
紫	紫珠 Callicarpa	山邊灌木及樹籬。
紫紅	山菅蘭 Dianella nemorosa	山邊常見藥草，葉如鳶尾。
黑	酒餅簕 Atalantia（fortunella）buxifolia	開揚山坡灌木，卵形果，普遍。
	小果柿 Diospyros vaccinoides	開揚山坡矮灌。
	車輪梅 Raphiolepis indica	山邊常見灌木。
	菝葜 Smilax	攀緣，部分卵形，普遍。
	披針葉茉莉 Jasminum paniculatum	山邊頗普遍攀緣，破開後現出色彩艷麗的種子之果實。
綠與紅	光葉海桐／崖花子 Pittosporum glabratum	蔭生小灌木，黏性種子。
黃與紅	南蛇藤 Celastrus	兩種，山邊溝谷攀緣。
	中華衛矛 Euonymus chinensi（Euonymus nitidus）	山邊灌木（10月結果）。

車輪梅

GA.C.H. 8-12-46   1. INCH

Raphiolepis indica

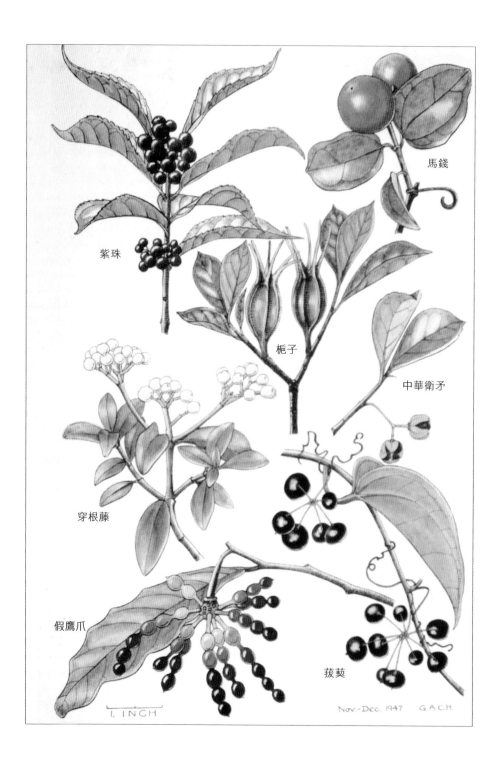

馬錢

紫珠

梔子

中華衛矛

穿根藤

假鷹爪

菝葜

1. INCH

Nov.-Dec. 1947   G.A.C.H.

山菅蘭

山油柑

毛冬青

鯽魚膽

蘿芙木

小果柿

I. INCH　　Dec. 1947　G.A.C.H.

草珊瑚果

本地有九種冬青（Hollies），[171]但沒有一種的葉似歐洲冬青（*Ilex aquifolium*）那樣多刺。香港的冬青全在冬天結漿果，有的紅，有的黑。結滿果子的枝條是絕妙的家居擺設，自大學到薄扶林的引水道兩旁長有很多。長得最似英國冬青（*Ilex aquifolium*）的，不是冬青，而是草珊瑚（*Chloranthus brachystachys*），一種矮小灌木，長在蔭濕溝壑，如大潭水塘附近，數量仍算多。

硃砂根（*Ardisia crispa / Ardisia crenata*）無疑是最佳的紅色漿果植物，也是矮小灌木，在林蔭下有很多，在較少日照的向北山坡尤多。把它種在盆中，掛果期可長達數月。硃砂根的葉似尖矛，很特別。這一品種在毛里裘斯（Mauritius）的林中野化，全年結無數漿果，耀眼奪目。

本地唯一菝葜科品種是菝葜（*Smilax china* L.），結紅漿果，也具裝飾價值。金剛籐枝莖多刺，要小心處理。在香港的開揚矮坡有很多。

在 7 月開黃色香花的攀緣植物假鷹爪（*Desmos cochinchinensis*），到現在結出一束如串珠之莢果豆，由綠轉黃、轉橙、轉紅，最後變成紫黑色。

硃砂根果

在南灣和中灣溝谷生長的灌木現在也結出很多漿果，十分吸引。其中一種是梔子花（*Gardenia jasminoides*），開香花後結六稜胞果，由綠轉黃或紅，可製成水溶性染料。在其他山谷可找到馬錢屬（Strychnos），其中一個本地種是牛眼馬錢（*S. angustiflora*），狀如小橙，果肉可吃，可千萬別吃果內一對有苦味的種子，連鳥兒也知道它有毒。它的種子樣子奇

譯註

▼

171　現時香港植物名錄載香港冬青科植物二十一種，外形似歐洲冬青的是紅果的
　　　鐵冬青，因此被認為是荷里活道（冬青林道）一名之由來。譯者著有〈荷李
　　　活道命名考〉（未刊稿），提供不同意見。

假鷹爪果

牛眼馬錢果

特，圓形而一邊略平，初生時如披綠灰絲絨。另一品種傘花馬錢（*S. paniculata*）較小，只有一枚種子，在九龍山生長，在港島有沒有則忘記了。

另一結橙色果的是金橘屬（*Fortunella hindsii*）的山橘（*Atalantia hindsii*），多刺，果小。野生的柑橘果可食，但果實只半吋長，核很大，要用它做一杯果汁，要採很多才夠。較常見的近親是酒餅簕（*Atalantia buxifolia*），其刺遠比前者長，其果黑色，味甜，但核大，低矮山坡到海岸都常見。

山邊常見攀緣植物山橙（*Melodinus suaveolens*），開白色香花，到冬天結出大而硬的橙色果，不可吃，但可作中藥用，嫩果或葉遭損傷後，會分泌白色粘液。鯽魚膽（*Maesa sinensis / M. perlarius*）枝條鬆脆，結出大量奶白色漿果。與柑橘同屬芸香科（Rutaceae）的山油柑／降真香（*Acronychia laurifolia / A. pedunculata*）果實結在枝末，黃白色，半吋長，在太平山北坡可見。

在歐洲，聖誕節時用作掛門裝飾的檞寄生（Mistletoe），在本地不常見。被稱作「香港檞寄生」的是蔓九節／穿根藤（*Psychotria serpens*），實與檞寄生無關。它會攀石爬樹，漿果渾圓亮白。另有同科常見品種山大刀（*P. elliptica*），在林中蔭處或樹籬生長，其漿果紅一顆，黃一顆，長成一叢。兩品種似乎都在 12 月時最美。

紫珠（*Callicarpa tomentosa*）是大型灌木，葉上有絨毛如天鵝絨，在山谷中常見，如克頓道底下。它的種子和果實小如子彈，果肉是不透明的白色。

山菅蘭果

穿根藤果

山橘果

紫珠果

雖然開藍花的植物有不少，但大多結黑果，只有一種結藍色漿果，那就是常山（*Dichroa febrifuga*），虎耳草科八仙花（Hydrangea）屬的一種，其色鮮藍，而非紫藍，小花可用作裝飾。它長於山頂道、九龍山及大帽山頂，最近我在愛丁堡植物園溫室[172] 也看到它的藍花和藍果。

至少有一種紫珠科植物（Callicarpa）結鮮艷的紫粉紅或紫漿果，那就是白棠子樹（*Callicarpa dichotoma / C. purpurea*），在大埔附近有很多。在英國，人們為了欣賞紫色果實而種植中國品種紫珠，在皇家植物園空地，我曾見過。

結惹人注目的紫色漿果的還有山菅蘭（*Dianella nemorosa*），全株看來有點似鳶尾，花長在長梗柄上，藍白色，形如小星，結出深紫漿果。可惜此果容易墜落，並不適宜作插花材料。

本地有兩種南蛇籐（Celastrus），都是攀援植物，結很多黃或橙色果。待果皮破開時，可見顏色鮮艷的種子。青江藤（*C. Hindsii*）的球形蒴果三分一吋長，全橙色，果殼破裂，會分成三分，露出一顆鮮紅種子。在鶴咀可見。

我見過攀石而生或長成矮叢的獨子藤（*C. Championi / C.monospermus*），葉暗綠有光澤，蒴果半吋長，有三個凸起的角，黃綠色，成熟時果皮破成三分，露出三顆鮮紅種子，蒴果內部色如餅乾。在太平山、砵甸乍山及其他地方均見，在廣東一帶也有很多。

很多本地灌木或攀援植物開白、紫或藍色花，結黑色的果，如金剛籐、披針葉茉莉花（*Jasminum paniculatum*）和小果柿（*Diospyros vaccinioides* Lindl.）。有些植物的果皮不爆開，種子不顯眼，如光葉海桐 / 崖花子（*Pittosporum glabratum* Lindl.），花香果綠，果皮爆開，才露出亮紅帶粘性種子，它是山邊最常見的灌木，於蔭谷和北坡尤盛。最普遍的是中國衛矛（Chinese Spindle-tree）。英國衛矛（Spindle-tree）結玫瑰色果，破開時露黃白色果肉，種子鮮紅，有毒，假種皮；中國衛矛的果肉綠黃色，臘質，披鮮紅假種皮。假種皮這術語可能較冷僻，用荔枝來做說明最容易明白。假種皮是種子之柄頂部向外增生，把種子全部或部分包圍的地方。荔枝可吃的部分，便是假種皮。香料之中的肉豆蔻，圍繞種子生長的紅或橙色果肉，也是假種皮。

172　愛丁堡植物園溫室是世界著名的五大植物園之一，位於蘇格蘭，園內收集保
　　　存了三萬四千種活體植物，有超過二十五個用於展覽或進行科學研究用玻璃
　　　溫室，是外國收錄最多中國野生植物物種的植物園。從「在港島有沒有（散
　　　花馬錢）則忘記了」、「最近我在愛丁堡植物園溫室也看到（紫珠）」等文句，
　　　可見香氏寫本篇時身在英國，卻常思念香港，似乎香港才是他的故鄉。

· 十二月的鳥 ·

12 月，所有的冬訪鳥皆已抵步，還未到的，就太遲了。現時去觀鳥，會看見很多罕有品種，尤其是由南中國飛來的一群。觀鳥可以到屏山去。

12 月 12 日，一隻長途跋涉的大鳥在屏山警署附近稍事休息後，飛往濕地。我們趕忙跟蹤，像獵犬一樣，走過犁過的田，穿過荊棘林，繞過甘蔗田，跨過崎嶇不平的荒地，但這一切都是徒然，因為我們追逐的目標，飛行速度快如鐵鳥。幸好牠後來又在我們頭頂劃過，這次牠距離我們很近，當時附近恰巧有幾隻鳶貼着牠飛，所以我們可以看到，牠展翼時，展翼比鳶還要長。在 1 月 4 日，我又見到一隻。牠就是黑鸛（Black Stork）。[173]

2 月 24 日，走了數哩，直到返回屏山附近乾旱稻田，仍沒有遇見一隻想見的鳥。說時遲那時快，一隻鵲鷂（Pied Harrier）、七隻黑鸛（Black Storks）、一隻鶚（Osprey）以及一隻澤鷂（Marsh Harrier），全在地上休憩。鸛（Stork）群佔據正中心的位置，其中五隻站立，兩隻坐着。當我們走近，牠們便很有禮地站起來。鸛的頸和上胸黑色，腹部白色，呈大 V 字狀，嘴和腳黃色。其後一年的 1 月，我又見過一隻鸛。

12 月 16 日，在后海灣西南角，一隻大鳥突然在我們頭頂飛起，在濕地中消失。我們來不及確認，有人呼牠鴨（Duck），有人叫牠鸕鶿（Cormorant），所以這鳥暫時被我們記錄為「鴨鶿」（Duck-cormorant）。後來牠折返，我們觀察到牠拍翅頻率高，長頭，長嘴，頭兩側白色，始知是紅喉潛鳥（Red-throated Diver）。牠飛到海中礁石上，與另外兩隻同類會合。2 月的一天，在拜亞士灣（Bias Bay，現大亞洲）和哈林灣（Harlem Bay）[174] 之間，我再次看到六隻紅喉潛鳥。在此隆冬季節，牠們的喉上的紅斑消失，除了頭部兩側保持白色外，連腹肚也變白。冬天，鸕鶿（Chinese Cormorant）常在海邊礁石現身，在 4 月離開，飛往北方築巢。3 月，在大嶼山東北，我曾見過最大的一群，有四五十隻，棲息在礁石上，在海面低飛，其白斑顯眼。

夜鷺（Night Heron）在本地很罕見，除了在繁殖季，當牠與其他鷺鳥一起築巢時，才可在鷺鳥林一見。偶然會有一對夜鷺在鷺鳥林外築巢。此鳥日間睡在樹

173 黑鸛全球僅存數量不足三千隻，在內地極為少見。照片詳見 http://www.
   shidutour.com/lygl/youji/20100404_144.html

174 見第四章〈行山遠足〉註5。

鸕鷀 夜鷺

白胸翡翠

上，近黃昏時，在稻田或泥灘覓食。有一次在 12 月中，我在后海灣西南一個小灣離海面四呎的樹叢上，數得三十八隻。1 月 4 日重臨，數得六十三隻。現知道全港的夜鷺在冬天時都會到那裏去。

12 月第二個星期中的一天，我再造訪元朗附近的小村落米埔。我們坐艇出海，經過泥床與蠔田，看到磯鷸（Common Sandpiper）和其更大型近親白腰草鷸（Green Sandpiper），這兩種很可能是全港最美的水鳥。藍翡翠（Black-capped Kingfisher）在窺覦獵物。此鳥本是訪鳥，竟留在此處過冬。白胸翡翠（White-breasted Kingfisher）和小翠鳥（Little Kingfisher）也可見，大的捕蟹或草蜢，小的潛進溪池和海中捕魚。最大的斑魚狗（Chinese Pied Kingfisher）也在捕魚。我們又發現兩隻青足鷸（Greenshanks）。泥灘上有數隻三趾濱鷸（Sanderling）在散步，有時會與磯鷸（Common Sandpiper）結伴同行。

濕地之趣，少不了蠔和採蠔者的份兒。採蠔者駕駛設計特別的泥橇，[175] 一隻腳跪在橫木上，手扶着一根直木；另一隻腳踏在水中推。他們居於后海灣華界，採蠔時，泅水渡琛圳河來到港境，把泥橇推到英界這邊的蠔田。[176] 泥灘上還有成千上萬的蟹和彈塗魚。四隻鷸鳥在紅樹林起飛，轉瞬消失。

我們走到屏山街市，看到兩隻斑嘴鴨（Yellow-nib Ducks）和兩隻鵲鴨（Golden-eye），以及一隻綠翅鴨（Green-winged Teal / Common Teal）。

又入大埔街市，如入大觀園，總共看到四隻小靈貓（Little Spotted Civets）、一隻果子狸（Gem-faced Civet）、三隻鼬獾（Ferret-badgers），以及不少淡水龜鱉，包括金錢龜（Gold-coin Terrapin）和烏龜（Chinese Terrapin）各十隻。[177]

磯鷸

175　泥橇形狀如一個「上」字，用一橫一直兩根木頭構成，便於在泥灘上滑行。
　　　相傳由明代將領戚繼光發明。

176　另有資料顯示，內地人可能只是跨境勞工：廈村友恭堂在 1727 年自清廷購
　　　得深灣蠔塘營業權，1842 年後改與港府立租約，繼續經營，租予深灣蠔民，
　　　當中包括居於華界者，見馮志明（頁 61）。1949 年 10 月 1 日前，中港雖有
　　　邊界，但無圍網，防守不嚴，港人與內地人身份不分，可自由在兩地居住及
　　　工作，直至 1950 年代起，政局動盪，有越境殺警事件，港府才逐漸加強防
　　　守，設立禁區及「麥景陶碉堡」以作監視。詳見阮志：《從沙頭角蓮麻坑村
　　　說起》（香港：三聯書店，2012），頁 267—268。陳秉安（2010）p. 9 指中
　　　方村莊有田地在港，港方村莊有田地在中，兩地農民常要過河對岸去插田割
　　　禾，收工晚了不便回家，便在對岸搭篷過夜。據說較寮村一地便是埧圳羅芳
　　　村農民當年搭篷處，故得名。

177　香氏為什麼以大埔街市待宰野獸名單結束歲時記？那是對第一章〈一月〉歲
　　　時記開篇對大埔街市待宰野獸名單的呼應。香氏在本書原著〈序言〉說「記
　　　錄 20 年在香港快樂生活」，在〈一月〉歲時記又說寫野外日誌「不記俗務，
　　　只錄下大自然給你的樂趣」，其實不可盡信。「這裏有太多自以為是的狩獵
　　　者，見鳥就殺，剝奪雀鳥生存權」，是他當年的憂慮源頭。今日有比狩獵者
　　　兇猛有力得多的人士在伺窺，以致明目張膽地毀滅棲地及物種。無論是作者
　　　或讀者，對野外香港只能是「喜憂參半」，於今尤烈。

第二章
Chapter 2

動物專題
The Mammals of Hong Kong

導讀

妻女之愛與地方之愛

第二章，香樂思主要寫香港的哺乳類、鳥類、爬行類、水生動物及昆蟲，依然穿插人物、故園、勝境、民俗描寫，加上集中營回憶及（當時的）生物學新知。原書出版後近七十年，仍不斷有大學及官方學者、業餘博物學家繼續調查研究以上主題，今日看這些動物資料，未免感覺單薄不全。

可是我們仍然被此書萬般吸引，這是因為正如香氏在第一章所做，他把自己與該物種有關的真實經歷，不論是在工作、在考察、在遊玩或只是路過之時：包括家裏、學校、野外、街市，還是赤柱集中營各處；網羅妻女、博物學同好、大學學生、集中營難友，以至於普羅基層諸眾，兼容自己的或別人的趣事、怪事、美事或糗事，不忌不諱，坦蕩寫出。段義孚認為，地方感是由人的心性（Mind）運作而成，賦空間予人文意義、形成親切經驗。因為香氏上心，他筆下的香港不再只是用作匿藏、跳板、冒險家樂園，獲利後逃之夭夭，而成為可供棲居，適宜落地生根的地方。我認為在這一點上，英國塞耳彭（Silborne）的自然史資料未免顯得枯燥。

上一章〈一月〉歲時記中，么女對種子很感興趣，香氏便任由么女在他工作桌上取走標本，並為她搜集梔子染毛巾；在本章中他進一步搜集箭豬箭、鐵線蛇送她，「可讓她帶回學校炫耀」，愛女之心洋溢。在本章〈昆蟲與爬蟲·天蛾〉一節：

> 我發現窗前伏着一隻剛完美羽化的鬼臉天蛾，馬上叫醒已上床的女兒下
> 來，看牠胸部的骷髏圖案，此蛾因此得名。我輕撫牠，牠便吱吱叫，旋飛

走，一邊飛，仍一邊有力地叫。我的小女兒一旦下了床，便沒有愛睏要回床的心思 —— 人生就是這樣子。

這一段我認為是全書最美妙的描寫之一，充分表達共同擁有生物親緣本能的兩父女之間的心靈相通。世間大部分父親不會為看鬼臉天蛾叫醒女兒，大部分女兒不會歡迎為看鬼臉天蛾而被叫醒，惟有博物學家香氏敢為、博物學家之女歡迎，如此親女關係，如此博物情懷，人生夫復何求。

充滿閨房記趣情調的一段在第一章〈五月〉歲時記：

我住薄扶林時，在五月天的一個早上，便聽到至少有九隻鷓鴣在對唱，向他們太太說：「Come to the peak, Ha, Ha!（來山頂啦喂！）」…… 黑枕黃鸝以四音節唱：「Oh! Where are you?（喂！你在哪裏？）」他太太回答：「Oh, there you are!（啊，你在這處！）」喜鵲…… 唱歌；黑臉噪鵑…… 滔滔不絕；山後畫眉哼有旋律之歌。我欠身打了一個呵欠，我太太說：「Here's your cup of tea, dear（這裏正合你意）！」，新一天又開始了。

令香氏自己體悟「人生就是這樣子」，被枕邊人評論為「這裏正合你意」，可見香港對香氏而言已非異域空間，而因香氏之心性運作，蛻變成可供棲居的地方，這地方已經不只是香氏熟悉、歸屬、認同的地方，香氏已開始依賴她，一如對英式奶茶之依賴，不忍捨棄。

香氏在第三章〈香港植物學家〉一節多次寫到植物學家的妻子：

俄羅斯漢學家貝勒（Emil Bretschneider）就紅花荷也有美談：「這植物由占殷及其太太於 1849 年 4 月 18 日在香港維多利亞要塞發現……」植物學家虎克（W. J. Hooker）寫道：「我們命名此品種，以向可親的及多才多藝的 Champion 太太致敬。Champion 太太對植物的偏愛一若對先生的一樣多，多次陪伴他遠足採集植物……」

我懷疑厚斗科石柯（Quercus Elizabethae）是德邱以他的妻子之名命名……

鄧恩亦發現多種新植物，其中兩種以他妻子命名，那就是漂亮開大白花的莫氏含笑（*Michelia, M. Maudiae*）……另一種是箬竹／簦竹（*Phyllostachys Maudiae*（*Arundianaria hindsii / Pseudosasa hindsii*））。

我想香氏寫下這些句段時，一定想起自己妻子不止多次陪伴他遠足採集植物，為未能以太太之名命名自己發現的香港植物新種遺憾。彌補方法是寫作《野外香港歲時記》獻給她，見本書的〈獻辭〉：

獻給　我親愛的妻子，海枯石爛的旅伴，見第 19 頁（即本書第 85 頁）

我們揭到本書第 85 頁，果然見到香妻清麗的樣子，更且香肩半露！

香妻見到後，會怎樣對待香夫？香氏寫作本書，只為博紅顏一笑／一打？香港曾經出過這樣一個享盡天倫之樂的家庭，成為世界最宜棲居地方當之無愧矣，而香氏對香港之愛，與他對妻女之愛，已經滲合融和，密不可分。

香港的哺乳類
（不包括蝙蝠和鯨豚）

中文名稱	英文名稱	學名
鼩鼱科 *Soricidae*		
臭鼩 / 臭鼴	Large Musk Shrew or House Shrew	*Suncus murinus*（Linn.）
猴科 *Cercopithecidae*		
恆河猴	Rhesus Monkey	*Macaca mulatta*（Zimmermann）
鼬科 *Mustelidae*		
鼬獾	Common Ferret-badger	*Helictis moschata moschata Gray*
犬科 *Canidae*		
野狗	Wild Red Dog	*Cuon javanicus lepturus* Heude（*Cuon alpinus*）
赤狐 / 紅狐	South China Red Fox	*Vulpes vulpes hoole* Swinhoe
歐亞水獺	Eastern Chinese Otter（Eurasian Otter）	*Lutra lutra chinensis* Gray
靈貓科 *Viverridae*		
小靈貓	Rasse or Litter Spotted Civet（small indian civet）	*Viverricula malaccensis malaccensis* Gmelin（*Viverricula indica*）
大靈貓 / 中國靈貓	Chinese Civet	*Viverra zibetha ashtoni* Swinhoe
果子狸	Masked Palm Civet / Gem-faced Civet	*Paguma larvata larvata*（Hamilton Smith）
食蟹獴	Crab-eating Mongoose	*Herpestes urva*（Hodgson）

中文名稱	英文名稱	學名
貓科 *Felidae*		
華南虎 豹 豹貓	South China Tiger Leopard Chinese Small Spotted Tiger-Cat	*Felis tigris amoyensis* Hilzheimer *Felis pardus fusca* F. A. A. Meyer *Felis bengalensis chinensis* Gray
穿山甲科 *Manidae*		
中華穿山甲	Chinese Pangolin	*Manis pentadactyla dalmanni* Sundevall
鼠科 *Muridae*		
小家鼠 褐家鼠（褐鼠／溝鼠） 黃胸鼠（屋頂鼠） 板齒鼠（鬼鼠）	Common House Mouse Brown Rat or Sewer Rat Buff-breasted Rat Smaller Bandicoot Rat	*Mus musculus* Linnaeus *Rattus norvegicus* Berkenhout *Rattus rattus flavipectus*（Milne-Edwards） *Bandicota nemorivaga*（Hodgson）
豪豬科 *Hystricidae*		
豪豬（箭豬）	Porcupine	*Hystrix*（*Acanthion*）*subcristata* Swinhoe
儒艮科 *Dugonidae*		
儒艮	Dugong	*Dugong dugong*（P. L. S. Müller）
鹿科 *Cervidae*		
黃麖	Reeves's Muntjac / Barking Deer	*Muntiacus reevesi*（Ogilvy）
豬科 *Suidae*		
野豬	Wild Boar	*Sus scrofa chirodonta* Heude

臭鼩 / 家鼩 Large Musk Shrew, *Suncus murinus*（Linn.）

家鼠（house mouse）在本地罕見，我一隻也未曾搜集過，甚至未曾見過。[1] 這是因為家鼠的地位已被體形更大的臭鼩[2]取代了。英國作家吉百齡（Rudyard Kipling）作品〈貓鼬〉[3]（*Rikki-tikki-tavim*）其中一個角色就是臭鼩，牠能放出臭氣，在屋內奔跑時，發出如錢幣互碰之聲，因此在一些亞洲國家被稱為「錢鼠」。牠的主食是昆蟲。野外香港沒有野生老鼠（mice）、田鼠（voles）或鼴鼠（moles），因為一旦引入，便被本地眾多蛇類吃清光。臭鼩得以存在，可能是因為臭[4]得連蛇也難以下嚥。可我仍在一條青竹蛇的胃中見過臭鼩。臭鼩長嘴上有鬍子，利齒會咬人，尾長，基部粗厚，尾端變尖，光禿禿的，上有短毛。耳橢圓、齒白。頭連身長 6 吋，尾長 4 吋。[5]

獼猴 Rhesus Monkey, *Macaca mulatta*（Zimmermann）

不到一百年前香港處處是猴。1866 年，博物學家郇和（Swinhoe）[6]曾記錄，「在香港大多數小島上」可見猴蹤。1870 年為之命名「*Macacus Sancti-johannis*」:「此種石猴（Rock Monkey）可以在香港附近多數的小島上發現。它們頗似印度種的恒河猴（Rhesus），尾巴特別短 …… 常見被破成兩半曬乾的猴乾，掛在香港和廣州藥材店的天花板下；猴骨也被當作藥材。」

現時仍可在香港以南的擔竿群島（Lema Islands）[7]發現猴子。港島大潭水塘在 1947 年也有紀錄。我偶爾在山頂或深水灣河谷見到牠們，這些猴子未知是否原來野生族群的後代。可能是郇和所指的石猴，但未確定。香港原生的猴類是獼猴，分佈的廣泛，從印度以至中國長江以南都有。

新界城門谷的猴子並非原生種，乃是第一次世界大戰期間，有人把豢養過的猴子在此放生，由此繁衍成族群。[8]

在日佔期間，城門谷林木被砍伐殆盡，倖存的猴子四散，因此在新界多區都有猴子出沒的報告。[9]直到漁林部在水塘植林成蔭，牠們重回故地，像其父母一樣享受人類的飼餵。應否讓這些猴子繁衍下去，一直有爭議。星加坡植物園的職員就認為，猴子破壞植物，對植物園造成滋擾。[10]

譯註
▼

1　香氏未曾搜集過甚至未見過家鼠，是因為香氏生活圈子只限於衛生良好的高尚住宅（薄扶林碧麗園）與工作環境（香港大學）。20 世紀初在華人集中地太平山街曾爆發鼠疫，以及 1950 年代街燈掛老鼠箱收集市民捕來的家鼠，都能證明香氏居港時期在平民百姓生活的地方都不難見到家鼠。

2　哺乳綱食蟲目鼩鼱科臭鼩，「鼩」粵音「渠」keoi4，本地圍村人稱為「臭鼱」（「鼱」粵音「烝」zing1），絕不會把它和老鼠混淆。在分類上，老鼠屬哺乳綱嚙齒目，而臭鼩屬食蟲目。

3　吉百齡《叢林故事》短篇〈貓鼬〉的主角 Rikki-tikki-tavi 被洪水沖到一家白人家庭門口被收養。貓鼬得到臭鼩的情報，殲滅了眼鏡蛇一家，保護了主人。故事刻劃眼鏡蛇惡毒形像，易使讀者，尤其是兒童，形成凡蛇該死的刻板印象。故事印證了香氏「老鼠被蛇類吃清光。臭鼩得以存在，可能因為臭得連蛇也難以下嚥」的提法。

獼猴

鼬獾 Common Ferret Badger, *Helictis moschata moschata* Gray

鼬獾生性好奇，體小如兔。面中間有白斑，似小獾，氣味似白鼬。學名中 Moschata 一詞意即「面罩一樣的斑」。本地人叫牠「果子狸」，最愛熟木瓜。本地人經常把牠與幼小的五間狸混淆，而又叫五間狸做「果子狸」。其實鼬獾的前腳爪遠比後腳爪長，這是五間狸沒有的特徵，[11] 鼬獾以此挖根或塊莖為食。幼鼬獾可馴養，長大後卻像狼獾（Wolverine）[12] 一樣野性難馴。

野狗 / 野犬 Wild Red Dog, *Cuon javanicus lepturus* Heude

本種是印度紅犬（Dhole）的分支，吉百齡（Kipling）在《莫格利》（*Mowgli*）[13] 故事系列中有一篇名為〈紅犬〉，使牠揚名世界。在印度，紅犬成群狩獵，在新界未見有大族群，只三至四條一組。曾有人在啟德機場、九龍山、大帽山、青山等地見過牠們，我卻連一條也未見過。目擊者說牠們的毛是紅色的，遠看像德國牧羊犬（Alsatian dog），但腿較短。常見牠們在海邊流連，可能是在找蟹、死魚和其他食物吃。不要把這種野狗同那些在港島野化及繁殖的家犬如德國牧羊犬和鬆獅犬混淆。[14]

赤狐 / 紅狐 South China Red Fox, *Vulpes vulpes hoole* Swinhoe

棲居在南中國丘陵的南中國紅狐，是歐洲紅狐的分枝，兩者樣子相似，惟前者色較淺，鼻兩邊沒有黑點。側額和大腿有較多灰毛，前腿黑毛稍淡，身上紅色調中比歐洲品種少了一分黃褐，多了一分栗紅。南中國紅狐頭連軀幹長 26 吋，尾連突出的毛端計算長 16.5 吋。在港島新界出現，但不常見。[15]

歐亞水獺 Easter Chinese Otter, *Lutra lutra chinensis* Gray

本地品種是歐洲水獺的分枝，曾在港島出現，但我沒最近的記錄。可能在大嶼山出現，更常出現於后海灣地區。除了獵人外，很少人見過牠，在本地受法例保護。[16]

4 盛和林（2005）指受臭鼩驚時會分泌臭液以退敵；石仲堂（2006）指麝杏腺能分泌獨特而類似汽油的味。

5 盧文（Mr. J. D. Romer）1967 年在香港發現食蟲目鼩鼱科（Soricidae）另一品種灰麝鼩（*Crocidura attenuata*）。

6 郇和（Robert Swinhoe，1836－1877），或譯斯文豪，英國外交官，博物學家。被譽為「迄今最成功的自然探索者之一」，很多台灣生物的學名都留其名。

7 擔竿群島是香港之東南的一組島嶼，2013 年有獼猴一千三百隻。同年伶仃島九百隻、上川島一千多隻，二洲島二百多隻。

8 饒玖才（2003）指 20 世紀初及 1950 年代初，也有人在此放生猴子。前者引證香氏「一次世界大戰期間」說法。

9 1993 年九龍丘陵地總數六百九十隻，另外一百一十隻主要分佈在禾坑谷地和西貢東，共八百隻。

10 饒玖才（2003）解釋，建九龍組水塘時，有人怕馬錢掉水中會污染水源，便放入喜吃馬錢果的獼猴（恆河猴）。2012 年調查總數約二千隻，分別組成二十九個猴群。

11 據祁偉廉（2008），鼬獾八成以上食物是是蚯蚓、甲蟲成蟲幼蟲、馬陸、蝸牛螺類。據石仲堂，鼬獾受驚時肛門香腺會放出臭味，又會把鼻子拱進鬆土中嗅聞，分泌濃烈臭味。據孫啟元（2003），鼬獾晚 6 朝 6 出現，除西貢東及青山地區外，於大部分郊野可見，圈養壽命十二年。

12 狼獾（Gulo gulo）又稱貂熊，獨行，其長爪可捕食狐狸、野貓。善長途奔走、游泳和攀爬，機警兇猛，力氣大。美國漫畫《變種特攻》（X-Men）中，最重要角色 Logan，被香港媒體譯做「狼人」，原名是「Wolverine」，即狼獾。和「狼人」相應的其實是 Werewolf / Wolf Man。根據歐洲的民間傳說，狼人能隨意或者身不由己地變成狼的人，會吃活人或動物生肉，對月亮長嚎。台灣媒體譯 Wolverine 做「金鋼狼」，「金鋼」指其長爪，雖仍分類為狼，總比香港媒體譯做「狼人」較有常識。

13 莫格利是由狼養大的男孩，是吉百齡《叢林故事》第二部〈森林王子〉的主角。在〈紅犬〉一集他利用毒蜂消滅入侵森林的紅狗群，被認為是九篇故事中最精彩的兩篇之一。

14 「紅狗」就是豺（Cuo n alpinus）。豺比狼小比狐大。沈石溪有短篇《逼上深山的豺》，故事中被人類養大的豺，因被眾狗及鄰人排擠，雖自斷蓬鬆大尾，扮成狗樣，逢迎乞求，仍不受接納，最後帶領野豺群襲擊村寨報復。

小靈貓 Little Spotted Civet, *Viverricula malaccensis malaccensis* （Gmelin）

小靈貓與鼬獾的分別是，前者如貓一樣擁有帶毛的腳掌，鼬獾的腳掌沒毛；小靈貓前腳爪和後腳爪同樣長，鼬獾前腳爪比後腳爪長。小靈貓與貓的分別是，小靈貓比貓的臉長，牙齒更多，上下顎每邊小臼齒不少於三枚，大臼齒不少於兩枚。腿相對身軀比例比貓顯得短。腳爪也不像貓一樣完全伸縮自如。貓沒有牠強烈的香腺。小靈貓全身灰色，佈滿黑斑點或斑紋，毛長而蓬鬆。

本地最常見的靈貓無疑是小靈貓。無論在港島還是新界，在車上常見牠在路上走過。追尋牠留下的氣味，可以得知牠們常到哪些地方去。小靈貓以小鳥、蛙、鼠為主食，也吃果子和種子。如果幼小時被馴養，可當做家貓，但會搗蛋，用屁股對着陌生人射出臭液，氣味數日不散。華人以豬內臟飼之，使快高長大。

華人名之為「七間狸」。灰色身軀背上正中部分有五至八條縱向黑斑，向兩邊延展碎成多列斑點。尾有八個黑環，間以白或淺黃色。成年小靈貓身長 21.5 吋，尾 13 吋，全長 34.5 吋，重 6.5 磅。

小靈貓

牠是華人的野味，其味道之美，比其他另外兩個本地品種的靈貓，更受推崇。[17]

大靈貓 / 中國靈貓 Chinese Civet, *Viverra zibetha ashtoni* Swinhoe

是印度靈貓的分枝，是三種靈貓中體形最大的一種，但也可能較稀有。跟其他靈貓一樣只在夜間出沒，但甚少在路邊見到。素食，尤好熟木瓜。

民間名為「三間狸」或「大元帥」，大概因其喉部有明顯斑紋如徽章。由頭頂至喉嚨計，先有一條黑紋，然後是白紋，繼之是窄黑紋，接闊黑紋，之後是白紋，最後是窄黑紋。體色灰黑及白，兩頰黃褐色，肚灰及白色。尾巴黑白相間成

15 據葉靈鳳，在 1953 年前，曾有人在新界梅子林打死一隻母狐狸，又據 P. Marshall（1967），1965 年有兩隻狐狸在港島被放生。但一隻其後被車輾斃，另一被非法用陷阱捕獵。相信牠們是香港最後兩隻野生狐狸。石仲堂（2006）《香港陸上哺乳動物圖鑑》沒收錄紅狐。

16 據石仲堂，歐亞水獺生性佻皮好玩，圈養壽十二年。據孫啟元（2003），水獺在晚上 8 時至早上 1 時最活躍，至 6 時後消失，只在米埔有記錄。童年時住在錦田附近的作家陳雲，說他在家居附近河溪也曾見過水獺。

17 據石仲堂（2006），小靈貓尾有黑環六至十條，肛門附近有香腺。愛在空曠路面排便。圈養壽命十年。

闊闊的六七道圈子。背上有一條黑紋，從腦門一直通至尾巴最上兩個白環。腰腿有六條浪條紋，四條清晰，兩條矇矓。腳很黑。在城門捕獲的一隻，我量得頭連軀幹 27 吋，尾 17 吋，總長 44 吋，重 17 磅，據說可重達 50 磅。[18]

果子狸 / 花面狸 Gem-faced / Masked Palm Civet *Paguma larvata larvata*（Hamilton Smith）

是本地最漂亮的靈貓，但我想也是最罕有的一種。如果幼小時被馴養，長出長灰毛和白臉，會成為很討人歡喜的寵物。我記得有一位新界華人，養了三隻大果子狸，以米飯飼之。果子狸素食，尤愛木瓜和香蕉，喜棲樹上，習性夜行。

中文名為五間狸，與其他靈貓不同的是其尾巴無環，身上無斑無條。頭、頸背至肩部黑色，額前至鼻心有明顯窄白斑。眼下有白斑。眼上也有白斑，連至耳下，又向下延至兩頰，形成半個軸環。尾基部及上部灰色或黃灰危。腳及尾端黑色。

歐人或華人都很容易把牠和鼬獾混淆，因為斑紋相似，但果子狸體型較大，且前足爪沒有鼬獾長。[19]

食蟹獴 Crab-eating Mongoose, *Herpestes urva*（Hodgson）

可能非常罕有，但因為牠是夜行動物，所以很難知道牠的罕有程度。我曾在港島見過一頭，在新界未嘗一見。

牠比所有靈貓都更細小，尾基部以最突出的毛端計，比其他靈貓更寬。上部淺黃色，長毛黑中混白，所以看上去灰色。腳較黑，尾較白，唇喉至肩可能有白斑。身長 20 吋，尾 9 吋，共 29 吋。[20]

華南虎 South China Tiger, *Felis tigris amoyensis* Hilzheimer

差不多每年冬天，都有一兩隻華南虎來到新界，通常是雌老虎，有時獨行，有時帶着乳虎同行，通常逗留不超過三日兩夜。華南虎只消走四十哩已能由大亞灣後的荒野走到大帽山或九龍山。由於逗留時間短，加上發佈消息人士予以誇大

18　石仲堂《香港陸上哺乳動物》（2006）未收錄大靈貓。

19　據石仲堂（2006），果子貍尾部有香腺，可分泌濃烈麝香，與伴侶及幼兒
　　覓食同棲，是在香港已知唯一會使用生物通道的大型哺乳類動物。圈養壽命
　　二十年。

20　據石仲堂（2006），食蟹獴尾部有香腺，可射出惡臭液自保，擅泳，懂
　　得把食物如蝸牛、鳥蛋撞向碎石，破殼取食。圈養壽命十二年。據孫啟元
　　（2003），食蟹獴僅於紅花嶺、烏蛟騰以東、沙螺洞出現，會到溪流或水潭中
　　覓食，善游泳；以淡水蝦、蟹、魚、蛙、昆蟲為主食。

和以訛傳訛，讀者應對傳聞抱懷疑態度，我調查過真有其事，才肯相信。1915年3月8日，有一隻老虎在粉嶺[21]咬死了一名歐籍督察 Sergeant Groucher 和兩名印度差人。[22]後來這隻老虎給警官寶靈翰（Mr. Burlingham A. S. P）打死了，我手頭有案件檔案的副本，若我沒記錯，當時流傳這老虎死前曾到港島和大嶼山去。[23]自此便時有傳聞，如1925年有多個個案指見到帶乳虎的母虎或公虎在新界出現。

1929年12月29日下午，一農婦騎牛往鳳園時，華南虎在距鳳園一哩外草崗跳出，把牛咬至重傷，牛掙扎一百碼後躺下死去，督察 Tuckett 到場，驗實牛屍上有老虎咬痕。同日下午，在兩哩外的叉坑，[24]亦有報告發現虎蹤。

1931年1月4日，有人在大埔墟附近的泮涌，發現母虎帶着兩隻乳虎。

1934年11月2日，荃灣老圍發現前夜有一隻重80磅的豬被拖走，第二天在草堆中發現死者的一隻腳，接着又有三隻重20磅的豬被殺。荃灣警署當值人員目擊殺手腳印。月尾，川龍村民又失去一隻大豬。翌日人們看到村狗叼着失豬頭。12月30日，在雨中，三男人在大窩村後前往 'Tang Um'（大菴）[25]打鷓鴣時，其中一人說聽到虎嘯，接着的一分鐘內，一位客家樵夫聽到另一下虎嘯，並見到三個男人四五百碼外，跟隨一隻老虎，走入山邊密林。此處只距荃灣老圍3哩遠。[26]聽見虎嘯的獵人翌日又說在29日看見老虎追黃麖，黃麖被嚇得竄入大路

21　詳細地點為龍躍頭。1 月時曾現於坪洋。

22　龍躍頭村民被虎咬傷，英籍警官入村調查時被虎咬至重傷，延七日後死。增
　　援人員趕至其中兩印度差人當場被咬死。

23　據 *The Hong Kong book of Records*（1979）1915 年 3 月 8 日之虎身長 8 呎
　　6 吋，尾 3 呎 1 吋，高 3 呎 4 吋，重 289 磅，其頭掛在警隊博物館至今。另
　　據葉靈鳳（1957），大嶼山曾屢次發現虎蹤。鬧得最厲害的是 1911 年。

24　據饒玖才（2001），叉坑即今泰亨。

25　原文為 Tang Um，譯者推斷是大菴「Tai Om」的誤錄。大菴位於大帽山北
　　山麓。為打獵由荃灣走到林村，一如今日為拍昆蟲雀鳥照由荃灣走到林村一
　　樣，並不稀奇。

26　3 哩即 4.8 公里，依據「距荃灣老圍 3 哩」一項推斷，以老圍為圓心，用 4.8
　　公里為半徑劃圓，圓周上最宜老虎棲息範圍，無疑是城門郊野公園東北方向
　　大城石澗河谷及兩旁山嘴，細看今日地圖，果然有「虎蹤徑」與圓周相切。
　　虎蹤徑一名由來，亦呼之欲出爾，亦可憑香氏紀錄追溯得知，「虎蹤徑」一名
　　來自 1934 年事件。

邊 30 碼外村中豬欄，被村人捕捉。老虎沒入村，只是在附近菜田低吟，其腳印長 7 吋半，體重估計 200 磅。

這頭老虎其後再出現兩次。首先，一個客家婦人砍柴回來，遇見這隻老虎，這畜牲圍住她打圈，婦人嚇得沒有主意，便將手中鐮刀和挑柴的擔竿亂舞，居然將老虎嚇跑了。後來這婦人在警署被問話時，驚魂未定。1935 年 1 月 28 日，牠再探老圍，但找不到食物，然後便消失了。接下來的三個月牠不尋常地棲息在大帽山，後來有傳聞牠跨境至梧桐山，殺了一頭小公牛。

某天一位警察朋友用電話通知我，看見兩隻老虎，在只距市區一至兩哩的九龍水塘。我派了兩名華人手下到現場套取足印，他們完成任務歸來，無疑是老虎腳印。

我們被日軍囚於赤柱時，正好有老虎在該地出現。從此黃昏時在集中營走動很危險，因為守衛很緊張，一有可疑，便會向我們開槍。後來發現老虎腳印，我檢驗過確是。故事傳開，老虎進入集中營，被射擊，且在中文或日文報紙有死老虎的相片。這相片我看過。人們繪形繪聲說是家養走失的，[27] 奇怪的是，很少人認為牠是北來訪客，泅泳橫渡維港到港島。

1947 年 11 月，香港天主教教區主教 [28] 告知我，他有一天看見一隻大貓或老虎走過他位於沙田的花園，並附六吋長足印的一比一繪圖。縱使是主教的證供，但很多人仍懷疑。[29]

豹 Leopard, *Felis pardus fusca* F. A. A. Meyer

豹在本地比虎更罕見。在八仙嶺仙姑峰下的涌背村，村民習慣在林中裝機關捕獵黃麖。1931 年 12 月 20 日，一位村婦聽到動物中伏的聲音，通知村民前來收穫。一名肩上放了麻袋想要抬走黃麖的男人，卻成為獵物！原來機關夾住一隻豹的左腳掌，豹咬斷了連着機關與大樹的繩索，但已被夾跛了。豹跳到男人頭上抓傷其臉及頭。

大戰因此展開。村民回村請救兵，該村共有三人擁有來福槍，來人把牠擊斃，繼後分贓糾紛。槍主認為豹身是他們的，搞定後豹被分拆成皮、肉、骨、頭

27 據葉靈鳳（1952），戰爭爆發時，正有一個馬戲班來到島上。Dan Waters 在 *Porcupine!*（No. 26, 2002）指出嚴穆生（Geoffrey Emerson）在其論文 "Stanley Internment Camp, Hong Kong, 1942—1945"（HKU, 1973）説此虎後被在囚的牛奶公司屠夫 B. W. Bradbury 屠宰。*Hong Kong News*（31 May 1942）報告此虎為雄性，重 240 磅，身長 6 呎，尾 19 吋。印籍守衛稱，曾見其配偶及兩隻雛虎。此虎之皮仍存於赤柱天后廟。

28 1947 年香港主教是生於意大利米蘭之恩理覺（Valtorta, Enrico，1883—1951），他 1907 年來港及華南傳教，1927 年曾説服督憲金文泰派戰艦「天使號」馳海陸豐親自搶救被共黨分部判死刑的黃子謙牧師。恩理覺主教在港的社會事業甚多，包括醫院、小兒調養所、英文中學、公教真理學會和公教進行社等。

29 1947 年 11 月沙田之老虎，可能就是方外行在香港《野外》雜誌報道〈沙田今昔 11：沙田大圍之打虎英雄〉的那一頭。最近一次虎蹤見 Jonathan Downes 在 *Porcupine!*（No. 26, 2002）引述 John Luff 指，1965 年 7 月，女拔萃高班學生在大帽山腳旅行，發現老虎。

骨、牙齒、爪來拍賣，村民共得港幣 150 元（約 15 英磅）。豹皮屬村民所有，由
沙頭角警署代為保存。我得到警官 Coleman 同意，檢驗豹皮，並拍照記錄。豹皮
完好。該豹由頭至股長 4 呎 2 吋半，尾 2 呎 4 吋。[30]

豹貓 Chinese Small Spotted Tiger-Cat, *Felis bengalensis chinessis* Gray

是唯一本地野生貓科品種，大小悉如家貓，與家貓的分別是耳後的白斑，和
鈍鈍的尾梢。豹貓毛黃土色，全身分佈斑點與紋條，尾有十個或以上的碎黑環。
頭連身長 2 呎，尾佔 1 呎。豹貓是台灣及南中國記錄得最多的野貓。棲於樹林，
野性難馴，被關起來會變得很暴躁。豹貓身手敏捷，攀爬靈活，可能以鳥類為主
食。我曾在 1940 年 3 月研究及拍攝一隻在西貢捕獲的豹貓。雖非常見，但其皮
肉有時會在大埔墟及元朗墟擺賣，據此可推斷牠可能廣泛分佈於新界。本地人稱
牠「貓狸」。[31]

中華穿山甲 Chinese Pangolin, *Manis pentadactyla dalmanni* Sundevall

是中國哺乳綱動物中最初等的，也是亞洲動物中唯一的貧齒目物種。屬貧齒
目三個亞目之一，與犰狳同目，但不同科。[32] 犰狳只見於新世界，穿山甲只見於
舊世界。[33] 穿山甲在非洲有三種，印度一種，馬來亞及中國各一種。印度和中國
穿山甲前腳爪比後腳爪長一倍。本地品種耳朵雖小，但很顯眼。

穿山甲最大特徵是身披鱗甲。其鱗甲並非像犰狳由皮膚變成，而是像犀牛一
樣由毛髮粘合而成。穿山甲無牙齒，所以不能咬食硬物。管狀嘴能伸出長舌舐食
白蟻成蟲及蟻、蜂、寄生蜂幼體（但不吃其成蟲）。為取得獵物，用長而有力的
爪挖開泥土，快速伸縮濕舌，把獵物粘進口中。其尾尤其尾端強而有力，能捲住
樹枝，方便攀爬。在陸上行走時，以前足爪端掌邊着地。遇險時，會蜷成一團，
以鱗甲保護臉部和腹部。

中國人相信這種無害有用的動物的鱗甲有藥用價值而把牠捕殺，食其肉。成
千穿山甲皮過去由爪哇被運到中國，現受荷屬東印度群島法律保護。1936 年頒佈

豹貓

30　資深傳媒人韋基舜指 1957 年有豹子在邊界被擊斃（韋基舜：《吾土吾情 II》，2005）。

31　據孫啟元（2003）豹貓除西貢東、大嶼山、青山地區外，在大部分郊野可見，共錄得一百五十七筆。

32　貧齒目，包括犰狳科、樹懶科和食蟻獸科。現時穿山甲分類為鱗甲目（Pholidota），只有一科一屬，即穿山甲科（Manidae）穿山甲屬（Manis）。

33　香氏所指新世界是美洲，舊世界是歐亞非。

《香港野生動物保護法例》第 56 條後，香港的穿山甲亦受法律保護。

穿山甲在港廣泛分佈，但因其夜行習性，故罕見。本地人因牠挖地穿山，趾及鱗片如甲，故名「穿山甲」。[34]

小家鼠 / 家鼷鼠 Common House Mouse, *Mus musculus*（Linnaeus）

這小動物全長 7 吋半到 8 吋，在香港並不常見。[35] 非本地原生而是引入種，與人共棲，不可以說有害於人。

褐家鼠 / 溝鼠 Brown Rat, *Rattus norvegicus*（Berkenhout）

較大型，重 10 到 14 盎斯，或更重一些，壯健，尾粗，比頭連身短，耳小，不透明。口略鈍或圓，後腿大。背灰色，其下污白色。尾上黑下白。成為家鼠，與人共棲。在野外的生活習性未明，可以走離家居多遠也不知曉。[36]

黃胸鼠 / 屋頂鼠 Buff-breasted Rat, *Rattus rattus flavipectus*（Milne-Edwards）

船鼠（Ship-rat）或黑鼠（Black rat）的學名是 Rattus rattus，是船上最常見品種，大部分黑色。黃胸鼠是其亞種，各地的黃胸鼠不常上船，毛色也遠非黑色。本地種尾較褐家鼠更長更幼，與頭身等長或更長，上下同黑。耳大而薄，但不透明，背的上部鼠灰色，腹部白中帶微黃。棲息在人家裏，是嚴重害蟲。山邊田裏也很多。本地屋頂鼠是南中國原生種，成年體重只及褐家鼠一半，體形纖巧，敏捷靈活，比起常在地上爬的褐家鼠來說，是攀爬高手。[37]

板齒鼠 / 鬼鼠 Smaller Bandicoot Rat, *Bandicota nemorivaga*（Hodgson）

1946 年自然學家盧文（Mr. J. D. Romer）[38] 作了本地紀錄，我感激他向我提供資料。之前在中國只有在雲南西南騰沖有記錄。此鼠曾在元朗農田被人用陷阱捕獲，在港島香港仔也捕得一頭。此鼠也可能在其他地區出現，只是對此齧齒動

34 香氏描述穿山甲「陸上行走時,以前足爪端掌邊着地」但是據石仲堂,穿山甲足印前足有一根長而深趾痕,後足有較短而淺之趾痕;前足印沿邊陷,後足印全陷,所以是「前足爪邊和整隻後足着地」才對。據孫啟元(2003),穿山甲晚 8 朝 6 在烏蛟騰以東,沙螺洞、林村、大欖、大嶼山、黃龍坑、九龍山脈 500 米山區出現。

35 香氏前文提及「小家鼠在本地罕見,我連一隻也未搜集過,甚至未曾見過。」據石仲堂,小家鼠繁殖力驚人。香氏連一隻也未見過,當然是因為他住在講究衛生的牧場中(見第一章〈三月〉歲時記),沒住過這些地段。

36 據石仲堂(2006),褐家鼠頭特長,大群結集,一隻雄鼠為領袖,保護雌鼠,驅走其他鼠種。

37 屋頂鼠是市區中型坑渠老鼠。

38 盧文(Mr. J. D. Romer)生於 1920 年,求學期間專攻動物學,二次大戰期間曾服役於英國陸軍,1947 年來到香港任防治蟲鼠主任。前漁農署長李熙瑜(2011)記述愛蛇的盧氏傳授李熙瑜捕蛇技巧,並帶領義務捉蛇隊。香港政府 1965 年出版《香港毒蛇圖解指南》由盧文撰寫。盧文三十二載的研究生涯中發現了四個新種及近廿種香港兩棲及爬行動物新紀錄,包括香港湍蛙(1951)、盧文氏樹蛙(1953)、短足角蟾(1961)。退休後還計劃編寫香港兩棲及爬行動物研究的專書,但患癌症長辭,享年六十二歲,遺願 1998 年由其兩位門生 Stephen J. Karsen 及 Anthony Bogadek,加上劉惠寧博士,出版 *Hong Kong Amphibians and Reptiles* 而完成。

印支林鼠   赤腹松鼠

物一直缺乏研究。

此鼠與褐家鼠相似，但褐家鼠腿背色白，板齒鼠色黑褐。習慣在地下生活。前爪大，口絡寬短，體型比褐家鼠大。聽說華人會用煙薰牠出洞捕食之。[39]

豪豬 / 箭豬 Porcupine, *Hystrix subcristata* Swinhone

有一種豪豬廣佈本地包括港島，但因習性夜行而不易發現。華人稱之「豬魚」或「箭豬」。1947 年 10 月，我薄扶林菜園被不明生物侵襲，損失很大。一個星期天早上，當我從浴室窗門望向菜園，正得意洋洋，是無可厚非的那種得意洋洋，欣賞自己的農作物，哎喲，我引以為傲的農作物天津白菜，一大片被咬得稀巴爛！鑒定後確認是一種夜行動物所為。天津白菜猶有尖齒痕。英國白菜苗差不多被吃光。一半番茄被啃到只剩地面一段。接下來幾晚，番茄全被砍頭，捲心菜湮滅，5 呎高木瓜樹由底開始被吃掉，另一棵被劏平。我想，有一頭象闖進來了，但近來沒收過象出沒的報告。我找到最毒的藥，埋在一堆香蕉內。翌日，一枚香蕉不見了；再隔一天，另一枚又不見了。以下是這兩天的日記：

10 月 20 日，太太先嗅到異味，我接着也把鼻子貼到地上，追蹤氣味來源，正好在花園範圍外樹腳下，發現一群蒼蠅飛舞，擁在一隻滿身翎刺的豪豬上。粉裝和液裝滴滴涕發揮作用了。埋好豪豬屍體前我拔出三枝翎刺，如處理名貴古董一樣小心翼翼把它們洗淨和消毒，然後把翎刺送給幼女及其友儕。最長翎刺有 17 吋，整枝白色。其他 7 吋半到 8 吋半長，尖端及基部白色，離端 2 吋有 2 吋黑紋。

10 月 21 日，發現另一具屍體。用同樣手法為兒童收集了二百枚翎刺（因為交由花王動手拔刺所以才有這可觀數量）。我幼女把豪豬刺分送同學，起初很受歡迎，後來男孩發現豪豬刺很尖銳，能有效刺痛女孩和使之狼狽逃生。可知不應在男女校派發豪豬刺。教育司署應為此制訂指引。聖誕節期間，我把所剩無幾的豪豬刺送給幾位在布政司署上班的年青工友，希望他們能好好運用，但從他們一直未能升職來看，這希望又落空了。我手上現時仍保留最好的幾枝，或許在倫敦的白廳（Whitehall）[40] 仍起刺激作用罷！

數天後一位朋友說，夜晚駕車時聽到奇怪的「呼嚕」聲，看到一隻狗衝過

39　板齒鼠只在大嶼山、米埔、平山仔出現，廣東常見的鼠類有五種，其中家鼠三種（小鼠、黃胸鼠和褐家鼠），田鼠二種（黃毛鼠和板齒鼠）。香氏未收錄之香港齧齒目（Glires）品種有印支林鼠（Indochinese Forest Rat）、赤腹松鼠（Pallas's quirrel）、針毛鼠（Chestnut Spiny Rat）、黃胸鼠（Asiatic House Rat）、田鼷鼠（Ryukyu Mouse）。

40　白廳是英國首都倫敦一條道路，位於英國國會大廈和特拉法加廣場之間。是英國政府中樞所在。因此白廳也是英國政府的代名詞。本節相信由香氏於1948 年初即將到英國政府殖民地部履新農業資源部暨殖民地農林資源及動物健康部部長（Secretary for Colonial Agricultural Resources and Secretary of the Committee for Colonial Agriculture, Animal Health and Forestry Resources）前寫下，看來香氏打算在那裏繼續送出翎刺。

去，豈料狗沒有撲上去，而是溜之大吉。她不知道那是什麼，我說那一定是豪豬。記得一次在尼亞薩蘭（Nyasaland）[41] 夜晚駕車下山，車頭燈照着一對豪豬，正在我眼前奔跑。我把車剎慢，務要輪胎與尖刺保持距離。那對豪豬便趁機鑽入林下。華人相信後園有豪豬，老鼠便絕跡。他們認為豪豬會把尾伸進老鼠洞，搖動作響，好奇的老鼠探頭察看時，便會給箭豬的尾巴戳破鼻子。以後老鼠就像前面提到的狗一樣，聽到響聲，掉頭便走。[42]

儒艮 Dugong, *Dugong dugon*

在《中國期刊》（*China Journal*）兩處短引有提及儒艮，即 1935 年卷十二第二期 79 至 82 頁、1936 年卷十五第一期 41 至 42 頁。在臺北帝國大學（Taihoku Imperial University，現國立臺灣大學）《科學與農學學報》（*Mem. Fac. Science and Agriculture*）1932 年卷七第一期 A. de C. Sowerby 在一個註釋中說，中國沒儒艮記錄，但哈佛的 Allen 在 1665 年出版物中卻引用資料指珠江三角洲有儒艮。日本學者平坂氏（Hirasaka）在 1932 年報告台灣西岸捕獲兩隻雄儒艮。因此以下紀錄耐人尋味：1940 或 1941 年本港附近捕獲儒艮，[43] 送入城中，拍照，去皮，我相信其後是被吃掉。我的筆記在戰時遺失，故不能詳述。

牠們是海牛目中唯一仍生存的物種。全身褐至暗灰色，腹部顏色較背部淺，鰭尾半月形，前肢有蹼，長可 9 呎，以海草為食。雄儒艮上顎門牙伸出成小獠牙。由紅海到北澳洲及琉球島以北皆有分佈。

黃麖 Reeves's Muntjac, *Muntiacus reevesi*（Ogilvy）

英名「Barking deer」，[44] 意即「吠鹿」，是唯一見於南中國的鹿。在新界常見，習性夜行。港島山頂居民要在春霧季節才較易見到牠，每當聽到像狗一樣的吠叫聲，便知牠在附近。這種小紅鹿大小如大形狗，雄性上顎犬齒向下彎成兩吋長尖牙，用來挖地下可吃之根或塊莖。雄鹿角五六吋長，成年時分成兩叉，長在長骨管頂端，被皮覆蓋，因此會長出毛來（鹿茸）。眼後有香腺。身淺棗紅色。

41 即今馬拉威共和國，非洲東南部國家。香氏 1938 年 12 月應殖民地部邀請借
調往該地八個月，調查可提供營養的植物資源。

42 據孫啟元（2003），豪豬在入黑時出現，日出消失，除西貢東及青山地區及
大嶼山，大部分郊野可見。喜一家出巡。

43 據葉靈鳳，「香港是以出產美人魚（儒艮）著名的，曾經發現過兩條。」孟
海霞譯岩井俊二小說《華萊士人魚》（2008）說比達爾文更早寫成進化論論文
的華萊士，在 1913 年曾發表《香港人魚錄》，記載 1884 年香港漁夫捕獲一
條人魚，賣給九龍某雜技團表演。當然只是小說家言。

44 現時稱呼的「赤麂」在 2003 年以前都叫「黃麖」，其實早在 1994 年 D.
Cook 已提出棲於本港的是赤麂而非黃麖，但傳媒並無跟進，直到 2003 年野
生動物保護基金會有限公司根據 mtDNA 基因順序比較，得出相同結果，全港
才改稱赤麂。據孫啟元（2003），赤麂在下午 2 時到晚上 8 時最活躍，晚間
較少出現，共發現六百四十四筆，大部分郊野可見，除西貢東及青山地區，
母赤麂因無角和利齒而易遭野狗獵殺，而使族群性別比例失衡，從正常的
1（雄）:3（雌）銳減為 2:1 或 4:1。

赤
麂

頭、頸、腳棕色，腹白色。由角根部起到鼻頂有深色 V 形紋。

華人因牠破壞農作，歐洲人因牠毀摧山頂私家花園，四季無休，而視之為害物。肉味甚美。

野豬 Wild Boar, *Sus scrofa chirodonta* Heude

本地野豬是歐洲野豬的亞種，上下顎各一對犬齒，終生長長，突出唇外，是為獠牙，上顎的一對微向上彎，通常用來挖掘供食用的根莖。野豬令人敬畏，經常毀壞農友的菜田，不僅人怕它，就是狗也怕它。醫院每年都有男女給獠牙咬傷戳傷入院的記錄。一隻普通的大山豬，可以重至 300 磅以上。給牠咬一口，後果堪虞。小山豬有直紋和斑點，肉甚美味。

我想港島沒野豬，但新界山區尤其是大帽山、馬鞍山一帶石澗林地的尤多。我在遠足時未見過野豬，但常常發現近期出現的痕跡。土名「山豬」。[45]

45 據孫啟元（2003），野豬日間沽動，除西貢東及青山外在大部分郊野可見。
圖示圈養野豬之地寸草不生。香氏未提及的本地哺乳動物還包括上右紅頰
獴（*Herpestes javanicus*）、黃腹鼬（*Mustela kathiah*）、黃喉貂（*Martes flavigula*）、野水牛（*Bubalus arnee*）。

觀鳥清單

　　認識本地雀鳥的最佳方法，莫如把所見鳥種，列成清單，以後每次出門都帶着它，把該鳥種再辨識出來。為此清單尺寸最好能放入口袋；如要多帶一本鳥類圖鑑，可選用拉都希氏（La Touche）[46] 版本。怕現場寫字不便，可先在筆記簿寫下「拉都希氏雀鳥編號」，回家後才補寫鳥名。我朋友的方法是，在清單左面橫列順序寫出鳥名及頁數，直行相隔半吋分別以發現日期、地點及隻數為標題，這是找出哪種候鳥哪時蒞臨的最好方法。

　　在未有《南中國鳥類圖鑑》的年代，鳥種辨識不像今天那樣方便，列出的清單總是短短的，雖然如此，亦歡欣不已。最近翻出 1934 年及 1935 年刊登的〈野外札記〉（Nature Notes）剪報，[47] 摘取部分內容跟大家分享：

　　札記 133 號　　1934 年 12 月 9 日　　屏山

　　此行可記者二。其一是錄得三十八種鳥，這真是個大數目。其二，三十八這數字不但是這個下午找到的總數，也是過去六年發現的鳥種總數，真是天作之合。一個下午就發現三十八種鳥，足以使那些認為本地沒鳥可觀的人大吃一驚。我們希望在今年冬天，能把記錄名單擴展至四十種。[48]

　　札記 150 號　　1935 年 3 月 30 日

　　整個星期六都在鄉間。早上昏暗，午間下雨，但都沒有打擾我們的興致。先去錦田，雖然霧中很難觀鳥，其實鳥種有很多，這是因為冬候鳥既未離開，夏候鳥亦已到來，足以造就一張長名單。早上總共錄得三十四種。下午到大埔船灣，只是在車上觀察，便增到四十二種。我們還看到一種猛禽，似乎是鶚（Osprey），但不能確定。

譯註

▼

46　香氏 1953 年《香港的鳥類》（*Hong Kong birds*）初版，當中引用很多 La Touche 對特定雀鳥的資料，香氏在導言中指出「如果沒有 La Touche 的作品為基礎，本書不可能完成，我受惠於他，衷心感激這位中國鳥類的杰出學生」。1967 年《香港的鳥類》四刷後再版，香氏在再版導言中指出，《香港的鳥類》一書被批評引用太多外國人著作。「外國人」指的當然主要是 La Touche。他這樣回應：「對此我不致歉。我們對香港鳥類的習性與特質的知識仍非常貧乏，本地鳥人還有很多要去學習，引用外國文獻能刺激和引導大家。早期沒有華東鳥類專著，觀鳥的目的在辨識現身是何品種，現在是時侯研究個別品種了。」

47　擬在《南華早報》發表。

48　歐洲博物學傳統源遠流長，觀鳥活動發展成熟，參與者及成癖者眾。Bill Oddie 和 David Tomlinson 於 1983 年出版 *The Big Bird Race*，報道英國一次為野生動物慈善機構籌款之觀鳥比賽。香港的 Mike Chalmers 和 Clive Viney 看了，在 1984 年依相同規則，舉辦香港地區的「The Big Bird Race」，籌款興建觀鳥屋，其後加大籌款購買基圍，促使政府在 1990 年代初買入所有基圍，交由世界自然基金會管理，把米埔發展成世界級的濕地保護區。《香港觀鳥大賽觀鳥記錄冊》，即本篇所稱之「清單」，其格式詳見以下網址：http://awsassets.wwfhk.panda.org/downloads/log_book_20140120_lite.pdf。

札記 151 號　1935 年 4 月 6 日

　　星期六下午，在錦田，連我在內總共五人，銳意要創新紀錄，結果錄得四十二種。另加在車上看到的兩種，共四十四種，心願達成。

　　這批舊札記饒富趣味，真希望沒迭失一篇。《香港博物學家》曾發表觀鳥者發現之鳥種數量逐漸增加的數據，也發表過一日內觀鳥數量，撮述如下：1936 年 1 月 18 日深涌谷四十五種，1936 年 1 月 25 日后海灣及輞井半島五十五種，1941 年 1 月 27 日屏山地區五十七種，1941 年 4 月 19 日屏山地區六十九種。

　　戰前，我在每次觀鳥後，都會在家中據札記寫成報告。這些報告現多已遺失。我在赤柱時，[49] 據札記重寫了 1941 年 4 月 19 日在屏山地區發現六十九種鳥那一份。為饗同道，茲附全文如下：

·觀鳥記錄：六十九種·

　　1941 年 4 月 14 日復活節星期一，整天獃在屏山地區，共錄得六十九種鳥。當日筆記已在戰時遺失，尚幸當日田野札記猶存，三年後的今天我在赤柱集中營重寫，重拾當年刺激和快慰。同年 1 月 27 日，我們在同一地區曾錄得五十七種。當月只有冬候鳥，要是到了復活節，便既有冬候鳥和過境候鳥，也有夏訪鳥，當中更有一些屬於非常珍稀品種。今回我徜徉獨行，走自己的步伐和路線。六十九種鳥中，已剔除看不清，辨不出，或只是聽到其聲音的那些鳥種。

　　屏山地區地形多變，所以成為全港無與倫比的觀鳥勝地，做就單日內最高。鄰近屏山警署[50] 有一片老風水林，主要樹種是榕，也有樟、松、大葉桉、竹林與灌叢。風水林旁邊的田地精耕細作，被籬笆圍住，包括一片偉岸的木棉樹林。靠近木棉樹的是大叢刺竹，之外便是種薑和鬱金的田地。樹林外接荔枝和龍眼園。其後草地、甘蔗田和玉蜀黍田夾雜。這種地方通常鳥種繁多，有時多達三十種。最先見到的是一隻白頸鴉，幾隻樹麻雀、燕子和白頭鵯。繼而聽到八聲杜鵑在遠方鳴叫。風水林枝頭棲有不同種類的鶲鳥，群鶲中我認出的是尾長尺許的長尾鶲（Ince's Paradise Flycatcher）和北灰鶲（Board-billed Flycatcher），其他認不出的

49　指被囚赤柱集中營期間。

50　即今屏山鄧族文物館，並兼用作屏山文物徑訪客中心，在此能俯瞰鄧氏宗
　　祠、聚星樓及覲廷書室。中國與英國於 1898 年 6 月 9 日簽署《展拓香港界址
　　專條》，輔政司駱克（James Stewart Lockhart）選定在屏山蟹山及大埔運頭
　　角山建警署。村人以屏山警署破壞風水，散播「英人會加稅、冒犯村女、禁
　　伐木、絕風俗」等謠傳煽動村民。以屏山鄧族為主之鄉紳如鄧菁士等籌集資
　　金，召集人馬以火槍、木棍和鋤頭為武器，在 1899 年 4 月 14 日武力反抗，
　　在大埔運頭角山、林村谷、上村多處與英軍槍戰，至 19 日投降，最後英軍拆
　　下吉慶圍鐵門，鄧菁士等出逃，是為「新界六日戰」。英軍無陣亡，約五百
　　名年輕貧窮及地位低微村民喪生。長春社 2014 年 9 月《保育香港歷史筆記》
　　第三期翻案，指英軍沒有炮轟吉慶圍，而是以炸藥火綿炸毀城牆，沒證據顯
　　示英軍在吉慶圍內殺人，駱克也並沒有把吉慶圍鐵門獻給上司港督卜力（Sir
　　Henry Arthar Blake），而是由村民抬走。詳見夏思義：《被遺忘的六日戰爭》
　　（香港：中華書局，2014）。

北灰鶲

砌鳥

就不記錄，當中可能包括日本歌鴝（Japanese Robin Flycatcher）和紅喉姬鶲（Red-throated Flycatcher）。在此錄得的其他種類包括一隻山雀（Tit）、數隻黃腰柳鶯（Pallas' Willow Warblers）、紅耳鵯（Crested Bulbuls）、一隻灰頭鵐（Greyheaded Black-faced Bunting）、八哥（Crested & Black-necked Mynas）、幾隻白腰文鳥（Sharp-tailed Munias）、一隻白胸翡翠（White-breasted Kingfisher）、一隻灰背鶇（Grey-backed Thrush）飛進林邊小徑另一旁的花園去，北椋鳥（Chinese Starlings）佇立木棉樹枝上，黑喉噪鶥（Black-throated Laughing Thrushes）和縫葉鶯（Tailor-Bird）則躲在其樹蔭裏。荔枝園邊一隻石䳭（Stonechat）和烏灰鶇（Japanese Grey Thrush）使屏山樹林清單進至二十二種。當天其後見到更多隻石䳭，但林鶇不復見。

我走過草地，穿過蔗田，走上長滿短草和疏落灌木的小山，[51] 那是供村民專用的墓園。除了一行一行安放先人屍骨的甕缸，還佈滿墳墓。一些已起骨的墳墓挖空了，[52] 成了望天不望地的一眾觀鳥者的陷阱。名單在此加上一隻喜鵲（Pied Magpie）、第一隻發現的灰眼鶺鴒（Streak-eyed Wagtails）、幾隻田鷚（Richard's Pipit）、一隻麻鷹（Kite）。

來到山頂，可看到不一樣的鄉野風景。山下稻田在北方及東方[53] 綿延半哩至一哩。與稻田景觀截然不同的，是北方遠處一大片紅樹林濕地，及更遠的后海灣泥灘。濕地近年建了又闊又高的基壆，[54] 墾拓了很多稻田。灌溉稻田的是一條流入后海灣的河[55]，寬闊得像運河，為基壆內無數陂塘提供水源，流入陂塘的河水由又重又大的木製水閘控制，預防漲潮時海水倒灌。[56] 現時 4 月初，大多數稻田乾

黃腰柳鶯

51　擬指丫髻山。

52　陳雲（2008）指客家人葬後五、七年，家人請道士從墳中起出骨殖，削淨、曬乾、收入靈骨塔（金塔），是為遷葬。遷葬後墳地沒填回泥土，留下棺材坑，被山蕨野藤佔據，因陰濕多養分，長得又高又密，遠看如平地，成為「陷阱」。

53　「北方」很可能是今天的天水圍，「東方」很可能是今天的南生圍和大生圍。

54　據元朗區議會馮志明《元朗文物古蹟概覽》（1996），1920 年代深灣（后海灣）村民在海邊築基壆以抗潮水，被基壆圍繞的範圍稱「基圍」，在基圍較深水處設水門，利用潮汐捕魚蝦，在較淺處種水草，或在夏秋間種一造鹹水稻。1930 年代，山貝村附近村民又開始把水稻田挖建漁塘。「又闊又高的基壆」很可能是今邊境路。據饒玖才，上述「水門」之正確名稱為「水竇」，其操作方式是，水漲時，升起木閘，放入潮水，至滿關閉，水產被困；水退時，放出部分水，在竇口置罟網截蝦；放到剩下淺水，在基壆內輕易撈魚。據饒玖才，在有河溪流入的內灣建基壆，自然形成「潮田」，因為河溪帶着沙泥從山上流入海，被基壆阻擋，沙泥慢慢堆積，最後成為比海面高的泥田，村民先在上種耐鹹的水稻、蘆葦、鹹水草等，或掘塘養魚，待雨水沖去鹽分後可種蔬菜。

55　很可能是山貝河。

山貝河

56　艾榮、莫雅頓著；雷欣然譯：《米埔沼澤地理》（香港：香港大學出版社，1990）。世界野生生物香港基金會有地圖比較 1924、1946、1963、1985 年后海灣土地利用變化。

涸，泥中佈滿收割後的斷株，有些正被翻犁，有些則已插了綠色的秧苗，如沙漠中的綠洲。當中又有荷塘分佈，惟葉梗皆枯；一些長滿水草的陂塘，則成了水雞和釣魚郎的棲地。[57]

此處一窟茅寮以禾梗泥巴築成，村民貧苦，以養鴨、養魚、種稻、在堤圍捕魚維生。稻田中間稍高數吋，周邊種了蕉樹、果樹和蔬菜。我的下一站是基壆，要經過迂迴的阡陌，經過寮屋，才能抵達。基壆邊也搭滿茅寮。來到第一塊秧床，看到鶺鴒在秧間覓食，喜見其中包括多種黃鶺鴒（Eastern yellow Wagtail），中華綠鶺鴒（Chinese Green Wagtail）或東方綠鶺鴒是稀有種，但冬天來這裏便可見到。今天在一小塊田上，便見到兩隻。另外兩隻黃鶺鴒則有容易辨識的白眉（中華綠鶺鴒的眉為鮮黃）和藍灰色冠毛，可確定為藍頭鶺鴒（Blue-headed Wagtail）。另一隻也有藍灰色冠毛，但色較深且無眉，確認是灰頭鶺鴒（Grey-headed Wagtail）。這兩種黃鶺鴒，都是我之前未見過的，全港也只在 1934 年 5 月 2 日在啟德機場有一次記錄。不怪得我滿心歡喜。同一塊田還發現一隻紅喉鷚（Red-throated Pipit），使記錄增至三十種。我看了鶺鴒和鷚好一會才離去。

寬闊的田疇被基壆和沼澤分割，吸引了大量水鳥和訪鳥，在到達基壆前，記錄又增多了八種，包括白臉鶺鴒（White-faced Wagtail）、四五隻大白鷺（Eastern Great Egrets）、首隻澤鷂／白腹鷂（Marsh Harrier）（其後再添兩隻）、一隻在水中的鸕鶿（Cormorant）、一些牛背鷺（Cattle Egret）、首隻小白鷺（Little Egrets）（其後見很多）、首隻鷸（Sandpiper）以及六隻大海鷗，可能是紅嘴巨鷗（Caspian Tern）。

基壆東西走向，走了差不多一半，來到位於基壆以南的村落，由茅寮組成。茅寮的建材用泥和稻杆混合而成。[58] 村裏男人、女人、兒童、豬、狗、雞、鴨共處一室，其混亂邋遢的程度難以用筆墨形容。村下是一個池塘，全村垃圾都扔到那裏沉降。豬和狗在塘邊覓食。[59] 通常還可看到一兩隻鷸和幾隻灰眼鶺鴒（Streak-eyed Wagtail）。基壆上放了村民掘來的紅樹樹根，用作燃料。村西有一幢好房子，花園種了一棵苦楝。在那裏見到當天第一隻綠繡眼（White-eye）。基壆上可眺望紅樹林和遠處的泥灘。這裏出現的濕地鳥使我增加紀錄。我認出紅樹林中有兩隻稀有的草鷺（Purple Herons）、一隻棕扇尾鶯（Fan-tail Warbler），在基壆上有一隻紅腳鷸（Redshank）、一隻沙錐（Snipe）。另外有三個未能分辨的品種。

57　本區的稻田、荷塘、陴塘在 1950 年代開始改為魚塘，餵養基圍蝦、烏頭、生魚及其他淡水魚。魚塘面積由 1940 年代的 100 多公頃升到 1980 年的 2,000 公頃。2010 年仍有魚塘 1,000 公頃。詳見張展鴻：《香港濕地四季遊》（香港：野外動向出版社，2014），頁 10—11。

58　高添強（2014）有「泥和稻杆作材」的茅寮相片。「茅寮」在 1970 至 1990 年代可能改成「鴨棚屋」，即在魚塘上建棚養鴨，其平台用鐵絲網鋪成，讓鴨糞掉進魚塘飼魚。詳見張展鴻：《香港濕地四季遊》頁 43。

59　以上一段曾為艾榮、莫雅頓《米埔沼澤地理》（1990）引用以説明當時當地居民生活。高添強（2014）指出，當時大量新移民來港，被田主僱用管理魚塘，不准在村內建屋，唯有在塘邊建簡陋草寮棲身。

棕扇尾鶯

黑翅長腳鷸

普通翠鳥

第一種是棕褐短翅鶯（Brown Bush Warbler），第二種是很大型的鶯，有扇形尾，第三隻可能是雌性的北紅尾鴝（Daurian Redstart），但未看到翼下有否白點。在基壆堤上最後又看到小翠鳥（Little Kingfisher）和小鸊鷉（Little Grebe），使記錄增至四十五種。

基壆之西端是一些蟹塘，附近泊了一艘龍舟，埋於淤泥中，每年端午節前掘出來準備比賽。龍首是藍翡翠（Black-capped Kingfisher）上佳的棲枝，但今天不見。[60] 塘後是小荔枝林，有一次我驚見有兩人在此製作舢舨。后海灣之西，是輞井半島，由北到南有一列小山崗，下有數條有樹木圍繞的村莊、菜田及花園。濱岸主要是泥灘，偶有砂石灘，在一兩個砂石灘長有紅樹林。其中一處紅樹林是大群夜鷺的日常棲息地，但牠們當日退修他處，未能遇上。在此把褐翅鴉鵑（Crow Pheasant）和藍磯鶇（Blue Rock-thrush）加入名單。在夜鷺林邊發現一對斑魚狗（Chinese Pied Kingfishers）。

輞井半島的盡頭，是一個有高崖的岬角，[61] 站崖上能鳥瞰海灣，經常可在附近發現遊隼（Peregrine Falcon）。有一次我看到牠捕食羅紋鴨（Falcated Teal）。我一步一步攀上岬頂，途中首次發現多隻樹鷚（Tree Pipits）。坐在岬頂看海灣東面和北面，視野遼闊，廣闊河口接連海洋，海灣的北面是中國大陸。我下離岸二三百碼有七隻顏色不同的野鴨浮在水面，用望遠鏡細看，確定是新發現種鳳頭潛鴨／澤鳧（Tufted Duck），兩隻公鴨頭黑尾白，另外五隻雌鴨全身啡褐色。記錄增至五十種。此處後面一塊礁石上有一隻蒼鷺（Grey Heron）和一隻鶚（Osprey），靠得很近。在中國捕魚機關上有八隻以上的小白鷺棲息。[62]

此處通常還可看到鸕鷀（Cormorants）。我更多次見到鳳頭鸊鷉（Great Crested Grebe），但今日不見。后海灣是本地唯一可看到鵜鶘（Pelican）之處，今天儘管我沒有用望遠鏡，也可看見兩哩外紅樹林邊，有八隻斑嘴鵜鶘（Spotted-

60 艾思滔（Edward Stokes）曾引用此段説明博物學家享受「探究大自然事物的歡愉」（Edward Stokes, *Hong Kong's Wild Places: An Environmental Exploration* (Hong Kong: Oxford University Press, 1995), p. 187.）我揣摩良久，至今未明上引文如何支持「探究大自然事物的歡愉」。其實本書説明博物學家「探究大自然事物的歡愉」的事例比比皆是，在同一節中即有這一段：「中華綠鸐鴒或東方綠鸐鴒是稀有種，但冬天來這裏便可見到。今天在一小塊田上，便見到兩隻 …… 這兩種黃鸐鴒，都是我之前未見過的，全港也只在 1934 年 5 月 2 日在啟德機場有一次記錄。不怪得我滿心歡喜。」

61 擬為今尖鼻咀 70 米瞭望亭所在。

62 此機關即罾棚，是把網具鋪設在水中，待魚類遊到網具上方，及時提升網具捕撈魚蝦的工具。罾棚廣泛分佈於中國的江河和湖泊，沿海也有小量，其歷史可以追溯到漢代。許多國家也有這種作業。在今日鹿頸雞谷樹下士多茶座對外海灣可見一枝枝木竿插在海灣中，便是罾棚遺跡。

鳳頭潛鴨

小鸊鷉

billed Pelican）在休息。海灣常有蒼鷺和白鷺在覓食，與鵜鶘相比，牠們的身影細小得多。

看夠水鳥，折返內陸，進入第一個村林，途中多了黑喉紅臀鵯（Red-vented Bulbul）和棕背伯勞（Rufous-backed Shrike）兩項記錄。在稀疏的荔枝林，我花了不少時間觀察髮冠卷尾（Hair-crested Drongo）和三種已上榜的鵯，以及一隻稀有或只有很少紀錄的山鶺鴒（Forest Wagtail），牠們都在濃蔭下覓食。走到較開闊的風水林，名單添上山斑鳩（Eastern Turtle Dove），一隻孤獨的錫嘴雀（Hawfinch）、小鵐（Little Bunting）以及一隻灰鶺鴒（Grey Wagtail）。這隻灰鶺鴒加上先前發現的，使我集齊了本地全部鶺鴒，即三種黃鶺鴒、一種灰鶺鴒、二種雜色鶺鴒、一隻林鶺鴒。[63]

要回到我泊車的屏山，便沿岬角走，穿過村林，然後下降到稻田時，又有新發現，先是數隻池鷺（Chinese Pond Herons）和一隻灰鴴（Grey Plover）。灰鴴身上及胸前滿佈灰褐斑點，喙和長腿皆黑，飛行時黑色腋窩清晰可見。

在屏山觀鳥，通常在日暮時分會再添記錄，我的第二次屏山之行別無例外。那是兩隻雄白腹藍姬鶲（Japanese Blue and White Flycatchers），全身鍍上耀目藍、黑、白色；一隻雄鴝姬鶲（Japanese Robin Flycatcher / Mugimaki Flycatcher），大部分黑色，闊白眉紋延至眼後，翼帶白色，喉及胸部鮮艷黃橙色，腹部白色。接着一隻雄噪鵑（Jet Black Koel）和一隻棕褐短翅鶯（Brown Bush Warbler）添上名單。我想今天記錄夠了，竟然錦上添花。我走運在上車前聽到鳴聲，走進附近樹林，竟看到金翅雀（燕雀科，Greenfinch）生猛地在一棵大樹頂唱歌。林內另有兩隻雄黑尾蠟嘴雀（Lesser Black-tailed Hawfinch）和另一隻短尾的長尾鶲（Ince's Paradise Flycatcher）。我走回車的路上，又望見身後松林中的一隻黑枕黃鸝（Black-naped Oriole），使記錄達到六十九種。此數字並未包括雖聽到但見不到的八聲杜鵑（Burmese Plaintive Cuckoo）和鷓鴣（Francolin），以及另外五種未明品種，當中至少有四種是當天記錄以外的品種。[64]

池鷺繁殖羽

山斑鳩

白喉紅臀鵯

63　本段在此之後的描述是「越過田疇回到警署旁樹林，只得兩種。在樹林旁聽到鷦鴣叫，但眼不見，未能計入記錄。」這兩句令譯者百思不得其解。第一句與下一段「沿岬角穿過風水林，要回到我泊車的屏山」文意不配合，第二句也與下一段最後部分「雖聽到鷦鴣叫，但見不到」重複。推斷是筆誤或誤印。在不影響全篇文意的前題下刪去此兩句。

64　Micheal R. Leven（1999）指出，香港濕地農田生境的鳥種一直乏人研究，只有 1930 至 1940 年代香樂思的日誌可供參考，直到 1990 年代後期最後幾塊濕地農田生境受威脅，才有人調查。近年復建的濕地農田生境較山林更受觀鳥者歡迎，其表表者為塱原。

爬行動物

　　本地記錄的爬行動物有兩種海龜（Marine turtles）、一種大頭龜（Large-headed tortoise）、六種淡水龜鱉（Terrapins）、三種泥龜（Mud-turtles），[65] 大約十五種蜥蜴，[66] 三十一種陸蛇、兩種海蛇，[67] 總共六十種。日後我想以專書論述，[68] 此處不一一細述。蛇是最常見的，所以會列出全部品種，並對一些品種作較深入探討。以下先簡略介紹幾種淡水龜鱉和蜥蜴。

· 淡水龜（Terrapins）·

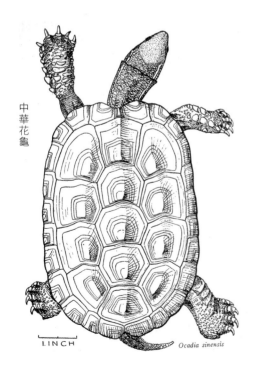

中華花龜

1 INCH

Ocadia sinensis

　　陸龜（Land-tortoise）與淡水龜鱉（Terrapin / Water-tortoise）不同之處，是陸龜的頭由鱗片覆蓋，淡水龜鱉的頭則覆蓋軟皮。金錢龜 / 三線閉殼龜 / 三線盒龜（*Cuora trifasciata*）是本地原生淡水鱉品種之一，背有三條黑紋，頭頂金色，能偶爾發現。[69] 另一種是烏龜 / 草龜（*Chinemys reevesii*），背有三條縱棱，頭、頸兩側有黃色縱線紋和角狀斑。較少見的是中華花龜 / 斑龜（*Terrapin Ocadia sinensis*）[70]，頭及背均呈橄欖綠啡色，腹黃，兩邊有斑點，指間有蹼，爪長，頭頸側面有數目眾多窄黃色縱紋。淡水龜鱉愛棲息在塘陂、水

譯註

▼

65　現時全港原生龜鱉目共十種，含五種淡水龜、
　　五種海龜。

66　現時香港蜥蜴有六科即壁虎科、石龍子科、樹
　　蜥科、草蜥科、雙足蜥科、巨蜥科（再引入種）
　　共二十四種。

67　香港已發現的蛇亞目（Serpentes）有五科共
　　五十三種，比香氏引述的三十七種多十六種。列
　　在香氏名單內而今找不到的有四種。

平胸龜幼體

68　一若盧文 1980 年退休返回英國後，還計劃編寫香港兩棲及爬行動物研究
　　的回憶錄。香氏 1948 年離港後，於 1952 年 4 月回港觀鳥。1953 年 8 月
　　漁農林務處出版《食物與花》第三期，刊登的是香樂思〈開花灌木與樹木〉
　　（"Flowering Shrubs and Trees: Second twenty."）的稿件，編者是當時漁農林
　　務處處長 T. G. Strangeways，當時他許諾會推出主題是《食物與花》的第四
　　期，由香氏供稿。但諾言最後落空，因為香氏在 1953 年 8 月已赴中美洲千
　　里達任帝國熱帶農業學院院長。

69　全球只有一處地方仍有少數的野生金錢龜廣泛地在野外存活和繁殖——野外
　　香港。非法捕獵金錢龜屬違法，最高可被判監禁一年及罰款十萬港元。如有
　　發現，可致電漁護署 1823 或嘉道理農場動物保育部 2483 7136 舉報。

70　中華花龜／斑龜（Terrapin Ocadia sinensis）今不在本地名單內，為台灣地
　　區最常見的淡水龜。

道、緩流溪水中，偶然會上陸地散步。

在赤柱集中營內一個乾涸池塘，曾掘出一隻中華花龜。我借來寫生，當時我用一隻手按着牠，牠猛力掙扎。物歸原主後牠當然被烹了。中國人喜吃龜，在鄉村市集常見出售。

長尾南蜥

·石龍子（Skinks）·

我們最美的蜥蜴是藍尾石龍子（*Eumeces elegans*），幼體褐黑色，身軀有四條淺綠色直紋，其中兩條延伸至尾端，後半部分呈鮮藍色。成年後直紋色轉淡，尾部亮麗如昔，最長 6 到 8 吋。母蜥會護蛋，孵出幼蜥後仍會守護一段日子。另一容易辨識的本地品種是長尾南蜥（*Mabuya longicaudata*）。牠們都愛在砂石岩地上曬太陽。

·香港蛇類·

下面列出本地有記錄品種，當中有一兩種可能是誤錄。其中三種在南中國有紀錄，說不定有天會越界到訪。

這目錄根據 *Reptilia and Amphiba of the Fauna of British India*（*including the Indo-Chinese Sub-region*）一書第三章〈Serpentes〉編訂，作者是 Malcolm A. Smith。該書在 1943 年由 Taylor and Francis 出版，出版社地址是倫敦的 Red Lion Court, Fleet Street，下列表中數字是該品種在該書的編號索引：

金錢龜

陸蛇

中文名	學名	英文名
盲蛇科 Typhlopidae		
3 鐵線蛇	*Typhlops braminus* Daudin（*Ramphotyphlops braminus*）	Iron Wire Snake（Comon Blind Snake）
蟒蛇科 Boidae		
68 蟒蛇	*Python molurus* Linn.（*Python molurus bivittatus Kuhl*,1820）	Rock Python（Burmese Phython）
游蛇 / 黃頷蛇科 Colubridae		
食蝸蛇亞科 Dipsadinae		
72 橫紋鈍頭蛇	*Pareas margaritophorus* Jan（*Amblycephalus moellendorffi Boulenger*）	White-spotted Slug Snake
閃皮蛇亞科 Xenoderminae		
80 棕脊蛇	*Achalinus rufescens Boulenger*	Rufous Burrowing Snake
游蛇亞科 Colubrinae		
87 三索線	*Elaphe radiata* Schlegel	Copperhead（Copperhead Racer）
90 黑眉錦蛇	*Elaphe taeniura* Cope	Striped Racer
95 紫灰錦蛇	*Elaphe porphyracea nigrofasciata* Cantor	Banded Racer（Red Mountain Racer）
98 滑鼠蛇 / 水律	*Ptyas mucosus* Linn.	Rat Snake（Common Red Snake）
99 灰鼠蛇 / 過樹榕	*Ptyas korros* Schlegel	Slender Rat Snake（Indo-Chinese Rat Snake）
111 翠青蛇	*Opheodrys major* Gunther（*Cyclophiops major*）	Green Grass Snake（Greater Green Snake）
132 台灣小頭蛇	*Oligoden formosanus* Gunther（*Holarchus formosanus*）	Taiwan Kukri Snake
139 紫棕小頭蛇	*Oligoden cinereus* Gunther（*Holarchus violaceus*）	Golden Kukri Snake
162 鐵線蛇	*Calamaria pavimentata* Dum. & Bib. unlikely	
164 鈍尾兩頭蛇	*Calamaria septentrionalis Boulenger*	Northern Reed Snake
174 金花蛇	*Chrysopelea ornata Shaw*	Golden Tree Snake, unlikely
177 細白環蛇	*Lycodon subcinctus* Boie	Banded Wolf Snake
185 白環蛇	*Lycodon aulicus* Linn.	Common Wolf Snake or Speckled House Snake
196 黑頭劍蛇	*Sibynophis chinensis* Günther	Spotted Hill Snake（Chinese Mountain Snake）

中文名	學名	英文名
212 漁游蛇 / 草花蛇	*Natrix piscator* Schneider（*Xenochrophis piscator*）	Paddy Snake（Checkered Keelback）
218 紅脖游蛇	*Natrix subminiata* Schlegel *Rhabdophis subminiatus helleri* Schmidt, 1925	Red-necked Snake（Red-necked Keelback）
219 草游蛇	*Natrix stolata* Linn.	Yellow-necked Snake
245 橫紋後稜蛇	*Opisthotropis balteatus* Cope	Expected（Banded Stream Snake）
248 香港後稜蛇 （只發現一個樣本）	*Opisthotropis andersoni* Boulenger	*Anderson's Stream Snake*
261 繁花林蛇	*Boiga multimaculata* Boie	*Buff-striped Keelback*
280 紫沙蛇	*Psammodynastes pulverulentus* Boie	*Mock Viper*
水游蛇亞科 Homalopsinae		
288 鉛色水蛇	*Enhydris plumbea* Boie	Olive Freshwater Snake Plumbeous Water Snake
289 黑斑水蛇	*Enhydris enhydris* Schneider *Enhydris bennettii* Gray, 1842	Brown Freshwater Snake Mangrove Water Snake
295 中國水蛇	*Enhydris chinensis* Gray	Grey Freshwater Snake Chinese Water Snake
眼鏡蛇科 Elapidae		
310 金腳帶	*Bungarus fasciatus* Schneider	Banded Krait
313 銀腳帶	*Bungarus multicinctus* Blyth	Many-banded Krait
324 珊瑚蛇	*Callophis macclellandi* Reinhardt	Coral snake
327 飯鏟頭	*Naja naja kaouthia* Linn. *Naja atra* Cantor, 1842	Cobra Chinese Cobra
328 過山風 / 眼鏡蛇王	*Naja hannah* Cantor *Ophiophagus Hannah* Cantor, 1836	King Cobra
蝰蛇科 Viperidae		
蝰蛇屬 Viperidae		
359 圓斑蝰	*Vipera russelli* Shaw	盧氏蝮蛇 Russell's Viper，在廣東發現，在港未有記錄
響尾蛇亞科 Crotalinae		
387 白唇竹青蛇	*Trimeresurus albolabris* Gray	Green Bamboo Snake

海蛇

我們對海蛇所知不多，我只對兩種略知一二，見下表。這兩種海蛇夏天時在海灘出現，偶然現身淺水灣。被牠們咬到，可以致命，但除非生命受到威脅，海蛇甚少襲人。所有海蛇的尾部都進化成槳狀，方便游泳。

中文名	學名	特徵
337 青環海蛇	*Hydrophis cyanocinctus* Daudin *Banded Krait*	通常身上有黃黑環
357 長吻海蛇	*Pelamis platurus* Linn *Yellow-bellied Sea Snake*	通常上黑下黃

蛇的生與死

9 月是蛇最活躍的季節，因為牠們要把自己養肥，準備冬眠。這時經常有人問我，見到蛇時，要做什麼、不要做什麼。其實很難用三言兩語說清。如果它搬進你的地牢、浴室、車房、花園等地方，不應大驚小怪，那是因為那兒有對牠們來說最重要的鼠和蛙。如果你地牢有鼠，浴室有蛙，又不想鼠蛙被餓蛇吃掉，可養貓捉鼠，再養豬捉蛇。

豬應當對蛇毒有免疫力，或有部分免疫力。我說「應當」，因我不確當知道，也沒有參考書。豬一如人，是雜食動物，每見蛇，殺而食之，決不猶豫——我是這樣被告之的。小豬、豬崽、豬仔是上佳寵物，可以馴養，但缺點是會愈餵愈大（終至不可再放在浴室）。這時你可利用牠做另一些事。港島鄰近一個離島，曾經鬧蛇，後來放了一群豬上去，蛇就銷聲匿跡。如果你家有蛇出現在不應該出現之處，也可放養幾頭豬。切記不要把豬餵得太飽，也不要溺愛，讓牠們堅強刻苦一些，相信可為你解決困難。

要記着這些非一般冷知識：你在地牢和花園見到的活蛇，都是有毒的眼鏡蛇；你所見到的大部分死蛇，都是無害的草蛇和灰鼠蛇。活蛇至少都長 6 呎，大部分死蛇都不過 3 呎。在本地很少見到長過 6 呎的死蛇。

一位地位尊貴的老居民滿有誠意告訴我，在我來香港前，這裏沒有蛇。這可能因為他走路時如 "The Story of Johnny Head-in-the-Air"（沒頭沒腦的尊尼的故事）[71] 主角一樣，[72] 從不看腳下和四周，或走路時不像《如貓輕步》（Cat-like

71 "The Story of Johnny Head-in-the-Air"（沒頭沒腦的尊尼的故事）是一首
童謠，收錄於《蓬頭彼得》（*Struwwelpeter or Pretty Stories and Funny
Pictures*），被稱為繪本名著，其實頗血腥暴力。作者 Heinrich Hoffman
（1809–1894）是德國兒科醫生、心理學博士、兒童繪本作家、詩人、劇本創
作家，作品流傳至今，英國學童無人不曉。

72 童謠 "The Story of Johnny Head-in-the-Air"（沒頭沒腦的尊尼的故事）的主
人公 Johnny（尊尼），因為走路時只顧望雲、望燕子、望太陽而跌倒街上、
與狗相撞、跌進河中，被河魚嘲笑，功課濕透。有醫生認為此詩主人顯示
「注意力缺乏」症狀。

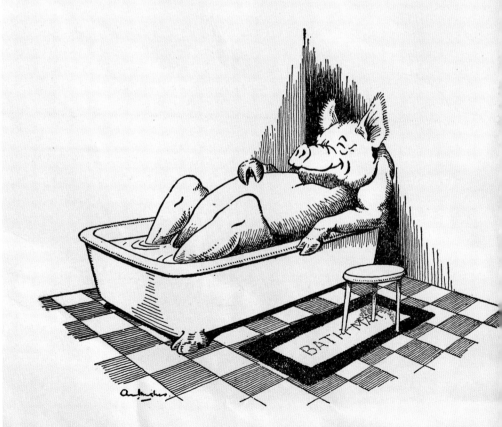

tread）那首歌所唱的那般輕盈，[73] 因為他太重了。要看蛇，便要放輕腳步，用眼看動靜，用耳聽聲音。如你有幸被咬，別因慌張致死。你要觀察傷口附近的一列牙印，是否有兩點比其他點大，如果是的話，那你就應該是被鼠咬而不是被毒蛇咬。如牙印數目眾多又大小如一，你很可能是被無毒蛇咬到。這時你只需洗淨傷口，防止感染細菌，聽其自然。如懷疑咬你的是毒蛇或知道是毒蛇，可用膠管扎住傷口至心臟間位置（但不要扎太久），盡快找醫生。不要飲酒，盡快回家睡覺（如果家在附近），就像護理發高熱一樣。最重要的是，你要把你從被咬後到康復或死亡的病情變化記錄下來，此等工作極具科學價值，忙為自己急救也可分散對傷口的注意而減輕痛苦。如果你殺了蛇，請把牠浸酒［甲基化酒精（methylated spirits）[74] 或氈酒（gin）皆可］，[75] 並向醫生出示，讓他認出品種。醫治蝰蛇咬和眼鏡蛇咬的處方是不同的。如果你會死，應早寫下遺囑，若本地有博物館，指明把蛇捐給它，並寫上標籤。

事實上，在港被蛇咬死的人非常罕有，最多是每年有一人被銀腳帶（*Bungarus multicinctus*）咬死。此蛇溫馴，日間不出現，除非牠為保命，否則很少會攻擊人。眼鏡蛇也會咬人，但二十年來，未聞有人死於其口。據文獻，世界各國，未有人，包括兒童，因被青竹蛇咬而死。所以在殺蛇之前請先了解牠，不要魯莽對待品種不明的蛇。

有關本地蛇類，可以寫出一本厚厚的書。我只希望出版一本囊括本地兩棲類的較薄的圖鑑。

青竹蛇 *Trimeresurus albolabris*

渾身亮綠的青竹蛇，是香港所能見到的唯一屬於蝰蛇科的毒蛇。牠與英國的小蝰蛇（Adder）和廣東的盧氏蝰蛇／鎖蛇（Russell's Viper）（見於廣東省但香港沒有）的關係較疏，與美洲響尾蛇同屬的烙鐵頭（Pit-viper）關係較密，同樣在兩邊眼鼻間有一道頰窩。

戰前我處理過的蛇屍不下數百條，但很少發現青竹蛇。但在赤柱四十三週的囚禁期內，見到的青竹蛇數量，卻多於其他種類之和。可能只是因為牠有毒，所以人們更有興趣把牠送給我。總之不可以據此斷定牠在本地很常見。

73　"Cat-like Tread" 是百老匯 1879 年逗笑音樂劇 *The Pirates of Penzance* 其中一首曲目，由 Arthur Sullivan 作曲，W. S. Gilbert 原著及作詞。此劇至今仍不停重演及錄音。故事說本來要做飛機師（pilot）的男孩被耳背的奶媽送到海盜（pirate）學校的遭遇。"Cat-like Tread" 是守信的男孩與海盜王、去說謊話的少將家中決鬥前，為克服恐懼而唱的歌。歌劇錄像詳見 http://www.youtube.com/watch?v=WdJg6Duzzf4。

74　作為燃料的酒精，通常在裏面摻入一定量的甲醇，免人食用。

75　又稱金酒或琴酒，以穀物為原料，經發酵與蒸餾，製造成中性烈酒，伴上以杜松子為主的多種藥材與香料。

銀腳帶

被囚赤柱期間，我養了一條青竹蛇做寵物，藏在一磅裝鐵製餅乾罐中，放入結實小樹枝，又放了一小碟濕木屑。用來做蓋子的物料，先前是繩，後用木板，最後是玻璃。鐵罐四周開了通風小孔，放在床頭。我為青竹蛇起名阿杜夫（Adolf），當男孩女孩來麻瘋病院（Leprosarium，我的住處）參觀時，[76] 都要繳交入場費 ——小鼠一隻。相對來說阿杜夫的肉食比在囚

青竹蛇眼鼻間有一道頰窩

的伙伴好得多，一餐便吞兩三隻老鼠，所以長得肥肥壯壯。

數月後有一天，另一條生猛健康的青竹蛇送到，因牠偏肥，最宜冠名本尼托（Benito）。我想看牠們如何相處，便把本尼托放進鐵罐內。很不幸，雙方未能交心，做不成朋友。第二朝見牠們沒精打采，想到替他們淋浴或會令牠們精神爽利一些，便用棍逐一趕到水盆中稍浸，再放回罐中。第二天都死了，相信是互咬中毒而死。我這個很久沒讀報的前主人，且將之視為吉兆。[77]

阿杜夫之死令院友心有戚戚焉（與本尼托相處的時間尚短，感情培養不足），所以當再有一條送來，便放進罐中代替牠。今次轉為一條小蛇，所以稱牠為小英機（Baby Tojo）。[78] 甚為不幸，因為牠太細小，連體形最細的小鼠都嚥不下，對蟑螂和其他昆蟲卻又嗤之以鼻，我們再也找不到合宜的食物給牠，結果不久便餓死了。

赤柱雖然多青竹蛇，但在集中營三年多期間，只有一次蛇咬紀錄。囚徒中有一位警察，是個大塊頭，其體形之大，在入營時冠絕全營，到獲釋時仍是。愛爾蘭人素以堅毅見稱，但他被咬後也一樣變得煩燥不安。我送他入白沙灣醫院（Tweed Bay Hospital）時，[79] 在旁安慰他說，在香港青竹蛇咬死過小孩，但未有殺死成人的紀錄。兩天後他出院了，此話無疑救了他一命。被釋年多後我們相遇，他向我說，當天被咬的手指第三節至今仍然彊直，沒有感覺。做一個手指彊直的而活生生的警察，無疑比做一個全身彊直而沒有生命的警察好，雖然後者確實創造了一個紀錄。

76　香氏因是生物學教授，被選入管理集中營的臨時委員曾中的醫療小組，與一眾醫療人員，共住在曾被用作隔離痲瘋病人的單位。

77　阿杜夫（Adolf）是德國戰犯希特拉（Hitler）的名，本尼托（Benito）是意大利戰犯墨索里尼（Mussolini）的名，兩者在歐洲發動第二次世界大戰。「很久沒讀報的前主人」指香氏自己不知戰事發展，擔心希特拉及墨索里尼佔上風，所以樂見冠名為阿杜夫和本尼托兩蛇互相殘殺，視為吉兆。此處反映香氏苦中作樂性格。

78　英機（Tojo）是日本戰犯東條英機（Tojo Hideki）的名，與希特拉及墨索里尼三人結成「軸心國」，今稱「邪惡軸心」。

79　據鄺智文《重光之路》（2015），赤柱拘留營由啟用不久的赤柱監獄及聖士提反書院組成，拘留留港之二千八百名外籍前公務員、教師、商人，包括一百八十名學童。正常成人日耗 2,400 卡路里，拘留營只提供 1,400 卡路里。日軍又阻撓紅十字會等外間援助。在三年零八個月裏，拘留營共死一百二十一人。聖士提反書院校長為學童提供教育，港大教授亦有向成人授課。各國營友選出臨時自治委員會，香氏因具備廣博又實用的科學知識入選，3 月，輔政司詹森（Gimson）入營自許領導委員會，1943 年自稱總監。詹森對過去的殖民政府作出反思，結論是不應再唯利是圖，提出戰後管治香港需改變態度；警務署長俞允時（John Pennefather-Evans）思考在警隊內部成立反貪污部；香氏則策劃漁農大計。香氏與一眾醫療人員，共住在曾被用作隔離痲瘋病人的單位。同室的比爾·瑞姆（Bill Ream）在 *Too Hot for Comfort: War Years in China, 1938-50*（London: Epworth Press, 1988, p. 37）對香氏如此評價：「令同住者印象深刻的是其抗逆能力，無論環境如何惡劣，他仍保持愉快心境，以床邊餅乾玻璃蓋鐵罐養毒青竹蛇自娛」。

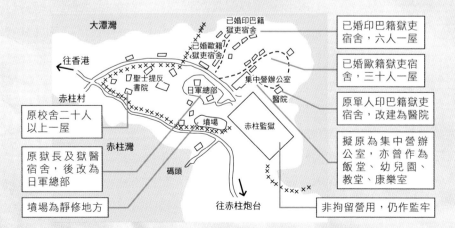

青竹蛇背碧綠，腹黃，尾尖有褐紋，或有藍色的鼻，很少長過 3 呎。我量過最長的一條，恰長 3 呎。牠是被前華民政務司（Secretary for Chinese Affair）所殺的。[80] 眼鏡蛇襲擊前會挺直腰身呈 L 形，叫你作好準備；在樹上的青竹蛇，襲擊前頭與頸平伏成 S 形，迅猛出擊，不作警告。青竹蛇毒長牙內的中空部分很大，能給獵物注射大量毒液，是完美的針筒。牠是有趣的寵物，在戰前我常飼養。

10 月初旬一個週一的早上，我在後園想把棚架上枯萎的朝顏花清除，好讓新開的天藍花冠盡展。伸手去拔走殘花時，青竹蛇突然張口咬我，但我避開了。其後情節皆屬杜撰，但我無法按捺，必得細說：

迅即吸一口氣，毒蛇便擺好姿勢準備再攻。看牠帶暗紋的綠色身軀，是模擬葉片和彎枝的影子，完美地隱藏在一片蔥蘢枝葉裏，陰險的口大張，邪惡的分叉舌頭在顫動，毒汁通過針尖頭大小的管道，從又彎又尖的毒牙滴出。牠霍然閃電出擊，無辜者早存戒心，作好準備，及時縮手，尖牙咬空。奸詐的爬蟲滿不是味兒，又再重整陣地，蓄勢待發，但事與願違，我們的勇士並沒有因為死裏逃生，或至少免於皮肉之苦而有一絲感恩，反而是召來一班朋友，見證其高尚的行為：拿起一根樹枝，一次又一次猛然重擊蛇身，致諸死地，在一片喝彩簇擁之下，把還在顫動的屍身，擲入樹林，讓它被飢餓的螞蟻群撕咬。[81]

飯鏟頭 / 眼鏡蛇 Cobra

戰前我在家養過一條飯鏟頭（Naja naja kaouthia）多月，把觀察記錄刊於《香港博物學家》。飯鏟頭以鼯鼠，老鼠、蛙、鳥及其他蛇為食。飯鏟頭吃蛙，先放入口的，或是頭，或是腿，或身體，然後再吞其他外露部分。牠不想浪費毒液，所以愛活吞獵物。但飯鏟頭吃其他蛇時，都絕無例外地先用毒牙咬死，然後由頭開始吞食。很少見香港的飯鏟頭超過 4 呎長，但我曾量過一條長 4 呎另 3 吋的。我曾養過一條飯鏟頭數個月，有一次，我把與該飯鏟頭長度相若的兩條小蟒蛇（Python），暫時放進同一個籠子中，兩蟒蛇共長超過飯鏟頭至少 50%，但在三日後，飯鏟頭竟吃掉牠倆。飯鏟頭吃掉第一條，到日間我發現時，下半場剛開始。飯鏟頭吞食第二條蟒蛇，用了數小時。這條飯鏟頭後來長得膘壯亮麗，如梳洗得

赤柱集中營營友合照。
譯者認出最左即香氏

青竹蛇

80 香氏筆下的前華民政務司擬為任期 1945 年 —1946 年的鶴健士（Brian
   Charles Keith Hawkins）。1997 年 7 月 1 日改名為民政事務局（Home Affairs
   Bureau），首長為民政事務局局長。

81 香氏本段所用「勇者」、「高尚的行為」都是反語，目的是重申上一節「殺
   蛇之前請先了解牠，不要魯莽對待品種不明的蛇」說法。

宜的西班牙獵犬（Spaniel）。

又有一次把一條碩大的無毒蛇，放在一條小飯鏟頭旁，以為尺寸相差太大，兩條蛇會相安無事，但第二天無毒大蛇失蹤了，只剩下小飯鏟頭，只見牠變了形，肚子褶成波紋狀，像個直寫的書名號。為了把比自己還要大的食物藏在胃中，不得不壓縮其長度，結果成了這個樣子。牠很不舒適，被壓縮的蛇似風琴狀，似彈簧，頂着小飯鏟頭的咽喉。活蛇不停把頭上下左右搖搖扭扭，好像有東西在搔牠的喉嚨 —— 也怪不得。小飯鏟頭在當天把食物吐出來。我見到被吐出的蛇，除了頭的一部分被消化外，在胃的上部及咽喉處倒置褶曲的尾部，大部分完整無缺。由此可見，在聖誕節大食會，要控制男孩女孩的胃口，不要讓他們變身成蛇，否則會像飯鏟頭那樣大吐。正如《聖經》所說，不要為明天的飲食憂慮，一天的食糧一天當就夠了（Sufficient unto the day）。[82]

飯鏟頭以頸背膨大，看似兜帽或飯鏟為特徵，兜帽中間有單眼斑紋。幼體單眼斑紋與成年時相似，但更明顯。雙眼斑紋或眼鏡形斑紋，為印度飯鏟頭特有，本地飯鏟頭是沒有的。飯鏟頭成年時全身變黑，可以頸下白斑為辨識特徵，但活蛇可能不願讓你看，死的除外。

勿以為幼飯鏟頭是細小爬蟲就可以看輕，其實牠很凶猛，若被騷擾，隨時準備攻擊。有記錄指出，飯鏟頭一生下來毒囊已注滿毒液，分量能致人於死，所以一定要小心應付。應付憤怒的飯鏟頭，不論老幼，有一奏效的招數，就是取一本書或一片棕櫚葉，或類似之任何物體，在蛇頭前後慢慢移動，蛇就會伏下來，再不挺舉。這是因為飯鏟頭最怕鷂與喜鵲，會以為那移動的書或葉片，就是鷂與喜鵲，要下來抓走自己。有趣的是剛從蛇蛋孵出的飯鏟頭，也有這種反應，所以可以斷定這是遺傳，而非後天習得。

一位朋友曾告知我，籠中四隻飼養種虎皮鸚鵡（Budgerigars）的行為。牠們本來開心歌唱，但朋友一開動吊扇，牠們就噤聲並抖縮身子。關了吊扇，便又吱吱叫，開動吊扇，又回復原狀。情況正如上述的飯鏟頭，虎皮鸚鵡雖然未親眼見到天敵，只是感受到其閃動影子出現，便對鷂撲刺激產生本能反應，這是源自遠古祖先的獲得性狀遺傳（inheritance of acquired character）？[83] 還是動物有機體長存的本能反應（reaction inherent in the animal organism）？

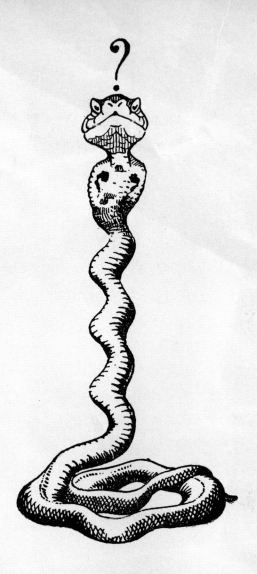

82　出自《聖經》〈馬太福音〉第 6 章 34 節，原句是 "Sufficient unto the day is the evil thereof"。《聖經》新譯本是「不要為明天憂慮，因為明天自有明天的憂慮，一天的難處一天當就夠了。」嚴肅地看，香氏能在集中營苦中作樂，達觀正向，就因為他有真信仰：「應當一無掛慮，只要凡事藉着禱告、祈求和感謝，將你們所要的告訴神。」（腓立比書 4:6）「你們要將一切的憂慮卸給神，因為他顧念你們。」（彼得前書 5:7）。

83　通常人們所說的「獲得性遺傳」都是指體細胞產生的變異能夠遺傳。這一假說源自拉馬克（J. B. Lamark）的「用進廢退説」（use and disuse），即生物可把後天鍛練的成果遺傳給下一代。如長頸鹿的祖先原本是短頸的，但是為了要吃到高樹上的葉子，經常伸長脖子和前腿，通過遺傳而演化為現在的長頸鹿。

飯鏟頭受動作刺激，依靠視覺做反應。把手帕縛在棍上，在牠頭上晃動，牠會攻擊手帕。飯鏟頭夜行，日間罕見，在田間提燈捕田雞者偶被咬。[84] 飯鏟頭港島新界均見。

眼鏡蛇王／過山風／過山烏 Hamadryad

慶幸眼鏡蛇王在本地不多，或存於港島，但我並無記錄。我二十年來，只在錦田、魔鬼山、大嶼山三地錄得。戰前在錦田出現的一條，量得 7 呎長。1947年 8 月另一條被錦田村民發現，我的一位朋友趕去為我製標本時，該蛇已被煮吃掉，他取回來的部分蛇皮，不連頭尾，也有 6 呎長。眼鏡蛇王俗名過山風，說牠穿山越嶺行動如風。牠主要以吃其他的蛇為食。戰前我得到一條，胃內有青竹蛇。

過山風幼體很美，黑黃相間，樣子似金腳帶（Banded Krait），但有三項特徵可一下子便鑑別出來。其一，過山風斑紋只現在背，金腳帶則環身；其二，金腳帶背有脊線，過山風則無；其三，過山風頭頂後有兩塊盾紋，是金腳帶或其他蛇都沒有的。幼體在什麼時候和長到什麼尺寸，才出現成年期的深暗斑紋則未明。如果有人有幸遇上小過山風，應讓牠活下來，養大牠，記錄其體色是什麼時候以及是怎樣變化的。也可放在香煙鐵罐內，附以濕苔，空郵到倫敦動物園。應在蓋子由裏向外鎚鐵釘數次，便能鑽出若干小孔。香煙鐵罐蓋子要緊緊黏好，標籤內容地址要寫明，並要親自送到乘客或機組人員手上。

最長的過山風長達 18 呎 4 吋，在暹粒（Siam）發現並被殺。如我記憶沒錯，在新加坡萊佛士博物館（Raffles Museum）的一條長約 15 呎。[85] 很少有這樣長的過山風。過山風的毒囊與體長成正比，長過 7 呎的可致命，遇見牠，避之則吉。[86]成年過山風樣子似滑鼠蛇（*Ptyas mucosus*），但有長狹的兜帽，當牠昂起時才見或不見。過山風身上大部分有環斑，平時不顯，當蛇吸氣使身體膨大時，鱗片間皮膚伸展，遮蓋無色部分，身上的斑紋因而顯現。有趣的是在香港，毒性最強的陸蛇或多或少都有艷斑，或多者如金腳帶、銀腳帶、珊瑚蛇，或少者如兩種眼鏡蛇。儘管是青竹蛇，在吸氣膨大伸展皮膚時，在鱗片間赤裸的皮膚上較深色的斑清楚可見。

84　漁農自然護理署《追蹤蛇影：香港陸棲毒蛇圖鑑》（2006）指飯鏟頭日夜皆活躍。屯門醫院及博愛醫院急症室報告，2004 年 4 月至 2009 年 3 月，合共接獲十八宗被眼鏡蛇所傷的求診過案，十五宗被咬傷，三宗被毒液濺傷眼部。其中十四宗於 8 至 11 月發生；十三宗在日間；十宗在戶外；十宗被咬下肢，五宗上肢；其中十四人麻痺，六名傷口壞死，五人需施手術去除腐肉，三人有溶血反應。無人死亡。

85　萊佛士爵士（Sir Thomas Stamford Bingley Raffles，1781—1826），1805 年被公司派往今天的馬來西亞檳城，1823 年正式宣告新加坡為自由港，倡議建立自然歷史博物館，死後二十三年「萊佛士博物館」建成，即今之「萊佛士生物多樣性研究博物館」（The Raffles Museum of Biodiversity Research），在 2015 年遷入新加坡國立大學生命科學系，改名為「李光前自然歷史博物館」（Lee Kong Chain Natural History Museum）。

86　現時多稱「過山烏」而少人叫「過山風」。

鐵線蛇 Iron wire Snake

區隔六年半有餘，[87] 妻兒與我重聚，再次住進一套有花園的房子，我義無反顧在園子裏種植，常用鋤頭使左手第三隻手指最下一節長了繭。早春 3 月，地硬如水泥，辛辛苦苦開了一小幅地，不料鋤出兩條鐵線蛇（*Typhlops braminus / Calamaria parimentata*）來。么女把蛇放進煙罐，在罐頂開了小洞，還放入泥土和蚯蚓。其中一條，乘夜逃走，幸好還剩一條，可讓她帶回學校炫耀。

這種較原始的蛇身形像鐵線，土名「鐵線蛇」，其實牠的身體不像鐵線那麼硬，是本地蛇類中唯一尾部圓的品種。如果牠想藏入泥土中，會用尾插入泥中，像錨一樣，鑽前退後。牠吃蚯蚓等軟體動物。因為眼睛被鱗片履蓋，所以是盲的。鐵線蛇三四吋長，像很多蛇一樣胎生，對人無害，但中國人傳說，要是牠在你的手指繞了圈，儘管你用什麼方法都解不開，直到手指因沒有血液輸送而壞死脫落為止。[88] 中國人跟英國人一樣，對蛇有很多奇思妙想，認為蛇都是濕黏黏的，可是當你有膽量順撫其鱗片，就感受到蛇身順滑如絲綢。逆撫蛇鱗，通常會感到很粗糙，可是無論從什麼方向撫摸鐵線蛇，都不會礙手。我只挖了 16 平方碼，便挖出四條鐵線蛇，數量之多，令人出奇，如果按此比例推論，全港島的鐵線蛇數量大如天文數字。

海蛇 Sea Snakes

這樣記住好了：所有海蛇都有毒，有的比飯鏟頭毒數倍，但海蛇不攻擊人類。據我所知，沒有泳客被海蛇咬過。但聽聞曾有在帆船上的漁家，在收漁網取漁獲時，被混在漁獲中的海蛇咬死。

海蛇在夏天來訪，在淺水灣岸邊有時可見。其中一種最常見的，也是棲息全球的長吻海蛇（*Pelamis platurus*），體色上黑下黃，但已知有其他不同顏色。青環海蛇（*Hydrophis cyanocinctus*）體色橄欖綠或黃色，身上有黑斑，此斑或是全圓環，或只分佈在背部兩邊。所有海蛇的尾部形如槳，死後掉進海中的陸蛇或水蛇，都沒有這種特徵。[89]

87　1941 年 6 月香氏妻兒離開，1947 年 1 月回港。

88　另一中國人傳說是見兩頭蛇者死，詳見「孫叔敖殺兩頭蛇」傳說。

89　據 *Hong Kong Amphibians and Reptiles*（1998），青環海蛇是香港最大海蛇，比較溫馴，不會主動攻擊人，但在 1968 年，在大埔曾有幼女在漁船上被它咬死之記錄。此蛇皮、肉、脂肪可食，亦可入藥及餵家畜。長吻海蛇是世界海蛇中，分佈最廣的一種，常會混雜在水草或其他飄浮物間，漂浮於海面上，待小魚接近後才突然攻擊。《香港爬行動物名錄》另載香港海蛇有小頭海蛇（*H. gracilis*）、淡灰海蛇（*H. ornatus*）、平頦海蛇（*Lapemis curtus*）、海蝰（*Praescutata viperina*）、麗紋蛇（*Sinomicrurus macclellandi*）。

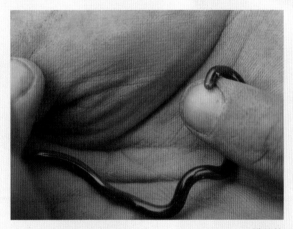

鐵線蛇

蛇的吞食機制

有一回我為了自娛，繪了以下青竹蛇的頭部透視圖，顯示其毒牙的運作。又繪圖解釋為何蛇能吞下比自己的頭還寬的食物，以及怎樣防止吞食時被獵物反咬。以下繪圖及文字，未達動物學家要求，可能但把事情解釋得清楚一些。

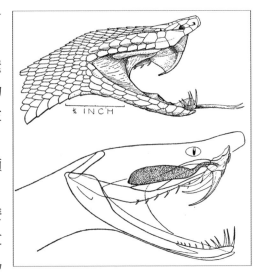

毒牙大部分被皮覆蓋。分叉的舌頭在舌管中伸出，閉口時舌頭藏於管內。舌管稍上有支氣管，連接肺部。為什麼氣管位置這麼前，不若人類置後？下文自有分曉。上顎看起來腫漲，這是因為內藏毒腺囊，毒腺經導管連接至毒牙，從毒牙牙齦前方入，從毒牙牙冠尖端出。肌肉收縮，按壓毒腺，就可噴出毒液。口內設後備毒牙兩隻，縱使折斷了，可以更換。另外都是實心的無毒腺小牙。位於下顎前方有齒骨（Dentary），位於上顎有翼骨（Pterygoid）。齒骨後是複合骨（Articular），關節以及翼骨都連接堅硬的方骨（Quadrate）。翼骨前端不接連其他骨，可以按壓。連接毒牙的是短短的頜骨（Maxilla）。頜骨上接頭臚額前骨，後接翼骨的外翼骨（Ectopterygoid）。上下顎下半部無齒。下顎的兩塊嵌接骨，並非如人類一樣固定，而是由有彈性的韌帶接連。接連頭臚顳部的方骨，也非固定，可作前後移動。人的下顎直接頭臚，但蛇的方骨不像人類一樣接連下顎，而調適及縮小成耳骨的一部分。

閉口時，毒牙放平，受皮層保護；張口時，方骨樹立，推動三骨連接點，翼骨和外翼骨被推前，最後方骨推動頜骨，使毒牙豎起。蛇咬物時，毒牙刺進身體，毒液注入血管。據我所知，青竹蛇能在兩秒內殺死老鼠。閉口時，這一組骨朝相反方向運作，使毒牙回復水平狀態。

吞食時，下顎兩塊嵌接骨中的其中一塊不動，另一塊向後或兩邊移動。吞沒獵物時，方骨能自由移動，使能吞下比自己的頭更大的物體。獵物不久便會撐滿口腔和喉嚨，這時蛇理應窒息，但蛇的氣管在口的前方，更及早把它下滑到下顎

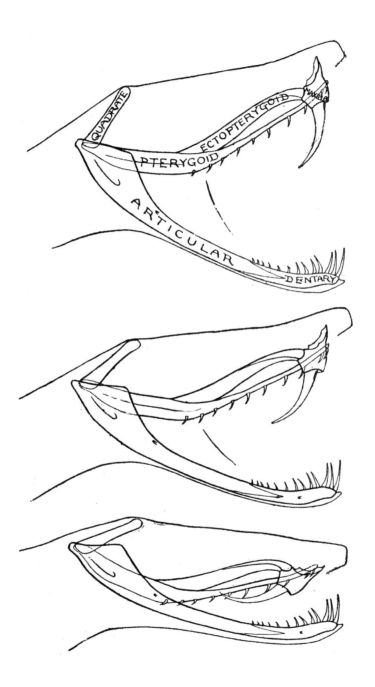

邊緣，不讓獵物壓住，使氣管外露，仍能呼吸。獵物到了喉嚨時，蛇頸肌肉作有節奏的伸縮，能把獵物送到胃部。因為蛇沒有肋骨，所以胃能漲至極致。由於蛇鱗不互扣，只是附於皮上，所以蛇皮被撐寬後，蛇鱗彼此疏隔開，這時本來被蛇鱗遮蔽的皮紋，就顯露出來了。[90]

蛇咬事故

年前，我養了一頭名 Claude 的獵狐犬（Fox-terrier），常陪我散步。有一次在大學校園內，我命令牠走到一叢馬纓丹（Lantana）灌林內檢回一隻網球。牠走出叢林回來時，步履緩慢，一跛一跛的，並不停以臉和爪擦地。我以為牠大概只是被馬櫻丹刺刺到，不以為意，繼續前行，未幾小狗步履維艱，口中流出大量涎液。我停下來為牠檢查，發現牠上唇極為腫漲，兩處傷口相隔三分一吋，確證是被毒蛇咬，便打電話，趕緊送牠到醫學院。

送到醫學院時，狗的脈搏很弱，似無呼吸。獸醫用乙醚麻醉牠後，割開上唇，塗上高錳酸鉀，並刺激其心臟。十五分鐘後，Claude 很慘，流了滿地涎液，但乙醚和治療都生效，牠開始呼吸心跳。被咬四十五分鐘後牠復元，能慢走回校園內的家。種種癥候顯示，凶手是飯剷頭。一年後，深色疤痕猶留在 Claude 上唇，作為牠唯一的冒險標記。

1942 年 1 月第三個星期，我收到由九龍醫院送來的一條蛇屍，並附一張字條：此蛇剛殺了人，是哪種蛇？環蛇之一銀腳帶（Bungarus multicinctus）是也，與印度常見的另一種環蛇青環蛇（Bungarus caeruleus）有密切親緣關係。此條特大，量得 3 呎 3 吋長。死者是一名十五歲少年，在鑽石山找到此蛇，被牠爬進衫袖內，蛇咬在少年腰上 3 吋地方，當天死亡。此蛇是分佈廣泛的最毒的陸蛇，幸好此蛇習性夜行，日間視力很弱，除非嚴重騷擾，很少會作攻擊。衫袖一角地方昏暗，蛇可能因此活躍起來。此蛇背部黑白相間，腹全白，背明顯成脊狀，在尾部下方只有一行鱗片而不是兩行。此是牠與無毒品種游蛇科白環蛇屬細白環蛇（Lycodon subcinctus）的區別。同科的金腳帶毒性較輕，攻擊力較低，常見於中國蛇店。

我有一位野外助手，他的哥哥曾被飯剷頭咬過，但沒有死。在某個夏天我和

90 維多利亞大學的骨骼圖中方骨（Quadrate）與翼骨（Pterygoid）的接連方式
明顯與香氏有別，未知青竹蛇跟蟒蛇骨骼是否有大不同。前者明確指出「下
顎骨分成左右兩塊，由富彈性韌帶連接」，對理解蛇的吞食機制很有幫助。

紅脖游蛇吞食泛斑樹蛙

他出國，他搜集標本時被青竹蛇咬到，我回來後，他講述當時見到蛇約 2 呎長，咬到他右手食指基節後立即鬆口。我問他被咬後第一時間做什麼，他說是把蛇捉入袋中。活蛇被帶到我的實驗室，他沒有打算去擠出毒汁，而是去找一種土名 'Pun pin k'ei'[91]（半邊旗，*Pteridium semipinnata*）的草藥。在一小時後找到半邊旗，搗爛並敷上。這種植物是一種蕨類，是廣東蛇王混合蛇藥五種原料之一。可是這藥無效，他的手指、手掌、手臂紅腫，痛楚萬分，並漫延至肩與胸部肌肉。兩天後，他到醫院留院，三日後出院，數週後康復，手指已無傷痕。

蛇店

　　香港至少有兩三家蛇店，多年前我曾到過一間，雖然當年寫的筆記已失，但一些細節仍歷歷在目。蛇店只賣八種蛇，有毒的有過山風、飯鏟頭、金腳帶；無毒的有蟒蛇，大、小滑鼠蛇／水律、黑眉錦蛇（*Elaphe taeniura*），三索線。據我所知，蛇店有行規，除此八種以外不賣別種蛇。蛇是賣給食客的。

　　蛇膽，尤其是飯鏟頭的，最具價值。中國人相信，生取蛇膽，整個吞食，或伴酒吞食，最能補身。我見到蛇王從裝有很多條蛇的布袋中，取出一條飯鏟頭，用腳踩實蛇頭稍下處，以防逃逸，再用右手在蛇腹上下摸索，很快就以姆指確定蛇膽所在，然後用小刀在蛇腹之邊割開約 2 吋闊的小口，擠出蛇膽，向人展示，小心地把蛇膽與其他組織分離及移除，一千個小心不弄破它。蛇膽顏色殷碧，大小像寶石。蛇完成手術，就塞進另一隻布袋裏，表面看來沒有不適。

　　一天，我駕車回家，遇上到剛捕到大滑鼠蛇的蛇王，我停車探看。我和太太看見他完成移除蛇膽手術，把蛇膽放在一塊樹葉上，仰頭，張口，吞下蛇膽，看他一副心滿意足的樣子，羨煞一群圍觀的中國男子。

　　秋季時，華人富戶會組織「大蛇會」筵席，[92] 其中一味是蛇。另一味或在同一碟的是果子狸，如找不到果子狸，可能會以貓代替。傳云，秋天食野味能驅寒。這些都是多年前學會的事，我不保證每一細節都準確無誤。中國人和歐洲人對蛇有多奇思妙想，他們認為環蛇若尾尖是黑色的，代表牠殺了人；若看到蟒蛇把尾尖放在蛇餅中，你便會運滯。[93]

91　原文「pun pin k'ei」按粵拼應為「半邊旗」（*Pteris semipinnata*），的確是蕨
　　類植物，但似乎只用於清熱解毒，治蛇咬效用成疑。可確定有治蛇咬療效的
　　是半邊蓮（*Lobelia chinensis*），桔梗科，蕭步丹《嶺南采藥錄》（廣州：蕭
　　靈蘭室，1932）沒有「半邊旗」條，卻有「半邊蓮」條；指它會開花，可確
　　定非蕨類，又引諺云：「有人識得半邊蓮，包管同得毒蛇眠。」（蕭步丹《嶺
　　南采藥錄》，頁140），但竟有中藥網站在「半邊旗」條下引用蕭步丹介紹「半
　　邊蓮」資料，相信這是下文所述「這藥無效」的原因。如果助手採的是半邊
　　蓮，相信不用去醫院。

92　「大蛇會」即粵菜「龍虎鬥」，兩廣人將蛇雅化稱作龍（因為蛇和龍的形態相
　　同），將貓雅化稱作虎（因為貓和虎同屬貓科動物），蛇肉炒貓肉，是為「龍
　　虎鬥」。若加上烏雞（或狗肉），是為「龍虎鳳」。

93　葉林豐／葉靈鳳《太平山風物志》/《香港風物志》（1953, 1956, 1973）〈蛇王
　　林看劏蛇〉是據本文改寫之名篇。香氏本文已經是一篇富吸引力的小品，葉
　　靈鳳把它譯出之餘，在言辭上加以潤色，在資料上更新補充，在調查上添加
　　民俗學、中國化、本土化特色，照顧讀者口味與反應，這大抵就是令曹惠民
　　（2003）在閱讀本篇時感覺有快感的原因了。

「我有告訴你我動手術的事嗎？」

水族與民生

· 魟與鷂（Sting and Eagle Rays）· [94]

　　3月某天駕車經過青山灣，見帆船上的漁民在御下大鯆魚（Ray）。停車看，查知是兩大品種。體形較小的是魟（Sting Ray），身寬 18 吋，連尾 2 至 3 呎長，尾上生了一枚邪惡毒棘。較大的是鷂鱝（Eagle Rays），身寬 2 至 3 呎，連尾 5 至 6 呎長，尾像鞭子。鷂鱝異於魟之處，是頭上長厚厚尖尖的嘴，牙齒融合成鋪石狀，排成多列，貝類在上下兩排牙齒間被咂碎，然後才吞食。

　　漁民捉到鯆魚後，第一件事要做的是割下它的毒棘，[95] 替魚磅重。他們小心地把毒棘搬到甲板上，準備在漁船開出大海後，將之拋入海中。毒棘不僅尖，其邊也鋒利，被刺割後很可能做成嚴重創傷，毒棘更因沾上由鯆魚皮膚分泌的毒素，使受創者痛苦萬分，已知甚至有人因此而死的。[96] 漁民說解毒要用「榕樹蘭」

龍舌蘭

（yung shue laan）樹葉加工而成的藥粉與藥酒，[97] 外敷內服。我收集了一組三枚棘刺，最長的 4 吋，最短的 3 吋。我又問漁民，鯆魚尾可以用來做什麼，一位看似一家之主的漢子答曰，用來懲戒男童。我兩個兒子在英國，所以我沒有收集鯆魚尾，但心癢癢也想要一條鯆魚尾，因為有個么女在家中。[98]

· 魔鬼魚（Devil Fish）·

　　戰後翌年 9 月某一天，漁民捕獲一條大魔鬼魚，在赤柱村下卸。之所以值得一記，是因為牠身闊 17 呎，長 8 呎，厚 2.5 呎，尾長 5.5 呎，介乎一二千磅

譯註

▼

94 　鰩形總目分鰩、魟和鱝。沒有尾刺的，一般就是鰩。有尾刺的，是
　　魟或者鱝。與下文 Sting Ray 相應的是土魟科（Dasyatidae）與燕魟
　　（Gymnuridae）；與下文 Eagle Rays 相應的是鷂鱝科（Aetobatidae），下一
　　段提及的雙吻前口蝠鱝（*Manta birostris*）則屬鱝科（Myliobatidae）。

95 　為台南海生館最早一批搜集的魟，所以無尾，是因為漁民習慣即捕即脫。
　　在海生館提出要求後，漁民交付前才不折其尾。

96 　最為人知的魟魚殺人事件是 2006 年 9 月澳洲動物保育人士「鱷魚先生」
　　（Crocodile Hunter）歐文（Steve Irwin），在澳洲大堡礁拍攝節目時被黃魟
　　（*Dasyatis akajei*）尾鉤刺中心臟身亡。

97 　由 yung shue laan 直譯而成的「榕樹蘭」，不載於任何中藥書。寄生於榕樹
　　上的是廣東隔距蘭，並無藥用記載。我懷疑漁民説的是「龍舌蘭」（lung sit
　　laant），葉端也有刺如魟魚尾刺，其葉含皂甙，雖然本身有毒，但「以毒攻
　　毒」，資料説它有「解毒拔膿」用。可能是因漁人口音或咬字不清，或香氏
　　聆聽筆錄不準，而誤錄為「榕樹蘭」。龍舌蘭每片葉的葉端，長出一枝又硬
　　又尖的毒刺，令人聯想魟魚尾刺，又因為中醫有「以毒攻毒」的説法，兩種
　　奇思妙想結合後出現此一藥方。這當然只是譯註者的想法。

98 　29 歲的香氏 1932 年與 Iris Walter 結婚，長子 Peter George、次子 Jeremy
　　Bernard、么女 Stella Horence 在香港出生。日本戰敗後被母子四人被送回英
　　國，子女分別是 12 歲、9 歲、7 歲，父親趕到英國與家人團聚後，即被麥道
　　軻召回港臨危授命，決定兩子留在英國繼續學業，么女則帶回香港照顧。寫
　　作本篇時（1948 年）三子女的年紀分別是 15 歲、12 歲、10 歲，兩子正處反
　　叛年齡。香氏心癢癢也想要一條鰩魚尾，當然不是要用來懲戒么女，而是送
　　給她作玩具。在〈動物專題・豪豬〉一章曾把豪豬翎刺送給女兒。

之間。[99] 這是一條魚娘，子宮內藏有三條小魔鬼魚，每條已經有 2 呎闊，約 7 磅重。

魔鬼魚長大後可重達 4 噸，所以在赤柱發現的那一條其實仍未完全成熟。魔鬼魚頭兩側長出大魚鰭，抬起時成角狀，浮水時能伸出水面。在赤柱集中營的日子，我在大潭灣見過一次（或多次）魔鬼魚並記得牠舉起一對「角」的樣子。

此魚是所有鯆魚中最大的，與鯊同屬軟骨魚綱，產於全球熱帶海域，定時來港，甚至游進維港。牠一現身，本地人便很害怕，因為相傳這種魚能吃人。事實上，牠僅能吞食小魚、小蝦、貝類，甚至更細小的生物。牠的上顎沒牙齒，下顎牙齒融合成鋪石狀，排成多列，每列有小齒百枚。

細心的讀者應該留意到，我描述魔鬼魚時，沒有指出其尾端跟鱝魚（Skate）及魟魚一樣，有邊緣呈鋸齒狀的尾刺。我的一位朋友檢驗過成年的魔鬼魚尾，說魟有刺，魔鬼魚則沒有。但我親手摸過魔鬼魚魚胎，其實其魚尾是有刺的，只是被魚皮遮蓋，相信此刺在魔鬼魚的成長期期間消失。魔鬼魚的學名「雙吻前口蝠鱝」（*Manta birostris*）是在 1829 年命名的，雖總共只有一兩種，但被冠上一大筐有趣名字，如可愛的「奇異魚」（*Diabolichthys*）[100] 和「魔鬼魚」（*Daemomanta*）。我應助理員的要求，送他去掉尾和牙的胎盤，他將之烹調進食，說其味令人作嘔。由此可見他人性尚存，[101] 不用把他重新命名「擬奇異魚」（*Diabolichthys similimus*）。

我放在書桌上的收藏又多了兩項：在魔鬼魚胎盤中取出的尾和牙。《馬克白》（*Macbeth*）的女巫所煮的「迷幻湯」材料眾多，[102] 諸如海鯊胃和毒芹根，這些材料我無法一一集齊，但魔鬼魚尾和牙大可充當其中。我把它們浸酒備用。

· 玻璃窗牡蠣（Window-pane Oyster）·

雲母蛤／明瓦（Placuna）是本地值得注意的牡蠣，我相信在本地只產於沙頭角海（Starling Inlet）。[103] 常見村民在村前灘上檢其空殼，成堆擺放。一本博物學著作這樣描述：

99 朱維德在《原來如此》〈魔鬼之躍〉（1989，頁224）一篇描述作者1954年游經長洲赤魚排時突然頭頂暗黑 …… 抬頭一望，一架大貨車罩頭而下 …… 轟隆一聲，好像響雷，原來是一條大魔鬼魚 …… 究竟那魔鬼魚有多大？就是一架大貨車一般。

100 據華文網站，奇異魚「Diabolichthys」這個本來棄用的名字今天已成為一種原始肉鰭魚類之學名，該魚1984年發現於中國雲南曲靖地區距今4億年前的泥盆紀早期地層中，是迄今所知最早、最原始的肺魚形動物之一。

101 香氏一如其他歐裔人，對華人嗜食各種動物及其內臟，並不適應。

102 莎劇《馬克白》（Macbeth）插曲〈女巫之歌〉中的「迷幻湯」，除了海鯊胃和毒芹根，其他材料包括惡龍鱗、野狼牙、巫婆屍、沼蟒肉、蠑螈目、青蛙趾、蝙蝠毛、犬舌、無足蜥刺、叉蛇信、蜥蜴足、梟翼等。

103 上文「沙頭角海」在原文是 Stanley Inlet（赤柱小港）。葉靈鳳《香港方物志》〈海鏡——明瓦〉一文有很大篇幅是本節之直譯，但他沒有照搬譯成「赤柱小港」而更正為「噪林鳥小港」（Starling Inlet），可見葉氏自有一定水平。葉氏該文解釋「噪林鳥小港」一名，源自1842年前曾停泊於沙頭角海的英艦「噪林鳥號」。

明瓦

明瓦的殼長得薄，近乎透明，因此在東方一些地方，用它來嵌制窗戶，故稱玻璃窗貝（Window Pane Shells）。此工藝在中國看來已有數百年歷史。把明瓦磨成二吋半見方的方塊，嵌在垂直密間的木條之間。葡萄牙人 16 世紀借用此法並傳到南洋殖民地，今天在果亞（Goa）和第烏（Diu）等地的老屋仍可見到。[104] 馬六甲拿督府是最佳例子。

我不曾在香港或南中國見過用這種貝殼嵌制的窗戶，但聽過在廣東一條窄巷，許多人家的窗門嵌有明瓦。好像在澳門也有。在菲律賓，當地人都學會了用明瓦嵌木窗的方法。我在馬尼拉問過當地人此法何來，答曰，是西班牙人教的。馬尼拉戰前至少有一家工廠，用明瓦篏在染色的鐵框或鉛框上製成燈罩，接上電燈，送到馬尼拉酒店懸掛，燈泡亮了，發出柔和的白光。不發光時，則以其珍珠質感取勝，很有情調。此貝形圓而扁，雙貝中更有一塊完全扁平，雖不透明，但透光如毛玻璃，在沙頭角海可找到，[105] 最大的寬 3 吋半，在南洋一帶可長至最少 5 吋。[106]

· 值得注意的海葵 ·

朋友很多時都會把很多奇形怪狀的動植物送來實驗室，要我說出名字，供我研究，但我並非無所不知。一個黃昏，我走進實驗室，就被難倒了。只見一個盛海水的盤子內，放了一條約 1 呎長、髒髒的、佈滿泥漿、啡色的香腸狀物體，它其中一頭有一個苔狀窄口，皮上破口則流出一啖一啖的不明物質。我拿給來自澳洲的學生看，他們都不知是什麼。

第二朝我發現令人震驚的變化：香腸狀物體沒有苔狀窄口的那邊，吐出數目眾多的紫色觸手，形成半徑 8 吋的半圓。一隻黃蝦在另一頭現身，沿邊又走出十二至十五條小管，內有蚯蚓狀物體，其尾復噴出包括黃褐灰色、淡紫色和黑色的觸手。這個體採集自九龍碼頭附近海床，似乎是角海葵屬（Cerianthus）中的一種海葵（Anemone），我玩着為其冠名「尖沙咀角海葵」（C. tsimshatsuiensis）。[107] 蚯蚓般物體是一種帚蟲（Phoronis），可能是南方帚蟲（P. australis），此屬中體

104 果亞（Goa）和第烏（Diu）仕印度之西，地處於阿拉伯海、印度洋交接處，都曾經是葡國殖民地，是海上絲路的重要據點之一。

105 譯者曾在米埔看到被挖起的魚塘塘泥中埋有大量明瓦，其大者的達 5 吋。據此明瓦似非沙頭角海獨有，后海灣亦曾棲息大量明瓦，只是被淤泥掩埋不易發現。

106 香氏〈玻璃窗牡蠣〉與葉靈鳳《香港方物志》〈海鏡──明瓦〉文句的相似性，比〈蛇王林看劏蛇〉更高。見譯者另文〈重估香港方物志：香樂思與葉靈鳳之間〉（未刊稿）。

107 *C. tsimshatsuiensis* 的正式學名是蕨形角海葵（*Cerianthus filiformis*），俗稱管海葵／千手海葵（Tube anemone）。

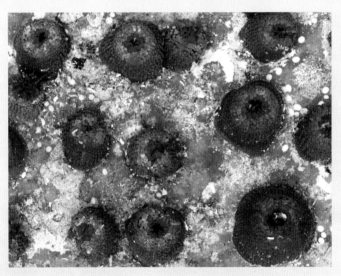

海葵

形巨大的，我稱之為「九龍帚蟲」（*P. kowloonensis*）。[108]

· 水 母 共 同 體 ·

　　水母無論體型有多大，通常都是單一個體，但本地則有由不同個體組成的水母，就如珊瑚一樣。有的水母體小而無色；有的體大而色彩鮮艷。有的毒性溫和，如白蚱；有的毒性強，如葡萄牙軍艦。香港海面多白蚱，尤其在秋季，其螫細小，被螫後感到不適的只佔少數。葡萄牙軍艦（*Physali*a, Portuguese Man-of-War）的藍色浮鰾有一二吋長，被螫就如被鞭笞一樣痛楚，幸好在本地甚罕見，我只在斯里蘭卡（Ceylon）的首都哥倫布（Colombo）看過被沖上沙灘的葡萄牙軍艦屍體。

　　秋季天氣好時，在特定地區可以見到大量漂亮的錢幣水母（*Porpita*）。我一些朋友 9 月某天在清水灣游泳時見到平緩的海面上散佈大滴亮藍油點，上岸後發現數以千計藍油點被沖上沙灘。他們搜集了一些，用海水養着帶給我。其美麗真是無以名狀。上面中間是五分錢大的小銀盤，周圍是純藍覆蓋物，全體大如兩毫，覆蓋物周邊伸出多行觸手，凡數百條。每一觸手基部藍色，末梢轉綠或黃，每條都佈滿螫刺。幸好這些螫刺不能刺破人類皮膚。

　　這漂亮物種不是個體，而是由大群個體結集而成的一個共同體（colony）。最外圍的部分專門負責捕殺獵物，另一些專門負責游泳，另一些則負責繁殖，另一些負責吞吃。錢幣水母共同體死後在沙灘分解，中心銀盤仍能保留一段日子，銀盤樣子就像在宣紙上畫出大樹幹的橫切面之微縮本。另一種水母共同體是帆水母（*Velella*），隨風漂浮，與葡萄牙軍艦有點相同，橢圓船底，半圓帆。已故普利茅斯（Plymouth）的 Dr. Allen 指出另一種水母共同體，東海管水母類（Siphonophores）是「包含了在海洋中生活的一些最精巧、最漂亮、最有趣的品種。牠們是典型的海洋生物，靠氣囊或油滴漂浮。差不多全都用名之為「泳鐘」（Swimming-bells）之特殊器官，以優雅的節奏游泳。」[109]

108 *P. kowloonensis* 的正式學名的確是 *Phoronis australis*。馬丁（Brian Martin）在專著 *Partnerships in the Sea*（1988）中有畫家德普萊奇（Juliana Depledge）所繪角海葵及南方帚蟲圖像。

近年蕨形角海葵及南方帚蟲在大埔龍尾灘有發現，可知七十年前的九龍碼頭水質媲美今日大埔龍尾灘。

109 本港水域常見有 5 至 6 種水母。獅鬃水母（*Cyanea capillata*）是本港最常見的有毒水母。本港出現最毒水母是全球第二毒的葡萄牙戰艦，1985 年曾肆虐香港，八日內令近二百名泳客受傷。

錢幣水母

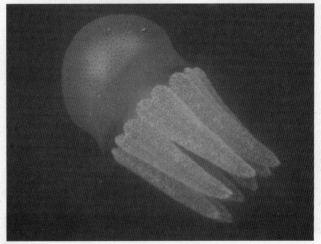

端鞭水母

· 淡 水 水 母 ·

第一隻淡水水母是在英國（我想其他地方也有）被描述的，1880 年在倫敦皇家植物園邱園內攝政公園（Regent's Park）養蓮花的貯水池中發現，因為所養包括王蓮（*Victoria regia*）在內的蓮花是南美水生植物，所以淡水水母被認為源自南美。動物學家瑞伊（Sir Ray Lankester）為這種水母（medusae）創立種名「Craspedacusta」（中文名為「桃花水母」），[110] 並以「Sowerbii」記念其發現者 William Sowerby。其後十年淡水水母在池內一再出現，直至被清洗後終而消失。1901 年在法國里昂（Lyons）一個貯水池、1903 年在英國雪菲爾（Sheffield）、1905 年在德國慕尼黑（Munich）出現，沒人知道這種動物來自何方。

1907 年一位日本船長，在中國湖北發現桃花水母後數年，在日本本土也有發現。他們 1935 在廣東梅花山及廣東省找到後，1936 在廈門發表，1937 年日本人考究出以上發現，全都來自倫敦邱園那一標本。

1880 年邱園原標本只有雄性，其後代都是無性繁殖出來的，但 1940 年在香港大學校園一個種了水生植物的浴缸內，發現大量不同年齡、不同性別的淡水水母，無疑說淡水水母源於亞洲，產地包括中國和日本。1948 年 5 月，真相終於大白，因為這種只有半吋長的透明無色水母，在錦田農業實驗魚池中找到無數隻，證實是本地品種。[111] 遠足者或會在新界漁塘稻田看到牠們，並疑惑這是什麼。

· 海 參（Sea-cucumbers）·

在赤柱半島及其他地方的潮池可能可找到海參，尤其是退至最低潮時會大量出現。[112] 海參與海星、海膽是近親，都是棘皮動物。本地最常見的一種海參是黑色的，6 至 10 吋長，1 至 1 吋半闊。海參其中一項古怪特色是在口部附近的呼吸道連着消化道，如人一樣，消化道另一頭連着肛門。此動物看似沒有防禦能力，其實不然。當牠被蟹攻擊時，會把包圍身體的石灰環肌猛然收縮，在體內製造強大壓力，由身體尾端即肛門噴爆出一堆內臟，一爆再爆，連枝狀呼吸器官也吐出來了，稱為「呼吸樹」（水肺）。呼吸樹基部佈滿一種物質，遇水即凝成黏液，笨蟹襲海參，會被完全膠住，失去戰鬥力，海參用無數管足慢慢離開，然後會長出

110 淡水水母又稱「桃花水母」，由於在水中遊動時狀若漂浮在水面的桃花花瓣故名。桃花水母主要以 1mm 左右大小的水螅體形態存活，偶見成為水母體，水母大爆發可能數年才出現一次，也有可能永遠不會出現。研究人員發現只有在內地及非常少數的地區才有同時存在兩個性別，因此很多人認為中國應是桃花水母的原鄉。

111 香氏 1940 年在香港大學校園發現桃花水母。見 http://www.docin.com/p-757572130.html。

112 海參怕熱，待到秋季水溫下降後，才出來活動。所以原文「大量出現」季節只限秋冬季。

海參

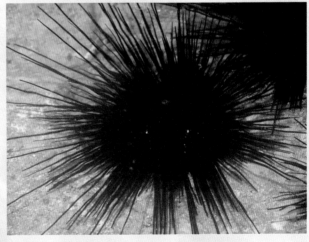

海膽

上次遭遇戰時遺失的新的一副呼吸樹和內臟 —— 如是我聞。

一次海浴，我拾起幾隻海參轟炸近岸友人取樂，此舉無疑有些打擾了大家。一位女士被惹怒拾起回擊，卻擲進一位卓越教授的游泳衣內，它迅即收縮，並吐呼吸樹到教授胸前。因為教授不是生物學家，對此非故意行為的含義沒有即時了解，不以為意。由於他像《聖經》中的人物以掃（Esau）一樣全身長毛，[113] 回家後他發現需要刮毛。

海參是中國美食。[114] 中國人在斯里蘭卡附近撈捕海參已有過千年歷史。現時澳洲大堡礁也被大量撈捕。海參乾品馬來語稱「Trepang」或「Beche de mer」。中國稱「海參」，海中人參謂也，是一種富骨膠原老火湯的主要材料。我至今未聞本地海參被搜覓作食物者，本地人未必知道這種在鹹魚檔販賣的高價貨，原來就是這種動物。[115]

· 海筆（Sea-pen）與蟹（Crab）·

《簡明牛津字典》（*Concise Oxford Dictionary*）給「共生」（commensal）的定義是：「雖身為別人的房客，卻與房主（動物或植物）同桌吃飯，分享其食物。」其實「共生」指從主人處得到食物或其他益處後，客人回報以某種付出或服務。

一天，一位漁民送給我一批活海筆（Sea-pens）。海筆樣子跟珊瑚不同，但大家都是群居的腔腸動物（colonial hydroids）。之所以稱海筆，因為其形如羽毛筆（quill-pen / feather），華人叫它「hoi sum」，[116] 有 9 吋長，5 吋闊，淡黃或黃灰色，或有灰黑紋。[117] 我偶然發現海筆兩羽枝間有一隻小蟹伸頭出來，[118] 細數二三十隻之間，隻隻外形顏色相似，適應異常環境。第二、三、四對腳用作步行，尾端長成刺狀，牢牢地扭在主人身上。最後一對腳之新奇，[119] 前所未見。在肘位（比喻）急轉，手褶藏腹下。仔細看，這對肢體伸直時，尾端便現出小型衣刷一樣的東西。[120] 小蟹刷洗其腿及背，刷洗最仔細的部位是腹，其不厭其煩及勤懇的樣子，令我忍唆不禁。要成為 P. G.（受人歡迎的官員）—— 與人共生之人（human commensals）—— 就要如此麻煩地保持衣着清潔整齊！[121] 另一共生現象是跳蛛與蟻。[122]

113　據《聖經》〈創世紀〉，以掃是以撒和利百加所生長子，身體強壯而多毛，善
　　　打獵，心腸憨厚，常在野外。他與孖生兄弟雅各鬩牆後和好如初。

114　中國東南沿海有 60 多種海參，可供食用的有 20 餘種，大部分因為體型太小
　　　及體壁肌肉太薄，食用品質不高。另一來自海參之美食「珊瑚蚌」和「桂花
　　　蚌」（內地稱「海參筋」）常被説成是海參的腸臟，其實是其內腔肌肉，神經
　　　系統。海參腸（消化系統）和海參卵（生殖系統）也被製成食品。

115　香港海參有二十多種，本地人未必無知，只是由於食用價值低及處理成本
　　　高，才不搜覓作食物。澎湖海參也有二十多種，但現正面臨過度捕撈危機，
　　　被捕撈的是蕩皮參、黑海參、棘手乳參等以前無人採集品種。只因近年國際
　　　海參價格高漲，抓海參成為全島運動，希望此運動不要傳來香港。

116　應作「hoi ts'aam」海擦。

117　即斯氏棘海鰓（Pteroeides sparmanni），羽片由珊瑚蟲所組成，為攝食的組
　　　織；足柄則深入沙地作支持。

118　即紫斑仿瓷蟹（Porcellanella picta Stimpson）。蟹體薄如片，用肢體緊抓住
　　　珊瑚蟲脊柱。

119　其實就是「第一隻腳」，也就是「頭上附器」或「前腳」。為避免誤會，今
　　　稱「第一隻腳」為「螯足」或「螯肢」（cheliped），「第二至四隻腳」為「步
　　　足」或「步肢」（running legs）。

120　頭上附器（head appendages）作濾器，疏爬水流中的碎屑及浮游生物進食。

121　P. G. 是拉丁文 persona grata 的簡寫，意即「受人歡迎／被人接受的人」，
　　　依英國官場脈絡主要指外交官職系。香氏離港後 1949 至 1952 年任英國殖民
　　　地部農業資源局局長及殖民地農林資源及動物健康局局長、殖民地研究局局
　　　長，在本書原著出版後兩年即 1953 年赴中美洲千里達任帝國熱帶農業學院院
　　　長至退休。這句明顯有自嘲成分，更清楚反映香氏不適應繁文縟節性格，譯
　　　者認為隱約披露香氏掛冠而去原因。

122　見本書第二章〈昆蟲與爬蟲 · 蜘蛛〉一節。

· 蝎蝽 （Water Scorpion） 與河豚（Puffer Fish） ·

有一種古怪的水蝽（Water Bud）名「蝎蝽」，在本地的溪澗或池塘可以找到。[123]
其最前一肢，長得像螯，「尾巴」長如鞭，奇形怪狀似蠍子。它吃肉，不要把它
放入水族箱，因為會把魚逐條殺死吮血。

一天，我們兩人去到大埔附近一條流過紅樹林沼澤入海的河溪考察動物相
（Fauna），當我們為這班招潮蟹、貝類、寄居蟹、蝦虎魚點名時，同伴突然叫我
去看蝎蝽，我沒看到蝎蝽，只見一球蛋，細看，是一條魚，看似快死，再細看，
才發現是蝎蝽捉住一條河豚，[124] 準備吃掉。此蟲有尾，用來呼吸，由頭至尾共
長 3 吋，此時用螯捉住吋許的魚。由於河豚魚腹鼓漲，驟眼看來像一隻蛋。[125] 蝎
蝽要呼吸，不用上水，只要游近水面，伸出尾巴，讓氣管吸入空氣。此氣管（分
成兩部分）一頭是保護氣門，另一頭相連昆蟲內部分岔氣管，空氣在那兒自由
交換。華人稱河豚為「雞泡魚」，是一種海魚，有時會游進河溪入海口，牠們的
看家本領是吸入空氣到胃中，使軀體膨大。若把牠在水中捉起來，牠們會大啖吸
氣，脹到變成一個氣球，把牠放回水裏，牠便浮在水面，直到安全，才回復原
狀。河豚有劇毒，尤其是內臟，本地有多宗華人鄉民吃河豚致死紀錄。

· 水池動物志 ·

基督教墳場（Protestant cemetery）有一具被廢棄的古老噴泉，[126] 其下有水
池，用藍磚砌成，底鋪中國瓷磚。水池中間用劣質水泥堆建噴泉基座，現已破
損，處處穿洞。二十五年後，水池在 1931 年秋季進行清洗。池深 8 呎，池底積
淤泥 2.5 呎。[127] 找到的動物包括：鯉魚兩條、天堂魚（中國鬥魚）十尾、[128] 小泥
鰍兩條、一隻很大的蝦和眾多小蝦、兩隻池蟹。此種毛蟹（hairy crab）就是意外
地流傳到歐洲，挖穿當地運河設施，以致漏水的禍根。[129]

123　本地蝎蝽科品種為華壯蝎蝽（*Laccotrephes Chinensis*）。

124　香港衛生署衛生防護中心指，2005 至 2011 年共有十一宗懷疑進食河豚中毒過案，大多是自行釣河豚烹煮引起，二十一人受影響，無人死亡。廣東省疾控中心通報，2012 至 2014 年，全省共接報河豚魚毒素中毒事件起，合計五十一人中毒，其中一人死亡。

125　魚腹鼓漲的小河豚

126　即今天跑馬地香港墳場（Hong Kong Cemetery）。

127　今日水池仍在，但已被泥土填滿，種植花草，成為花圃。

128　中國鬥魚

129　真正的大閘蟹學名為中華絨螯蟹（*Eriocheir sinensis*），生長在朝鮮半島至中國福建沿海河口地區，有降海洄游習性。陽澄湖及太湖大閘蟹近年食品安全成疑，更因與其他水系蟹種雜交而降低品質，而歐洲水域過去沒有其他品種淡水蟹，因而保持純正中華絨螯蟹血統，保存大閘蟹滋味。據李錦華（2014），香港本土的毛蟹是與中華絨螯蟹同科同屬，外貌、習性、生境也相似而體形較小之日本絨螯蟹（*Eriocheir japonicus*）。

· 刮屑！· [130]

　　我一度想調查一隻皇家潛水艇艇身上的附生生物群（epiphytic fauna），所以請朋友在海軍船塢（Naval dockyard）[131] 刮了一些碎屑（scrape）給我檢驗。結果顯示碎屑中 80% 是龍介蟲科管蠕蟲（Serpulid Worms）的鈣質骨骼，20% 是會噴水的啫喱狀生物海鞘（Sea-squirts）。結論是潛水艇是育成管蠕蟲和海鞘的溫床！我又向皇家驅逐艦取了一些刮下來的碎屑，裏面全是藤壺（barnacles）和牡蠣（oysters）！我尚未對所有這兩種船身上的本地動物進行普查，但願結果與我的發現一致。

從左起是管蠕蟲、海鞘、蠔、藤壺。

130 原文為「Scrapes！」，也有「困境」的意思。

131 饒玖才指 19 世紀中葉後，英海軍來往遠東活動大增，英國國防部決定在港
設立船塢，1878 年在中環灣仔間填海建成海軍船塢（Naval dockyard），
設少將級或以上司令坐鎮，按英海軍傳統稱此基地為「Admiraity」（將之轄
區），僱用近萬工人，使香港成為英國在遠東僅次於新加坡的第二大海軍基
地。添馬艦泊於該處至 1941 年被自沉。1959 年英國國防部把土地歸還政
府，交換條件是在海軍船塢外填海建夏慤道及駐港英軍總部，該填海地段以
添馬艦為名，以紀念添馬艦（見饒玖才：《香港的地名與地方歷史（上）》（香
港：天地圖書，2011），頁 86。）Admiraity 所以稱作金鐘，因陸軍司令部以
東域多利營房樂禮樓大門口掛金漆銅鐘，在午飯及放工時間敲打，本地居民
因稱「金鐘營房」（饒玖才：《香港的地名與地方歷史（上）》，頁 84）。

· 鱟（King Crabs）·

每次到新界都有新鮮事新發現。一天駕車駛經元朗鄉村，瞄到一家園子一個用來醃製醬油的大缸裏，放着的不是黃豆，而是一副鱟殼。

我停下來探問。這殼有 1 呎寬。村民把它做成一個杓子，把水從這塊田舀到另一塊田。其製作方法是，用熱水浸殼至軟化，然後翻轉，再用手按壓成需要的形狀，把兩隻變形的鱟殼邊連邊融合或黏合一塊，做成一個桶。這種桶在香港很罕見，在中國內地較多。

鱟是原始動物，頭胸隱藏在大殼底下，兩對眼長在大殼上。腹部則受其後另一片較小的保護，接合或轉軸一枚長刺，若被海浪推翻，四腳朝天，鱟會把刺刺進沙裏，作為撐杆，使自己回復原狀。這便是鱟尾的用處。它們住在海底，樣子雖然像蟹，其實牠不是蟹類[132]。在節足類動物的分科上，它是與蜘蛛和蠍子同屬一科，同長四對步足。[133] 本地人一年四季都吃牠，雖然在另外一些地方認為牠們有毒。[134] 牠平時棲息深海，在春天上岸到淺水處產卵。

鱟的口器「八對顎之間線上有一百五十或多枚刺毛，作用如牙齒」。這種來自古生代二疊紀倖存至今的生物，深信每餐食物都有仔細咀嚼。每餐匆匆吞咽食物的人，若想長命百歲，應好好學習鱟。

132 這裏所説的就是
鱟，現時更流行
的名稱是馬蹄蟹
（Horseshoe
Crabs）。

133 附圖為譯者在鹿
頸灘岸發現被沖
上灘岸的圓尾鱟
（Carcinoscorpius
rotundicauda）。鱟血藍色，遇到細菌立刻變色，是極佳的細菌指示劑，遂
被廠商大量收購。據云有日本公司大量收購後，本地鱟才在吐露港絕跡。現
只見於大嶼山、白泥、新界東北，數量稀少。2015 年關傑耀推斷全香港有約
四千五百隻中國鱟幼體和三千隻圓尾鱟幼體。幼體長大成可繁殖成年機會只
有 0.1% 到 1%。城大近年積極研究、宣傳、保護鱟，曾在白泥搜集卵後在實
驗室孵化，又讓中學生養大幼體，帶回產地放生。又積極申請為極危品種，
是近年保育界大事。鱟殼為青黑色，相當堅硬，以前民間捕獲「鱟」會將鱟
殼做成杓子。

134 有人指出中華鱟無毒，圓尾鱟因為食物鏈的原因膽內有毒。根據世界各國醫
學界的研究表明，食用鱟對身體健康和生命安全存在着極大的危害：鱟肉內
含有一種大分子非特異蛋白致敏性物質，吃鱟可引發皮膚過敏性斑疹、紅腫
和搔癢，嚴重時導致過敏性休克或致死性毒性反應，鱟的肉質含有大量內環
醯胺嘌呤類化學物質，在體內代謝不完全或蓄積時，是導致痛風疾病發生發
展的重要原因。藍色的鱟血含重金屬（Cu^{2+}），進入人體後隨血液迴圈主要
蓄積在肝和腎臟，可加速肝細胞壞死或肝硬化引發腎功能衰竭、氨中毒、障
礙人體造血機能和影響幼兒神經系統的正常發育等。

昆蟲與爬蟲

· 蝴蝶（Butterflies）·

　　沒有插圖就不可能描述本地一百四十二種蝴蝶。[135] 幸有英國昆蟲學家寇沙（J. C. Kershaw）1907 年所著，由 Kelly and Walsh 出版的《香港蝴蝶》（*Butterflies of Hong Kong*）。此書共有六章，印數少，售價昂貴，多年前已沽清。另一本具參考價值的工具書是 A. S. Corbet 與 H. M. Pendlebury 所著，1934 出版的 *Butterflies of the Malay Peninsula*，由吉隆坡的 Kyle, Palmer and Co.,Ltd. 出版，售價 $4.50 叻幣。[136] 香港品種大部分已包含其中，並有專文介紹養殖熱帶蝴蝶的方法。戰前不久，A. L. Potter 在《香港博物學家》寫過蝴蝶系列，附有漂亮相片，希望他有天會繼續工作，或就此主題出版書籍。

　　戰前不久，我與朋友 A. S. Corbet 合編了一份附拉丁學名的香港蝴蝶名冊，連同包括上述兩種作品之參考資料，在《香港博物學家》第五卷刊出。這資料

唯一受法律保護的裳鳳蝶

譯註
▼

135 現時香港被發現的蝶種已超過二百三十種，但英倫三島的數目依舊。

136 舊時英國在馬六甲海峽沿岸殖民地的貨幣單位。

被港人選為最喜愛蝴蝶的燕尾鳳蝶及電蛺蝶

部分基於書本文獻，其中部分來自 Dr. W. G. E. Eggleton 近作，並由我送到大英博物館自然史館（British Museum, Natural History）館長 Mr. Corbet 處，[137] 成為館藏。遺憾的是 Mr. Corbet 於 1948 年過身。香港多蝶，一百四十二個品種中有十五種鳳蝶、三十一種弄蝶。[138] 香港蝴蝶外形、大小、顏色之多，為世界相同面積的許多地方比不上。為了使讀者明白，不妨引用英倫三島所產的蝴蝶數字來對比一下。英倫三島的蝴蝶，全部僅有六十八種，其中還有十一種只是過境的。[138]

· 大蠶蛾（Saturnid Moths）·

香港大型蛾中最奪目的就是大蠶蛾，包括世界最大的烏桕大蠶蛾（Atlas Moths）、綠尾大蠶蛾（Moon Moths）和較罕見的樗蠶（Cynthia Moths）。在英國只有皇蛾（Emperor Moths）與他們是近親，就是那種幼蟲吃歐石楠（Heather）的蛾。這屬蛾（跟另外一些屬一樣），其處女蛾能一直釋出氣味，直至吸引兩哩外的追求者到來為止，而人類卻嗅不到半分。本地樗蠶幼蟲以樟葉為食，其灰色的繭常見結在樟樹樹幹或樹枝上，成蟲後不能進食，一般在羽化後十天，待其幼蟲期貯藏的養分消耗殆盡後身亡。大蠶蛾成蛾的特徵，是四片翅膀上都有清楚的眼斑或環紋，有的更有多個環，且中心有彩點。這一科的英文名「Saturniidae」，來自有行星環的土星「Saturn」。

赤楊尾大蠶蛾

· 赤楊尾大蠶蛾（*Attacus selene / Actias seleue*）·

月蛾／赤楊尾大蠶蛾是非常可愛的蛾。剛破蛹羽化時翅膀披滿白色粉霜，處女航後脫落不見。此後雌蛾的翅變成蘋果綠色，雄的綠中偏藍。每片翅各有一眼斑，雌的眼斑粉紅色，雄的偏橙色，都有啡色綑半邊。前緣內側深紫色邊。雌雄均有長翅

137 大英自然史館位於倫敦市中心，藏有七千萬件標本、七百多萬號化石，書刊五十萬種，以及很多著名的博物學家手稿。館內有古生物、礦物、植物、動物、生態和人類等展館二十間。任職館內的動物學家、昆蟲學家、古生物學家、礦物學家和植物學家，在此交流與合作，為大學講課和培養研究生，向公眾傳授博物學和自然科學知識。該館為來自世界各國動植物和礦物標本進行鑒定和命名，研究不同物種之間的親緣關係，和生物進化的理論，還致力於解決醫藥、農業、林業、漁業、礦業和石油勘探等各方面的實際問題。前港大動物系教授莫頓（Brian Morton）曾提議在西九文化中心設立香港自然史博物館，可惜並未引起傳媒大眾，甚至本地有關專業人士及學者的注意。

138 現時香港蝴蝶品種：鳳蝶二十三種，弄蝶六十種，粉蝶二十四種，灰蝶六十一種，蜆蝶三種，蛺蝶八十八種（眼蝶十八種、斑蝶十三種、環蝶兩種、珍蝶一種、喙蝶一種），總計二百五十九種，包括十二種迷蝶。

139 香港的蝴蝶在世界自然科學史的地位重要，因為以品種密度計，香港比鄰近地區台灣、廣東、海南、雲南為高（見楊建業、饒戈：《香江蝶影》（香港：萬里書店，2002），頁 46。）。

中華雲灰蝶

螯蛺蝶

尾，雌的尾圓，且內捲；雌的尾平而窄，黃色，中央有粉紅斑，上方轉黃色。

雌蛾翅寬 14 至 15 厘米或以上，雄較小，12 至 13 厘米，會被燈光吸引，在港島半山區街燈下常見，或穿過窗戶入屋。綠尾大蠶蛾容易飼養，在本地自然環境一年可育三代。2 月中產卵的，九十至一百天後（5 月中）就可羽化；5 月產卵的，由於高溫，六十至七十天就可羽化；第三代 8 月產卵的，用差不多時間便育出第四代，牠們成蛹時以繭保護，安然度過冬天。

赤楊尾大蠶蛾幼蟲成熟時長 9 厘米，翠綠色，身體兩邊沿呼吸孔有橙色與白色線紋。尾把握器（Anal clasper）與真步足俱黑色。肢節圓突，各節頂生出橙色刺毛，第三四節更有紫黑環。幼蟲吃鴨腳木（Ivy tree）、鵝掌柴（Ivy tree / *Heptapleurum octophyllum*）、烏桕樹（Tallow Tree / *Sapium sebiferum*）及黃槿（*Hibiscus*）。大大的淺啡色的繭通常結在所食樹葉上。如果是落葉季，則產在幹枝上。

10 月某天，我發現一隻綠尾大蠶蛾，伏在滙豐銀行 100 呎的花崗石面上。其時太陽斜照，綠尾大蠶蛾在牆上投下降落傘外型的影子。

· 烏桕大蠶蛾（*Attacus atlas*） ·

1935 年 3 月 10 日，我到大嶼山遠足，在一棵矮小烏桕樹的禿枝上，發現幾隻大繭。查看後發現大部分是空殼，只有兩個未羽化。我撿下來，帶回薄扶林書房，放在書架上。

4 月初一個早上，較大的一個繭，一隻完美的雌蛾羽化而出，伏在窗框，一動也不動。房間花瓶插了幾株白花煙草嫩枝，雌蛾轉葉上，量得直徑 9 吋長，翅長 4 吋。其體色不能用寥寥數筆形容：蛾身深褐色，間以白色窄紋；蛾翅栗紅色，有斑有帶，或深或淺。四隻翅上各有一透明三角形窗斑。兩前翅突出的頂角泥黃色，其中有小黑眼斑，藍邊在眼斑後渲染開去與正中的方形栗斑相接。

那蛾靜伏在煙草葉上三天，等待雄蛾寵幸。其間不少朋友慕名而來拍照，每晚我都會打開窗戶，讓嗅到雌蛾釋放香味的雄蛾進來與她交配。懷卵的雌蛾身體重，不會飛走，除非準備去產卵。

一晚全家睡着時，窗口傳來不平常的「卡擦」聲，把太太驚醒。太太叫醒我，

烏桕大蠶蛾

我走到書房，惺忪睡眼看到一隻雄蛾，他翅膀破損，滿身污泥，似乎由大嶼山飛來，曾在途中遇上一場颱風。我把他置在雌蛾旁葉上，瞬間她便接受他，同他交尾。

那年我收到的復活節禮物，包括兩隻巧克力蛋、30吋長的大水母、和由我的烏桕大蠶蛾產下的一百零二枚卵。其中一百枚成功孵化，要用大量黃槿葉餵食。有關本故事的其他筆記遺失了，所以我不能告訴你有多少幼蟲結蛹，又有多少像父母那樣羽化。

· 樗蠶（*Attacus cynthia*）·

最後一種大蠶蛾相對以上兩種較小，且顏色大不同，下面根據我筆記本的描述，可能是樗蠶，也可能是更細小的蓖麻蠶（*Attacus ricini*），兩者我分不出來，因為我未看過有書刊描述過兩者。此種大蠶蛾色如餅乾，身及翅多毛，左右翅各有一條粉紅直紋，邊緣黑色，貫穿前後翅。左右前翅伸出成角部分另有粉紅斑。四隻翅膀又有半月形透明窗，前有黑邊，後啡黃色。

· 天蛾（Hawk Moths）·

天蛾科（Sphingidae）在香港很有代表性，但一直乏人研究。港人最熟悉的是日間飛行的長喙天蛾（Hummingbird Hawk），牠們愛在花前吸蜜，尤其是馬纓丹（Lantana）、福祿考（Phlox）和馬鞭草（Verbena）。我曾看過牠在朝顏花（Morning Glory）降落，爬進花管中，展開牠的長喙吸取花蜜。

牠經常被錯認為蜂鳥，[140]但蜂鳥只見於美洲。採蜜時牠打開長喙，伸進每朵花的花管，一滴一滴吮取位於基部的花蜜，送到胃裏，吸完了一朵花的花頭，便匆匆繞到植物的另一邊，有時快不見影。黃昏到了，其他種類的天蛾出現，白薯天蛾（Convolvulus Hawk / *Agrius convolvuli*）幼蟲吃朝顏葉，鬼臉天蛾（Death's Head Hawk / *Acherontia lachesis*）幼蟲則吃薯或茄科植物葉。夕顏（Moon-flowers）、煙草花（Tobacco-flowers）附近尤其多，我未能確認的其他品種可能包括紅天蛾（Elephant Hawk / *Deilephila elpenor*）。該天蛾以綠色卵、幼蟲尾端長

樗蠶蛾　　　　　　　　　　　　　　　　樟蠶蛾

140　長喙天蛾常被誤為蜂鳥。如果香港郵政局把蜂鳥標誌改為長喙天蛾，可能有
　　　助糾正此誤會。

鬼臉天蛾

出或彎或直的假角為辨識特徵。我曾在爬牆虎（Virginia Creeper）及海芋（Wild Arums）上找到其幼蟲，牠成熟了會鑽進泥裏結蛹。

鬼臉天蛾（Death's Head Hawk / *Acherontia lachesis*）在本科中體形最大，習性夜行，是我所知唯一的蛾能發出短促的尖叫聲，在牠迫使空氣通過短壯的喉時發出。我相信牠在幼蟲及蛹階段都能發聲。9月中的一個晚上，我發現窗前伏着一隻剛完美羽化的鬼臉天蛾，馬上叫醒已上床的女兒下來，看牠胸部的骷髏圖案，此蛾因此得名。我輕撫牠，牠便吱吱叫，旋飛走，一邊飛，仍一邊有力地叫。我的小女兒一旦下了床，便沒有愛睏要回床的心思 —— 人生就是這樣子。[141]

天蛾在香港常見，其生活史及飲食習慣值得仔細研究。天蛾採蜜時在空中停留，拍翅每秒七十二次，推進時用前翅，後翅用於滑翔，其飛行速度，超過大多數其他蝶蛾品種。

· 白蟻（Termites）·

白蟻非蟻，兩者不相及的程度，正如牛和袋鼠之不一樣。白蟻雖是原始動物，其精密的社會組織卻叫人驚訝。[142]

白蟻由幼蟲漸變為成蟲，外貌變化不大，例如蟑螂，是謂「不完全變態」昆蟲；螞蟻的成長過程中卻有多次突然變化，由幼蟲、蛹到成蟲，外貌變化很大，一如蝴蝶，所謂「完全變態」是也。白蟻品種有很多，下面是概述，不專指某一品種。

白蟻社會有五大階級（castes），其中三種可生育，另兩種不育。只有最高階級的準皇帝與皇后才有顏色和翅膀，其他四階級無色、無翅、纖弱，並且是盲的。

5月多雨季節，有翅的白蟻大量離巢，在短程飛行中，被燕子、麻鷹吃掉，

141 「人生就是這樣子」原文是英諺 "such is life"，一般指「去接受無法避免的不
　　幸或壞事」。依此定義看，香氏定性「叫醒已上床的女兒下來」為「無法避免
　　的不幸或壞事」，為強迫女兒去接受自己怪癖趣味的劣行而懺悔。*Cambridge
　　Advanced Learner's Dictionary & Thesaurus* 的定義較積極，指「你必得接受
　　那些已發生的事，因為你知道這就是人生之道（this is the way life is）」，依
　　此定義看，「小女兒一旦下了床，便沒有愛睏要回床的心思」才是重點，小女
　　兒分明對鬼臉天蛾趣味盎然，「已發生的事」是指鬼臉天蛾的夜行特性，要看
　　它就要夜行；以至是身為博物學家之女一事，「人生之道」就是博物學家隨時
　　保持敏銳的觀察能力，與人分享博物之美的使命及志業了。

142 荷裔南非人馬萊（Eugene Marais）的《白蟻之魂》是最早深入研究白蟻，
　　發現白蟻的蟻巢在每個方面都像動物的有機體。工蟻與兵蟻就像動物體內的
　　紅血球與白血球。養菌圃就像消化器官，蟻后就像是大腦。白蟻的婚飛行為
　　像極了動物排出精子與卵子的舉動。當今生物多樣性泰斗、螞蟻研究權威的
　　威爾森（Edward O. Wilson），研究螞蟻族群時，也提出相同的複合動物理論。

白蟻翅

雄白蟻

世界某些地方的人類此時也會捕捉白蟻作食物。死裏逃生的，會脫掉翅膀，組成一對，準備交配，這時又為蛙、蟾蜍、壁虎及其他蜥蜴大量捕食。雄白蟻跟隨雌白蟻，找尋可以建巢的地方，十萬對中只有一對可以成事。作巢的地方必需有足夠食物和接近水源，才能成為僑居地。接着最困難的時期來了，就是生育下一代。一旦生育成功，有足夠女兒成為工人，皇帝與皇后就可專心繁殖、擴充人口。皇后這時會長至 2 至 4 吋長，看似一隻小薯。她成為產卵機器，每隔數秒便下一卵，若有一年壽命，可誕下千萬顆卵。

除了第一階級能成皇成后，第二或第三階級也有機會，貴族在封建制度的革命或可比擬。皇后若被殺掉，會有第二或第三階級的其中一隻或多隻雌蟻繼位。同樣皇帝會被第二或第三階級的雄蟻取替。有時一位皇帝會納第二或第三階級的雌蟻為後宮。第四第五階級不能生育，只能做工人或士兵。一個白蟻巢可以有五十萬隻白蟻，當中絕大部分都是工人或士兵。

白蟻巢的原料是泥土或木材，經咀嚼或排泄，以唾液或胃液加工而成。世界上有些地方的白蟻巢在地上建造，體積很大，但香港的白蟻巢一般隱藏在地下。熱帶樹林每天都有枯枝腐根棄置地上，如不處理，很快就會淹蓋樹林。白蟻把它們移走及分解，所以白蟻在大自然中非常有用。木材不容易消化，儘管大部分由糖分合成。有時要經過多隻白蟻身體多次排洩和消化，腐化才畢竟其功。一隻白蟻進食另一隻白蟻的排洩物，排出部分消化的食物，另一隻白蟻又毫不遲疑吃入口中。牠們的表皮亦會分泌糖液，讓其他白蟻吮吃。為了哺育社群內的幼兒，牠們會在巢內的蟻房堆樹皮和泥土，種植黴菌。工蟻會把自己的反芻物或皮膚分泌物，餵給皇帝與皇后吃。

因為有互相餵食這種特性，所以滅蟲者可以利用這網絡，把砷化物吹進白蟻洞中，使毒藥在巢中慢慢傳播，不用讓每隻蟻都要吃到毒藥。通常滅白蟻的方法是把「巴黎綠粉」（Paris green powder）或含砷化合物吹進木材或地下蟻巢通道，[143] 但看來此等現代殺蟲劑未能有效控制蟻害，或許將有更受歡迎的殺蟲劑出現。把 5% DDT 溶劑倒進白蟻洞，可殺大量白蟻，若用 DDT 藥粉或噴霧，白蟻多能倖存。[144]

有翅的未來皇帝與皇后，在初夏離巢時，因身上多油脂，營養豐富，成為各

143 「巴黎綠」，商品名，用作顏料、殺蟲劑和殺鼠劑。化學成分是醋酸亞砷酸銅 Cu〔（$C_2H_3O_2$）$_2$·3Cu（AsO_2）$_2$〕，一種高毒性的銅鹽，常溫下為鮮綠色晶體。巴黎翠鳳蝶因翅上閃亮的巴黎綠而命名。

144 香氏當年預言 DDT 會成為有更受歡迎的殺蟲劑後來實現了，但未想到此種科技為物種帶來之禍害。1874 年被合成時沒有人發現它的用處。1939 年，保羅·穆勒（Paul Müller）才知道它能迅速殺死蚊子、蟲子和農作物害蟲，並比其他殺蟲劑安全。1942 年推出市面，令瘧蚊、蒼蠅和虱子得到有效的控制，發病率急劇下降。Müller 因此於 1948 年獲得了諾貝爾獎。根據世界衛生組織估計，DDT 的使用前後大概拯救了大約二千五百萬人的生命。但到了 1960 年代，科學家們發現 DDT 在環境中非常難分解，並可在動物脂肪內蓄積，甚至在南極企鵝的血液中也檢測出。美國海洋生物學家雷切爾·卡森（Rachel Louise Carson）所著的《寂靜的春天》（*Silent Spring*）一書揭露鳥類體內含 DDT 會導致產軟殼蛋而不能孵化，食肉鳥如美國國鳥白頭海鵰幾乎因此而滅絕，也會積聚魚體內，因此從 1970 年代後，多數國家明令禁止或限制生產和使用 DDT。現時很多昆蟲已進化出對 DDT 的抗藥性。

種小動物的獵物。我曾見過燕子群在地上白蟻巢的出口來回飛翔，吞吃白蟻，而在附近一隻蛤蟆蹲着，已吃得肚滿腸肥，再走不動。我多次看到黑耳鷂在半空抓住肥大的白蟻彎身吃。在東非，人們會小心守護白蟻巢，待白蟻長出翅膀後，用籃子收集。我親眼看見他們捉住飛行中的白蟻放入口裏吃，一副津津有味的表情。[145]

· 螳螂（Praying Mantis）·

在赤柱集中營的日子，大自然賜予我們很多很多，包括消遣娛樂。有一回我從鐵窗外望，看見醫生護士倉外牆，有一個螳螂卵鞘，其泡已乾，約一吋長。我看着泡內的卵長成幼蟲，再看着幼蟲結蛹。[146]

一天螳螂終於出來了，過程很漫長。首先，蠕動的蛹把自己從卵鞘內推出，用幼絲吊在卵鞘上，然後小螳螂從蛹中蜒動走出來。可以自由活動了，便沿幼絲攀到卵鞘之頂，再走進冷酷世界。窗口很快便滿佈小螳螂。營友們不久便會投訴粥內有螳螂。我則發現在野外或在我的客廳，如果在冬天發現螳螂卵泡，卵泡會越冬，直到春天才孵化。

· 竹節蟲（Stick-insects）·

竹節蟲是奇異的生物，本地至少有一種，[147] 褐色，很像樹枝。當牠以六條長足走路時，便容易認得是昆蟲。竹節蟲雖然與螳螂同目，[148] 但只吃素。雌竹節蟲所產的卵很大，外表有美麗的紋理，像巧手雕刻的工藝品。

· 蟋蟀之歌 ·

鳴蟲的唧唧聲，由雄蟲身上兩件特別的摩擦器（stridulating organs）製造出來，雌蟲沒有摩擦器，不能發聲。短角蚱蜢（Short-horned Grasshopper）的一對後腿內側有一排鈍鈍的小齒粒。當它跟位於前翅外面翅脈凸起的部分前後摩擦，

145　1938 年 11 月英國殖民地部邀請香氏借調往東非尼亞薩蘭（Nyasaland，即今馬拉威）八個月，調查可提供營養的植物資源。相信本段引用的見聞來自此次經驗。

146　螳螂是「不完全變態」，從卵鞘中推出來的不是蛹，而是穿着膜狀的囊袋的嬌嫩螳螂嬰兒，膜狀的囊袋保護螳螂嬰兒避免相互擦傷。螳螂嬰兒頭充血增壓使保護膜破裂，於是小螳螂便就走出來。

147　據何維俊《香港的竹節蟲》（2013）記錄，本地有共十八種竹節蟲。

148　據何維俊《香港的竹節蟲》（2013），早期學者把竹節蟲置於直翅目而非螳螂目之下。直到 20 世紀初為之獨立設**䗛**目（Phasmatodea）。

正如小提琴的弓摩擦絃，翅脈就會因此振動，此翅脈與另一翅脈之間的膜片振動，產生聲波。[149] 用一把鋸在一把銼子上前後拉動，鋸子也成為振動的膜片，產生聲波，達到相近效果。

　　長有長觸角或觸鬚的長角螽蟖（Long-horned Grasshopper）和蟋蟀，發聲機制有少許分別。牠們右前翅基部上有一列細齒狀的尖銳凸起，左前翅後緣有一塊像銼子的結構。前翅微豎起，然後振動，尖銳凸起與銼子相擦，產生昆蟲重複的唧唧聲，但沒有兩種聲音是相同。雌蟲雖不能鳴，但雌雄皆有耳。鳴蟲之歌可能為的是求偶。

· 鰓金龜（Cockchafers）·

　　5月初，被稱為「六月甲蟲」的鰓金龜科（Melolonthidae）偶爾會被燈光吸引，[150] 飛進屋裏，其數量之多，令人困擾。牠們會撞到人類身上，弄污衣服，甚至做成瘀傷，或招致其他後果。春天在園中挖一鏟深，便可發現蛆蟲一樣的東西，這便是鰓金龜的幼蟲。幼蟲以草根為食，有時會破壞草地或網球場。牠們最後變成大小不一、品種不同的鰓金龜。可以慶幸的是，牠們不會像獨角仙（Rhinoceros Beetle）那樣掉進湯中。

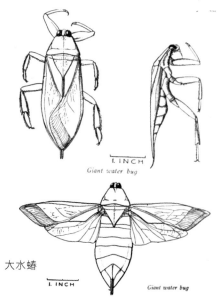

1 INCH
Giant water bug

大水蟖

1 INCH
Giant water bug

· 水蟖（Water Bug）·

　　大水蟖（Giant Water Bug，*Belostoma*）「蠍蟖」（*Laccotrephes chinensis*）可在本地池塘找到。夏天，牠爬上水面羽化，偶爾也會飛進屋內。牠比最大的蟑螂還要大，以其刺吸式口器螯蝌蚪、青蛙和魚的身體，吸吮其血液維生。牠螯人時會很痛，所以處理時要小心。華人視之為時鮮，在街邊或食

149　摩擦器質地外形的分別，以及摩擦的方法不同，包括角度，張開、閉合，再
　　　經過放大與共鳴，製造不同的鳴聲。許育銜《鳴蟲音樂國》（2004）設「聲音
　　　評價」分鳴蟲聲音悅耳程度為五星，大部分蟋蟀只有三星或以下，達五星者
　　　有日本鐘蟋、金琵琶、鉦蟋。

紡織娘　　　　　　　　　　　　　　　　　　　　　　　　　悅鳴草螽

鉦蟋

150　鰓金龜是鞘翅目金龜總科中最大的一科。觸角鰓葉狀，身體粗壯，幼蟲土棲
　　　的甲蟲。已有記載近九千種，分佈幾遍及全球，以熱帶地區種類最多。饒戈
　　　（2011）在《香港甲蟲圖鑑》記錄九種鰓金龜。

華壯蝎蟑　　　　　　　　　　　　　　　　　　　　　　　　龍虱

店有售〔另外亦售賣較細小的黑色龍虱（Water-beetle）〕。其腿呈槳狀，划水潛游很敏捷。一見此特徵，人們便能把它與蟑螂或地甲蟲分開來。此蟲長 3 吋半，展翅 6 吋半。[151]

· 沙蠅（Sand-Flies）·

在華北或世界其他方，白蛉屬（*Phlebotomus*）會傳播幾種熱病，[152] 但萬幸未在本地發生。其一是黑熱病（Kala-azar），疫區在華北。[153] 黑蠅（Simulium）或水牛虻（Buffalo Gnats）也未在港發現。成年蠅微小，不同品種體長由五分之一至二十五分之一吋都有。日夜吸吮哺乳類或鳥類血液，幼蟲只能棲在活水中。

本地品種名蠓（*Culicocides edwardsi*），體形甚小，因此名沙蠅（Sand Fly）。[154] 咬人卻極兇，與蚊蚋比較，其翅無鱗，與黑蠅比較，居於靜水池塘、水槽、稻田，故不見於山澗。牠們小得連用蚊網也撈不到，可點燃含除蟲菊之蚊香煙薰，或塗含香茅精的蚊油在臂腿驅之，或噴射滴滴畏 [155]、飛立脫殺之。[156] 可煙薰，可噴射，但不可抓癢，因為愈抓只會愈癢。[157]

· 百足（Centipedes）與千足蟲（Millipedes）·

百足／蜈蚣和千足蟲／馬陸這兩種節肢動物（Arthropoda）都屬多足綱（Myriapoda），但其差異之大，使動物學家曾把牠們歸入不同的綱。牠們無翅，腳不止三對，明顯並非昆蟲，身體分成很多節，亦非蜘蛛或蟹，最明顯特徵是多足，這正是我們要深入探討之處。

百足和千足蟲在世界各地的俗名，不論哪種母語，都以其多足特徵而起。對人類而言，二到四條腿是合理的，超過的就視為天生怪胎，而牠們永遠停不下來讓人類點算腳數，每使人誇大其腳的數目，一如人們看不清移動中的蛇，各人報道時都偏長。在拉丁文，百足和馬陸分別指一百隻腳和一千隻腳，中文「百足」意義正是一百條腿。多足綱取自兩個希臘字 murias 與 pous，指一萬隻腳。誰說科學家都客觀，不會誇張？

151　蝎蝽別名「田鱉」、「桂花蟬」或「紅娘華」，屬半翅目蝽象科；龍虱屬鞘翅目龍虱科，在我的童年時代尚算普遍，而今已是珍稀昆蟲。兩種都是東南亞著名食用昆蟲，其實捉來賣作食物，可能不及賣作寵物賺錢。

152　雙翅目（Diptera）為白蛉科（Phlebotominae，或歸為毛蠓科（Psychodidae）的一部分）昆蟲的統稱。幼蟲水生，生活在沿岸的潮間帶、泥中或潮濕的有機碎屑中。

153　白蛉屬（*Phlebotomus*）在地中海和南亞附近傳播白蛉熱病毒；其他則在南美洲、非洲和亞洲傳播引起黑熱病、東方癤、美洲利什曼病（espundia）和巴爾通氏體病（bartonellosis）等的寄生原生動物。

154　Sand fly 一詞又指「蚋」及「擬蚊蠓」。根據食環署防治蟲鼠組，本港最少有八個屬三十六個品種的蠓。其中環斑庫蠓、環基庫蠓、混雜蠛蠓、台灣蠛蠓、香港細蠓會吸血。有兩種以發現地命名即大潭貝蠓、鹿頸貝蠓。饒戈指出，蠓與蚊和蠅同是雙翅目，但不同科。

155　1980 年後世界大部分地區已經停止使用 DDT。

156　原文「Flit」，商標名，一種殺蟲噴霧劑，可滅蒼蠅蚊蟲，流行於 1928 年至1950 年代中期。

157　吸血蠓嚴重滋擾的地方多是公園或校園花圃附近，反而在野外較少，是因為經常花圃經常澆水，使泥土表面長時間濕潤，為蠓的幼蟲提供了絕佳的成長環境，饒戈據此提出，改種耐旱植物，改用花槽，代替要經常澆水的花盆，減少澆水頻率，令泥土部分時間乾涸，清除地面上不必要的遮蓋物，以免泥土表面長期濕潤。朱一心引用台灣中學生實驗成果，指蠓怕香茅、虎耳油及檸檬胺，對九層塔、薄荷及迷迭香也避走，建議把這些香油噴在衫邊和鞋上，防止蠓襲。

一種漂亮的馬陸

　　兩腳動物走路時，先左腳後右腳，交替前進。四腳動物如馬，步行時左前腿與右後腿同時提起，右前腿與左後腿同時着地。昆蟲步行時，第一及第三隻左腳，連同第二隻右腳向前移，然後第二隻左腳連同第一及三隻右腳向前移。事實上昆蟲走路步調是不一致的。

　　那麼有很多對足的多足綱是如何行走的呢？如果你看過一排士兵操兵，一字排開，士兵同時先提起左腳，後提起右腳前進，步調是一致的。但沒有一種多足綱是這樣行走的。你可以想像現有左右兩排士兵在操兵，左排士兵與右排步調不一，之後變成所有左排左腳與右排右腳步調一致。你想像到多足綱行走時的模樣嗎？其實這不可能是牠行走的模樣。因為所有動物在抬起全部左腳，同時抬起右腳，都會跌倒。

　　把兩行中步調不一的士兵換出，用新人替代，再取消鼓手打節奏，新人中一定又會出現跟不上步調的落後者（lag），他可厲害了，跟着他後面的那位最先受他影響，最後百對腳都亂了。若此行有五百對士兵，步調會變五次。站在離行列四分一哩處的一邊看，會發現步調不一致的步操經過，如果近你那方的那行士兵穿了白靴和綁腿，就更矚目了，因為很容易與另外的腳分別開來。

　　如果你貼着地從側面看，你會看到馬陸行走時，步姿如七重波浪，步調不一，沿着身驅彼起此伏而過，尤為奇怪的是，全部腳像是由後向前推進；從上面看馬陸，左腳每一起腳浪，同一時間也在右腳掀起。所以牠左右腳一起是有步調，但其中又有一個明顯的落後者（lag），像兩行新兵！若牠能聽有節奏的鼓聲而作反應，那牠的表演真不可想像。著名動物學家瑞伊（Sir Ray Lankester）研究百足是怎樣步行和為什麼這樣行，細心觀察後，認為牠自己壓根子沒想過這問題。一位女詩人聽聞後賦詩：[158]

　　　　百足本來百事足
　　　　蝦蟆搞局
　　　　問渠邊隻腳先出
　　　　想到入困局
　　　　失足坑渠碌
　　　　茫然不能郁

158 此詩其實有下闋：While lying in this plight（困境）, A ray of sunshine caught her sight; She dwelt upon（凝思）its beauties long, Till breaking into happy song, Unthinking she began to run, And quite forgot the croakers fun（塘邊鶴的歡樂）。此詩其實勸人據自己習性本色、自然心性而行，不要跌落搞局人對你所設的、以理性之名而施詐的陷阱中。此哲理詩當時在知識分子間廣傳。香氏是否以此詩自況被游説入仕途遭遇困局，預示他即將復返大自然？

厚甲馬陸

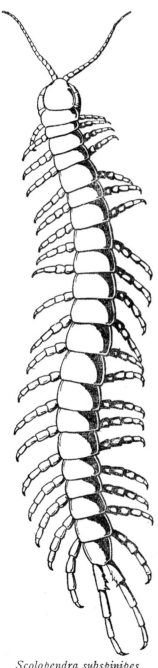

Scolopendra subspinipes

中國紅巨龍蜈蚣

多足綱所有品種除了頭部一節外，身體其餘各節都一樣。頭部雖沒顯出分節，但因為有一對感應器及口器，所以一定不可當一節計。昆蟲分成頭胸腹而腳只長在胸。馬陸不分胸腹，在每一節都長出腳。百足的腳，除第一對與最後一對外，其他都用來步行。馬陸第一至第三節只長一對腳，其餘每一節都有兩對腳。數馬陸有多少腳最簡便的方法，是數牠有多少節，然後乘二減三。現今發現最多節的馬陸有一百七十三節，所以乘二減三後，牠就有三百四十三對或是六百八十六隻腳，不足一千，但也接近。本地百足則有二十二對腳，本地常見馬陸則多於九十對。

· 百足／蜈蚣（Centipedes）·

百足食肉，專吃蚯蚓、昆蟲，尤其是蟑螂，所以常走入人家，尤其在夏季。蟑螂有硬殼保護，要吃牠先要咬死牠，所以百足有特別武器。百足第一對足與別不同，若把死百足翻轉，可見其第一對足厚而短，向前彎。其實那不是足，而是毒顎，其尖端可如蛇齒之能噴毒。當百足見到、聽到或嗅到蟑螂便即追捕、用毒顎大力刺穿其角質層，注射一劑毒汁，緊抱住獵物不放，直至死去。然後百足用牠第二或第三對顎 —— 昆蟲嘴外也常有 —— 切開及咀嚼其肉成塊，享用大餐。其毒汁為清澈微酸溶劑，含有毒有機成分，可能跟蛇毒同源；據說也具消化功能，就像螢火蟲注入其獵物蝸牛的消化液。

百足在英國常見，但比熱帶的品種體型小得

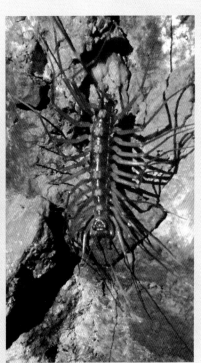

中國紅巨龍蜈蚣　　　　　　　　　　　　　　蚰蜒

多。香港最大的百足是中國紅巨龍蜈蚣（*Scolopendra subspinipes*），有 8 吋長，其西印度及南美親屬，可長達 12 至 14 吋，令國民很懼怕它。被中國紅巨龍蜈蚣咬到會很痛，傷口會紅腫多個小時，但不致命，有時甚至只如被蜜蜂叮，只消塗氨水便可減輕痛楚。傷口要消毒。較嚴重的，會出現「焦慮、嘔吐、脈博失常等徵狀。最嚴重的是敗血性感染。大百足傷人時會緊咬皮膚，用毒顎及腿撕挖傷口，傷口因此容易被細菌感染，所以被扎後，必須消毒傷口。」「母百足會在潮濕隱蔽的地方產下一大堆卵，盤捲其上，直到孵化。」「幼體的頭部和身體首兩節綠色，觸角和腳都是藍色，而成年的百足是整條褐色的，因此幼百足往往被認為是另一物種。百足很可能可活多年。」[159]

本地有另一種較大的百足，在其他熱帶地方的人稱之蚰蜒（*Scutigera*），即「持盾侍從」（shield-bearer）之意。[160] 蚰蜒腳長離地，走得很快。牠不分日夜找小昆蟲吃。我的一位朋友稱這疾馳者「蜈蚣王」。華人很怕牠，說被牠螫到可致死，那當然不對。

大部分百足包括中國紅巨龍蜈蚣屬習性夜行，日間多隱藏在濕暗隱蔽處，很少見牠在白天招搖。夏日見百足入屋，若要捕捉，最好的方法，是入睡前在牠們必經之路如門廊或去水口，放一塊布，每天早上翻起一看，或早或遲就會見到牠在布下。

一天，我為盆栽換泥，才一抬起花盆，便發現一家百足。母親長三吋半，有子女三十五人，每隻一吋長。這品種有二十二對腳，所以單在這盆底，連孩子計共有一千五百四十隻腳！被我騷擾之母親立刻召集所有孩子到她腹下，用眾多纖足輕撫孩子以壓驚，這真是愛心母親的模範，多子之母應予參考。

某類百足被壓平時會散發顯眼的火光紋條。有一回在家晚宴朋友時，發現沒鋪地毯的地上有一條小百足走過。我對客人說，你們知道百足壓平時會發光嗎？便離座、關燈、踏下去。豈料沒有發光。開燈後只有污漬一點。原來這是中國紅巨龍蜈蚣的幼體，壓平時不會發光。發光的品種體形較小，較纖瘦，有很多腳，在本地很常見。我已經多次成功證實它會發光。[161]

虛榮，已然見於百足身上，它百條腿都長了雞眼。[162]

159 張樹發等（2000）介紹中國傳統的藥用蜈蚣有五種：頭金，身綠或黑的少棘蜈蚣，產江南；模棘蜈蚣，另名中國紅巨龍蜈蚣或多棘巨蜈蚣，全條黃褐色，產台灣，廣東或有；多棘蜈蚣，頭玫瑰紅、棕褐色身，廣西最多，廣東也有；全條褐的是哈氏蜈蚣，產廣東；棕紅色頭，第二步足節深綠，其他灰褐色的，是馬氏蜈蚣，產西藏察隅。住粉嶺平房時，夏日中的一天，我貪涼快坐石地看書時，右腳腳背突然有物輕柔蠕動，大概當時書本有趣，不以為然，當蠕動者從腳走回地上時一瞟，才知道是有七八吋長的蜈蚣。我順手抓起直徑三到四吋的空罐，把它載起拍照。查網上圖片應是中國紅巨龍蜈蚣。

160 中世紀時有社會地位的男生要成為一位騎士，要先做騎士的隨從（Escudero）。

161 國立臺灣師範大學化學研究所鄧昌蔚指出，目前三十三門生物中，約有三分之一會發光。百足類及馬陸類是其二。可未確定是哪一品種之百足踏碎後會發光。我懷疑形似百足之螢火蟲幼蟲可能被誤認。

162 香氏原句是「Vanity has been likened to a centipede with a corn on every foot」，相信源自上世紀俚語「Vanity is a centipede with a corn on every foot」。Vanity 兼有「渺小，無所謂，不重要」及「虛榮」語義。Ernest Pertwee, *The Art of Effective Public Speaking* (NY: Cosimo Classics, 2006), p.225 附有 1882 年的講辭，裏面有用到此俚語：

Those who believe the Scots to be so eminently vain a race, will say that already we are in our opinion the tenth legion of civilization. Well, vanity is a centipede with corns on every foot: I will not tread where the ground is most dangerous.

據此可確定此俚語中的 Vanity 解作「虛榮」而非「渺小」之類。我問，每條腿都長了雞眼的百足為什麼代表虛榮？我想到的答案是，因為它以此向人炫耀。雞眼故然是渺小虛空之物，但若有百足對此大感光榮，它就是虛榮心作祟。這一句俚語沒有寫明百足沾沾自喜的神情，所以難解。

香氏在本書呼籲禁獵雀鳥、同情在街市被販賣的野獸、痛恨別人亂殺蛇，在此節憶起多年來為看螢光而殘殺百足，想到他跟自己所不齒的濫獵者，不也是共犯嗎？香氏追問自己何為此事？答案就是 Vanity 虛榮心，也就是對自己的能力或吸引力過份自信，為了向客人炫耀自己的博物學見識，做出種種不知所謂之事。《傳道書》有名句「Vanity of vanities, all is vanity」，勸人不要為浮名所困，虔誠的基督徒香氏在本段特意詳寫殘殺百足步驟，富於懺悔

（轉頁 325）

· 馬陸（Millipedes）·

馬陸走得比百足慢，因為牠們食素，鮮葉枯葉皆宜，毋須去追趕獵物。某些品種會為害草地和溫室，但本地最常見品種紅色的厚甲馬陸（*Trigoniulus lumbricinus*）只吃枯葉腐葉。若在花園以落葉、垃圾或草碎堆肥，當你翻動堆肥，準備劃一把入泥時，便可見到很多馬陸。牠們排出的小丸是上佳的肥料，一粒小丸比大堆堆肥更有益園圃。在爪哇和及檀香山多年成果已被公認。檀香山更把這些馬陸「接種」到甘蔗皮堆肥去。

馬陸通常日間在地面浪遊，有時在夜間。夏日雨天藏匿在地下。「卵包在泥球內，幼體白色。」馬陸沒攻擊力，欠百足的毒牙，自衛靠硬皮。牠能釋放臭味的腺體，可能是為要倒鳥兒胃口；當被大型生物例如頑童騷擾時，會釋出嘔心臭液。[163]

· 蜘蛛（Spider）·

《香港博物學家》已刊載過有關本地蜘蛛的文章，這裏只提及特別有趣的幾個品種。業餘博物學家在野地考察，其實大有可為，因為大部分本地品種，包括在家、庭園、樹林、水澤和渠溝等地方棲息的蜘蛛，都乏人研究。

有一次，我在距離米埔一二哩路邊吃三文治午餐時，被一群忙碌的螞蟻吸引，看到中間有一隻蟻與別不同，看清楚，有八腿，沒觸角，無疑是一隻蜘蛛。這隻蜘蛛樣子和體色跟螞蟻很相似，當有螞蟻上前用觸角和牠打招呼，蜘蛛便舉高前兩腿，在空中搖晃，當作觸角，兼且證明自己只有六條腿。螞蟻沒有趕走蜘蛛，蜘蛛也不妨礙螞蟻。看來剛才螞蟻是問：「你是什麼人？」蜘蛛則答：「是朋友。」

蜘蛛模仿螞蟻的事例在外國也出現，但我不能解釋為什麼會這樣，以及是怎樣引起的。這種蜘蛛是一種跳蛛，捕食小昆蟲。我猜，螞蟻行進時會吸引一些蒼蠅，或趕出小昆蟲，跳蛛就捕食牠們。跳蛛吃剩的，就歸螞蟻。這是否另一種共生的模式？我不知道。[164]

（續頁 323）

意味，加插百足媽媽保護寶寶的場景，用來對比自己的劣行，以示自己「蟲豸不如」，比「禽獸不如」更低一級。原句是現在完成時態，表示之前沒感不妥，至今終於覺悟，譯成「虛榮，一如百足，為每條腿都長了雞眼沾沾自喜」，是把香氏心底話直説，表明他從殘殺百足事件中發現自己的虛榮心，為自己做過的之虐蟲事件汗顏。

163　據香港自然生態論壇 http://www.hkwildlife.net/viewthread.php?tid=57145，本地最少有四十種千足蟲。

164　據朱耀沂（2007）跳蛛科中的蟻蛛和蟹蛛科中的食蟻蛛，會擬態螞蟻（頁 219），有些與螞蟻相安無事，有些則偷襲螞蟻幼蟲做食物（頁 220），可能有製造特定費洛蒙的本領（頁 222）。下圖為四種蟻蛛：

一晚，我走進一間未亮燈的房間，感覺牆邊有異動，原來是一隻蜘蛛正銜着一隻奮力掙扎的蟑螂。我把牠倆捉了，放進玻璃皿內。

蜘蛛共有六對附肢。第一對是螯肢（chelicerac），最後一節端尖，不用時向其後一節收摺起來，其後一節也是毒腺控制開關。第二對是鉗足（pedipalpiok），敏感性高，第三至六對供爬行。蜘蛛能用螯肢最後一節刺穿蟑螂其中一塊背板，向蟑螂身體注入毒液。我第二天早上用哥羅芳麻醉兩物，量得蜘蛛重 0.37 克，蟑螂重 0.33 克。濫殺家蛛是愚蠢行為，因為牠們為你清除蟑螂。

· 蝸牛（Snails）·

非洲大蝸牛（*Achatina fulica* Fer.）已在《食物與花》（*Food and Flowers*）第一期內詳談，[165] 這裏只做概述。非洲蝸牛原產東非，有意無意傳到亞洲。最先在孟加拉北部出現，在 1910 年傳到斯里蘭卡，1920 年傳到新加坡，1928 年傳到砂拉越，1931 年 6 月最早在中國廈門有記錄，1941 年 4 月在香港跑馬地第一次發現，據標本體型推斷，可能在 1937 年已經登陸。戰亂期間，其數目大量增加。到了 1946 年，在港島已有百萬。1946 年至 1947 年七個月內，園藝處職工單在四個地點就撿了二十三萬六千三百零三隻非洲蝸牛，磅得一萬六千零二十八磅重，但對遏制其增長，完全無補於事。

成年非洲蝸牛長多於 4 吋，重多於 3 盎司。蝸牛殼圓錐形，褐、黃、白色橫紋相間，雌雄同體。一歲後產卵，可活十二年，卵淡黃色，卵硬殼，形如小豆，在乾涼季即 11 月至翌年的 3 至 4 月食素，愛吃多種菜蔬，此外還吃木槿屬（Hibiscus）、百日菊（Zinnia）、鳶尾（Iris）、孤挺花（Hippeastrum）、木瓜（Papaya）等草木。化學劑低聚乙醛（Metaldehyde）能吸引蝸牛和舌蝓，並完全殺死牠們。用一份低聚乙醛和三十至五十份乾米粉混合，灑在花床，就能清除牠們。牠的天敵有鴉鵑（crow-pheasants）、螢火蟲幼蟲。螢火蟲成蟲也可能會吃牠。

1948 年非洲蝸牛在九龍出現，當年夏天已擴散到粉嶺和上水。

165　香港現時有三十九個原生陸生蝸牛物種，當中包括十個特有種，另有數個
　　　外來種，包括學名為「褐雲瑪瑙螺」（*Achatina fulica Ferussac*）（Bowdich,
　　　1822）之非洲蝸牛。據張勁碩介紹，非洲蝸牛是二戰時日軍為解決肉食問題
　　　而故意引進許多太平洋島嶼，而非香氏所説之「有意無意」傳到亞洲。日佔
　　　時期無糧者捉來充飢，包括在集中營的難友，未嘗不是生存之道。到我童年
　　　時即 1960 至 1970 年代非洲蝸牛肆虐菜園，1980 年代中聽聞在廣州市仍有
　　　人捕捉烹調在街邊擺賣，數年前在台北縣也見很多，據報目前已擴至雲南，
　　　商人捕之染成七彩顏色，賣給兒童。

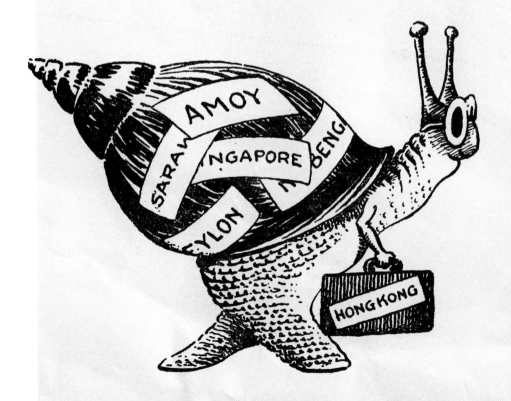

第三章
Chapter 3

植物專題
Plant Life

導讀

由重新發現到回歸鄉土

　　香樂思在第三章寫香港各科植物和其採集者及命名者的歷史。相對於 2012 年《香港植物誌》記錄二百多科植物，本書第三章有系統介紹的不超過十科，有些品種香氏更坦言並不知名，足以招識者話柄。可是讀過《香港植物誌》的，很少對物種留有印象，因為裏面盡是專業數據，但讀過本章的讀者，每能覆述有關植物特點，因它以「植物與民生」為題，述其與人們衣食住行、器用、信仰、娛樂、審美關係，不忘告人在何處找到，以至背後有關故事。對有益於一地居民日用生活的植物，名曰「鄉土植物」，它是建構「回歸鄉土」這種上層建築的最常見物質基礎之一。環境生態學家奧爾（David. W. Orr）說：

> 我們需要重新發現，重新定居到新的環境之中，得到食物資源，找到維持生計的方式，找到能治療疾病的方法，找到娛樂的方法和場所，以及找到與周圍生物同甘共苦的感覺，是為「回歸鄉土」。[1]

　　香氏在第三章及第四章的記述，與奧爾為回歸鄉土所列事例一一對應：首先，香氏在本地發現各種野菜野果作為食物資源，包括山竹子、胡頹子、餘甘子、白桂木、崗棯、番石榴等野果。

　　維持生計的方式方面，包括沙田谷出產稻米運往北京作貢品，或遠銷紐約；八仙嶺溪谷紅花八角菁葵果出口德國漢堡製茴香利口酒；用蒲葵製造葵

1　君健、葉陽譯：《大地在心：教育、環境、人類前景》（上海：商務印書館，2013），頁 180。

扇、葵帽、雨衣，搭建戲棚的屋頂和牆；以假蒟製胡椒粒；出產世界上最佳的潰薑。

在治療疾病方面，有鴉膽子，連美國化驗室也向香氏要了一磅去做化學分析；常山自古以來都用來退熱；鹽膚木枝根被蚜蟲侵襲而成的附生物五倍子，可治胃痛。

娛樂的方法多不勝數，包括逛街市看野味、自駕環遊新界、家庭野餐、遠足、觀鳥、行花市、飼養寵物、海浴、園藝、宴請朋友等。

娛樂的場所方面，除了現已納入郊野公園範圍的五條一日來回遠足路線外，當然還有書中重複提及的林村谷、后海灣、米埔濕地及輞井半島。此外荷李活道可供淘寶，牛奶公司露天茶座可供消暑。

因為與周圍生物有同甘共苦的感覺，所以香氏最早發出保育呼聲，在書中呼籲防止山火、在報刊發表禁止打獵的意見；又擔心外物種非洲蝸牛入侵、野百合及紫紋兜蘭被盜、蛇被濫殺、被村民當作野味出售的走獸涉禽，如穿山甲和金錢龜，以至憂心壓在泥耙上的男孩會掉下來，及在后海灣一帶搭建的寮屋人畜共住並不衛生。

香氏投入香港生活二十年，發掘出香港值得被視為鄉土的所有條件，當中以刻劃薄扶林碧麗園舊居與赤柱集中營的生活尤其深刻。

碧麗園舊居中與家人共享天倫之樂已在上一篇導讀提及。在食物資源一項，香氏憶述曾與妻在家園開田種出高於七呎的花椰菜、番茄、捲心菜、天津白菜、木瓜。娛樂方面，香氏在不同月份都曾詳細刻劃由庭園鳥及家貓上演的「話

劇」，或只描述各種庭園鳥叫聲組成的「廣播劇」，就已經令人覺得這幢位於港島最佳觀鳥地點的雙拼別墅，的確是一間夢屋（Dream House）。

　　赤柱集中營在本書中出現的頻率比碧麗園更高。香港淪陷後，香樂思及其他約二千五百名外籍文官被拘禁於赤柱集中營。集中營食物供應不足，集中營範圍內有野地及海濱，香樂思運用博物學知識，為營友改善飲食作出重要貢獻。刺葵果肉「味道似棗 …… 為赤柱集中營眾老幼帶來驚喜」；月桃種子可煮粥，「把葉捲成煙吸」、根端可醃薑、薑茶薑酒；「稻田中長一種雜草名『稗』…… 當年被囚赤柱集中營的我們，都會記得怎樣檢拾它細小 …… 的種子，加進米中煮，看它受熱膨脹打開，流出少量白色的米漿」；在娛樂方面，「被拘留於赤柱期間，我們有很多時間觀鳥，有幸發現不少罕見候鳥」；「在赤柱集中營的日子，大自然賜予我們很多很多，包括消遣娛樂」。

　　例如看螳螂卵鞘孵化後走入粥鍋；用鐵餅罐養蛇做寵物，命名「阿杜夫Adolf」、「本尼托 Benito」、「小英機 Baby Tojo」供孩子參觀，收取小鼠做入場費。記錄赤柱集中營苦況的文獻很多，香氏「正面積極態度鼓舞營友不要放棄」的聲音更顯珍貴。

　　「與周圍生物同甘共苦的感覺」方面，自願在戰爭期間留港的香氏，及一批被拘留的殖民地精英，不但與全部留港居民一樣，同受日軍屈辱，忍受糧食不足的困境，更重要的是，留在營中的前輔政司詹森組織「英國共同委員會」（British Communal Council），表面上是自治組織，暗地裏反思為何港英政府不得民心，共謀戰後改善管治方法。光復後諸位猛虎出柙，回到崗位上，革除歧視華人陋

習，在社會福利、教育、醫療衛生、工作平等、法律保障上大事革新，香氏更被破格委任為發展局長，推動漁農產業，[2] 使香港真正成為戰後嬰兒潮一代安居樂業的故鄉。

2　Felica Yap, "A 'New angle of vision': British Imperial Reappraisal of Hong Kong during the Second World War," *The Journal of Imperial and Commonwealth History*, 42（2014）, pp. 1, 86-113.

植物與民生

·殼斗科·

提起橡或櫟（Oaks），就令人憶記溫帶國家。英國伊利莎伯時代供海軍做艇艦的龍骨、支撐我們古老大教堂屋頂的大橫樑，都用櫟木做原材。英國的兩種櫟樹、北美的一些近親樹種，都是落葉樹；在熱帶地區，卻有很多種櫟樹是常綠樹。冬青櫟是英國其中一種常見的栽培種，在地中海地區也有分佈。西班牙有另一種櫟樹，其樹皮可用來做軟木栓。

香港的櫟樹有二十二種，俱為常綠樹，樣貌各有不同，有些品種難以使人聯想到是櫟屬，但只要一見到其橡實堅果，就可以確定非櫟莫屬。最常見的櫟屬可能是竹葉青岡（*Cyclobalanopsis neglecta*），在西高山北面陡坡可見，在布力徑（Black's Link）對上山谷中生長的則較矮。插圖繪出了其葉瘦如柳葉，以及堅果的典型特徵。另一種櫟屬在盧吉道（Lugard road）路邊及在山頂樹林，混合其他灌木生長。

·無花果（Figs）與榕屬（Banyans）·

會結無花果（Fig）之野生或栽種榕屬植物，在本地超過二十種。榕屬與其他品種不同之處，是會從枝幹長出氣根，向下生長。在較香港更濕更熱國家的野外，其氣根穿透地下，長粗長大成為另一棵樹幹似的支撐根。香港一些地方也見這種情況，也可以用簡易的技術促使這種現象出現：只消用一支長竹，用鎚鑿穿竹節橫隔，把氣根放進筒中，上端縛固枝椏，下端埋入泥中，受竹筒保護的氣根，避過乾風冷雨的侵襲，長得結實，直至鑽入泥土，便可取走竹子。

青岡櫟殼斗果

1. INCH

榕果

Ficus sp.

青岡櫟果

1. INCH　G.A.C.H. 31·1·48

Quercus salicina

細葉榕鬚根長至觸地，長粗長大成支柱

多種榕樹都是絞殺榕（strangling figs），[1] 當其榕果被小鳥或風送到另一棵樹後，榕果在枝幹上或枝椏間發芽，其根漸長，以至纏住寄主樹幹，愈長愈厚，緊緊包裹寄主的樹皮，阻礙寄主的維管束輸送水分和養分。絞殺榕的葉愈長愈大，愈長愈密，便會遮蔽寄主的葉，使之不能吸收陽光和空氣，[2] 最後取代寄主，佔領其在林中的位置。此外，它們在荒屋、破牆、陡峭石岸都長得很好，在維多利亞城人工斜坡上，更成為常見景觀。

細葉榕（*Ficus retusa / F. microcarpa*）廣佈於印度斯里蘭卡、馬來亞和中國。馬來西亞柔佛洲沿素里里河（Sedili River）生長的細葉榕，能在微鹹的水土中生長。細葉榕樹大、葉小、結無數小果，小果成熟時吸引各種鳥群蒞臨大塊朵頤。九龍彌敦道過往長有很多細葉榕，現仍保留一定數目。在布政司署（CSO）大樓前，[3] 有外形奇特的 T 形細葉榕，其實是一棵巨大老樹的殘軀。原來的主幹在多年前已解體，現時只以氣根來支撐，但這些氣根的健康也日漸變差。

印度榕／印度橡樹（*Ficus elastica*）是大型喬木，常綠，大葉皮質，在本地廣泛種植。所有榕屬樹皮受傷後都會流出白色膠質樹液，惟印度榕流出的樹液才可製造橡膠產品。

筆管榕／雀榕（*Ficus wightiana / F. subpisocarpa*）與黃葛樹／大葉榕（*F. infectoria / F. virens*），主幹高大，葉片大而亮麗，十分顯眼，長大後足以成為地標。他們有奇怪的習性，每在你意想不到的季節，比如說，12 月中，突然變色，數天之間，其葉由綠色變成褐黃，迅速脫落，一週內葉芽膨大，芽苞破開，驀然抽出翠綠新葉。此樹在香島道和摩星嶺道交界有一棵，在下亞里畢道港督府另有一棵。

榕屬除卻這些喬木外，還有一些灌木和攀緣品種。其中一種在溪谷中生長，結亮麗的榕果，脫落後可浮在水上，以廣傳播。[4]

榕果

譯註

▼

1   細葉榕、垂葉榕和筆管榕（雀榕）都可以
絞殺，見《賞樹手記》（香港：天地圖書，
2004）及《香港古樹名木》（香港：天地
圖書，2006）。

2   本節第一、二段本來不分段。第二段「使
之不能吸收陽光和空氣」一句中「空氣」
在原文是 hair，是 air 之誤植。

3   CSO 的全寫是「Colonial Secretary's
Office」。Colonial Secretary 中文稱「輔
政司」，1976 年改稱布政司，1997 後
稱政務司，職權僅次港督或特首。仍在
世的布政司為鍾逸傑（Sir David Akers-
Jones）。CSO 中名輔政司署，即今中區
政府合署中座。第一代於 1848 年落成，
香氏提及的輔政司署大樓是第三代，本
書原著出版後兩年即 1953 年因白蟻侵
蝕被拆御，1956 年改建成第四代，易名
「Colonial Secretariat Central Government
Offices」中座，連同東座及西座，中名
「政府合署」，或「中區政府合署」，簡稱
CGO。「外形奇特的 T 形細葉榕」現已消
失，唯一健在的是中座正中對出的一棵紫
檀樹。2012 年前「中區政府合署」仍是
香港特別行政區政府總部、行政會議的所
在地。後遷金鐘添美道 2 號（添馬艦）。

4   即變葉榕（*Ficus variolosa*）。

絞殺榕

另一種榕屬攀緣在老屋及大樹上，幼時葉子緊貼牆壁或樹幹生長，從成直線的主幹兩邊以銳角生出平行的支幹，向上生長，愈長愈密，終至密鋪整個牆面和屋頂，這時葉子會變大，並只在幹的右角生長，其後會長出 3 吋長漿果，熟時成啞紫色，看似好吃，切開後發現是空心的，味道也不好。[5] 在英國它被廣種於倉庫或溫室外牆。最好定期替它剪葉，不要讓葉片長到最大。[6] 一些野生榕屬的果實是可吃的，其中一種黃色，有 1 吋直徑長。[7]

· 棕櫚（Palms）·

本地野生棕櫚品種不多，[8] 栽種品種也少，往往看一眼即可辨識。野生品種中有一種棗樹，名刺葵（*Phoenix hanceana / P. loureiroi*），夏季長出碩大的橙黃色花簇，結出小果實，由綠轉黃，在 7 月至 8 月再轉黑時便成熟。雖然果核如石頭又大又硬，卻被一層薄薄的果肉包住，果肉味道似棗，不，真的是棗，為赤柱集中營眾老幼帶來驚喜。享用妙法，是當棗還是橙色時，便割下帶回家，整簇吊在書房或睡房，變熟轉黑時，摘下，放入口，大力吸吮。吃剩的洗淨，可放入罐中藏好。刺葵在本地山坡常見，因其複葉多刺，又不是好燃料，未獲採薪者青睞，遂得苟存。此樹生長緩慢，因為耐高溫，雖遇週期性山火，縱使樹幹被燒黑，樹頂仍可長出帶刺綠葉，外貌雖然憔悴，仍能站崗，活到很老。

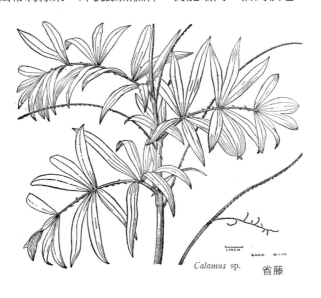

Calamus sp.　　省藤

5　即薜荔。《香港植物誌》
（2007）註明，可吃的
榕屬果實只有薜荔。本
地鮮聞有人食用薜荔，
但薜荔在台灣的變種愛
玉（*Ficus pumila var.
awkeotsang*），則因為
含有更多凝膠，被製成
國民甜品「愛玉」。圖為
薜荔果。

6　我曾有計劃地把小薜荔引入家園幾塊牆壁，在開始綠化時被父親拔除，認為
會令牆壁崩潰。根據我觀察，薜荔攀附的是一間已被荒廢，儘管不長薜荔，
也會自行坍塌的屋子。米埔保護區中心自然護理中心一列屋子是對薜荔英國
式料理的最佳示範。

7　擬即高山榕（*Ficus altissima*）或五指毛桃（*Ficus simplicissima* Lour）之果。

8　「Palm」譯作棕櫚科，在中文學名中多冠上椰、葵、棕、櫚、海棗、藤等
字眼。

黃籐果

俗稱「手杖棕櫚」（walking-stick plam）的觀音棕竹（*Rhapis flabelliformis /
R. excelsa*）是本地野生品種，在一些地方如聶高信山（Mount Nicholson）山坡上
常見。觀音棕竹無刺，四五呎高，在北風不能正面吹襲的地方，能像竹一樣蔓生
成林，覆蓋廣闊地面。

一種身上有很多刺的棕櫚，是本地五種省藤屬（Calamus）中的代表，長得
頗高，[9] 在溪谷生長，在香港仔對上林地有很多。

加上在香港仔新馬路（Aberdeen New Road）附近溪邊發現的穗花軸櫚
（*Licuala fordiana*），本地就再無野生棕櫚品種了。穗花軸櫚是 2 至 3 呎高有刺灌
木，葉片是單葉。

最常見人工種植的品種是俗稱中國扇子棕櫚（Chinese Fan Palm）的蒲葵
（*Livistona chinensis*），原產廣東，樹幹粗厚，高可達 15 至 20 呎，葉片大，單葉，扇
形，平行葉脈如手指，可用來製造葵扇、葵帽，更可搭建戲棚的屋頂和牆，以及製
造一種勞動階層常用的雨衣。葉柄下長出的纖維，也有很多用途，但強度不及在中
國野生及栽種的棕櫚（*Trachycarpus excelsa*）那樣，強韌得可用來製造繩纜、刷子。

椰葵（*Cocos nucifera*）在港現已少見，只栽種在港島香港仔及九龍天文台。
抽芽的椰子苗在嚤囉街有售，喜歡熱帶風情者，可在浴棚或涼棚附近種幾株。王
棕／大王椰子（*Roystonea regia*）也比從前少見，從前滙豐銀行前面種滿兩長排，
現只剩下一兩棵。本地最多的是假檳榔（*Archontophoenix alexandrae*），可高
60 到 80 呎，原產澳洲和馬來西亞，樹幹光滑纖瘦，幹頂長出羽狀綠葉，容易辨
認。原籍廣東及廣西的魚尾葵（*Caryota ochlandra / C. maxima*）有時可長至 100
呎高，二回羽狀葉，在樹幹頂零散下垂。原產於阿薩姆邦（Assam）的軟葉刺葵／
江邊刺葵／日本葵（*Phoenix roebelenii*），經日本傳來香港，能以種子繁殖，生
長緩慢，不會長得太高，適宜沿花園或小徑邊種植，在植物公園和政府大樓對面
有很多。

俗稱竹棕櫚的散尾葵（*Chrysalidocarpus lutescens / Dypsis lutescens*）普遍種
在甕缸中，擺滿一排，用作籬芭，如港督府地下那樣。此葵莖枝由底向外散出，形
成密密的一叢，可用種子繁殖，但更常用老樹分株。這是唯一被用於盆栽的叢生
葵，其實本地野生的觀音棕竹（*Rhapis flabelliformis / R. excels*）也可以用作盆栽。[10]

9　即黃籐（*Daemonorops margaritae*）。可長至 20 米。黃籐莖強韌富有彈性，可製成各種家具及工藝品，例如藤床、藤椅及藤籃等。另外兩種棕櫚籐（Rattan Palm）是高約 1 米的多果省籐和高 2 至 3 米的毛鱗省藤（*Calamus thysanolepis*）。以上各種都有刺。

10　昔日棕櫚科中的棕櫚、蒲葵、藤棕櫚提供製作各種家居用品原料。香港雖然有多種野生藤棕櫚，但所用藤器全部由內地或南洋入口，從前藤廠所用原料亦然。棕櫚科製的家居用品，今日大部分已被塑膠取代。櫚科中最有影響力品種現為油棕（*Elaeis guineensis* Jacq），其種子炸出的棕櫚油是世界第二大食用油，在食品工業中被廣泛運用。為了種植油棕，馬來西亞等國大面積森林被砍伐。嘗見香港清道婦採摘花園中之葵葉曬乾，加上竹桿製成掃帚，代替竹掃帚，據說因為它能搣起落葉紙屑，比竹掃帚更有效。

黃藤

野生觀音棕竹

· 野生香料植物 ·

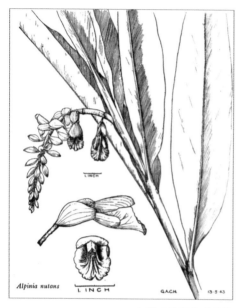

Alpinia nutans

山薑／草豆蔻／月桃

本地原生的胡椒屬植物有四種，[11] 第一種是廣泛分佈的假蒟（*Piper sarmentosum*），[12] 常見成幅生長於香港仔路邊。另一品種攀附小樹或石上，其果味辛辣，可用作胡椒粒。具經濟價值的是攀爬的胡椒（*Piper nigrum*，即山蒟 *Piper hancei*），[13] 脫皮後便是黑胡椒，若磨成粉，便是白胡椒，不要把真胡椒與那種由番茄科辣椒屬（Capsicum）乾果做成的紅辣椒混淆。

薑（*Zingiber officinale*）在華南及香港廣泛種植，世界上一些最佳的醃薑由香港製造。[14] 另有兩個本地野生薑屬品種我不認識。[15] 莪朮（*Curcuma pallida*）在新界是栽種品種，[16] 並在一些地方野化。當未長葉時，會開美麗的黃色及粉紅色花。其根是咖喱的主要材料，破開的根莖鮮黃色，華人稱它黃薑。本地有不同的野生豆蔻（*Alpinia / Languas*），常被當做一種薑，但它其實屬於豆蔻科（Galangal）。在維多利亞公園有很多山薑／草豆蔻／月桃（*Alpinia nutans / A. hainanensis*），[17] 在炮台里（Battery Path）上也蔓生，在赤柱集中營也有生長。營友們巧妙運用月桃種子，受歡迎程度媲美豆蔻。其果硬而有刮痕，人們喜歡加一點進粥中

月桃花

11　《香港植物誌》（2007）列出本地胡椒屬植物共6種，
　　即華南胡椒、蔞葉（青蒟）、華山蔞、山蒟、毛蒟、
　　假蒟，但不含胡椒，其中以山蒟的果實外形與胡椒最
　　相似，所以香氏所説的胡椒很可能是山蒟。

12　劉克襄（2006）稱台灣胡椒（*Piper umbellatum*）是
　　台灣南部原住民野菜中令他印象最深刻的，原來正是
　　香氏提及的假蒟。在東南亞都用於煎肉、炒田螺、炒
　　蛋、炒飯，如泰國開胃小吃 Mieng Kham 與娘惹菜
　　的 Otat。香港鄉村蔭涼濕之地亦不難發現。郝朝運等
　　（2012）指雲南是我國胡椒屬植物的重要分佈地多於
　　二十種、廣西十六至二十種、廣東十一至十五種。按
　　此，香港會否再發現第七種胡椒屬品種？

13　香氏所説的胡椒（*Piper nigrum*）有「香料之王」的
　　美譽，是世上最重要的香辛作物之一，藥用作健胃
　　劑、解熱劑和支氣管粘膜刺激劑；工業作抗氧化劑、
　　防腐劑、保鮮劑、防暴噴霧。

山蒟

14　葉靈鳳（1953）云：「據説自維多利亞女王以來，英
　　國皇室和貴族中人就一向是糖薑的愛好者。香港漸漸
　　成為糖薑業的製造中心，在戰前 …… 全年的數字達
　　千餘萬元之巨。」葉靈鳳指出港人不愛吃自家製薑
　　糖，是因為偏甜及太貴。饒玖才（1999）則説，大
　　戰後初期香港商人如余達之等，發覺英國人喜愛食糖
　　薑，才設工廠加工出口。兩種説法在時間上有出入。

15　香氏不認識的另外兩種野生品種擬為山薑及紅豆蔻。

16　《香港植物誌》薑黃屬並無記莪术，只記鬱金
　　（*Curcuma aromatica*）及薑黃（*C. longa*）兩種。莪
　　术（*C. zedoaria*）藥用而非製咖喱。製咖喱用的是
　　薑黃，本地人叫黃薑，可以斷定香氏所指本應是薑黃
　　而非莪术。

17　《台灣民族植物圖鑑》（2012）稱月桃所結種子，是
　　「仁丹」的原料，以其葉包入糯米等食材，可蒸成帶
　　特殊香味的月桃粽。

月桃果

以增加香味。把葉捲成煙吸，味如兔菸（rabbit tobacco），[18] 多了一陣辣味，噴出的二手煙對非吸煙者來說芬芳舒適。把根端細心切成薄片，置米糕中調味，或置水中加糖煮溶結晶成醃薑。用剩的根輾碎可煮成薑茶，加糖，封於瓶中發酵，便釀成可口的薑酒。

在馬來亞，大型野生薑的莖枝是驅邪儀式的工具。哪裏被認為有邪魔鬼怪潛伏，便把薑莖當標槍擲去哪裏。據我所知，赤柱營友們沒有這樣使用野生薑莖，雖然「黃皮鬼」（yellow sprite）到處都是。[19] 野生薑整株含有桉油醇／桉油酚（cineol）成分，在歐洲是公認的草藥，有時被用作祛痰劑。它的根與種子有另一種成分，使之有薑的香氣及揮發油。

· 可吃的野果 ·

我們食用的蕉、柿、山竹、橙及枇杷等熱帶水果，都有近親在本地野生，當中有的較可吃，有的較不可吃。

野蕉（*Musa Balbisiana* Colla）生長在澗谷中，[20] 甜果肉中滿是黑色的硬種子，每咬一口，都要小心剔出種子，收穫抵不上過高的勞動成本。

山邊長有多種野柿，其中之一是羅浮柿（*Diospyros morrisiana*），[21] 白花，果淡黃色，約 1 吋長。羅浮柿要完全熟透才可吃，否則有強烈苦澀味。內含一至四枚外表有光澤的硬核。樹小，太平山北坡有一棵。另一種很普遍的是小果柿（*D. vaccinioides* Lindl.），小灌木，只有二三呎高，葉子外形優雅像英國本土的覆盆子（Bilberry），剪枝後可整成方正整齊的籬笆，所結果實樣子不似柿，小卵形，端尖，長半吋，黑色，內含二到四枚白色核，外表有光澤。熟時可吃。多種柿樹樹材結實，有黑紋，可製成黑檀木材（Ebony）。[22]

本地有兩種野生山竹子，[23] 一種在港島及新界山邊低坡林地常見。兩種都由占般船長（Champion）命名，果實是典型的山竹子。熟透時可吃，但不好味。從山竹子科藤黃屬（Garcinia）植物果實中刮出膠狀物，風乾後可製藤黃膠精（Gamboge），是製造黃色油畫顏料的原料。

芸香科金橘屬有多個代表，包括野生柑桔山橘（*Atalantia hindsii / Fortunella*

Diospyros
Morrisiana

L. INCH 12·12·47 ½ INCH G.A.C.H.

羅浮柿

18 「Rabbit Tobacco」今學名 *Pudo Gnaphalium Obtusifolium*，菊科，假鼠麴草屬，生長於北美。全草芳香，利尿、解痙、止痛。乾葉用做焚香劑、小孩咀嚼劑。

19 香樂思知道廣東人稱白人為「鬼佬」。被關押在赤柱集中營大部分是白種人，對他們來說，日軍是「黃皮鬼」；心裏怨恨但不敢反抗，故未有向之擲薑莖。

20 《台灣民族植物圖鑑》（2012）稱 *Musa Balbisiana* L. A. Colla 為拔蕉，指其果在種子未發育前可摘來作醃漬食物，雄花苞及假莖可供作蔬菜，（頁83）。

21 羅浮柿花期 5 至 6 月；果期 10 至 11 月。小果柿花期 4 至 6 月，果期 8 至 11 月，換季時，新生嫩葉染得樹冠一片紅褐色。

22 黑檀木（Ebony）是十分稀少的珍貴家具及木雕工藝品用材，是世界上最稀少、最名貴木種之一。一般由其制成的一把椅子也要數萬元。多種柿科品種包括蘇拉威西烏木、菲律賓烏木及台灣烏木，都可制成黑檀木。毛柿竟然就是後兩者或其雜交種。此種廣泛長於台灣山林的雜木，被冠名「台灣黑檀」後，被爭相挖走，在台灣現已少於二千五百棵，瀕臨絕滅。另一柿科品種小果柿，自被台灣屏東楓港溪附近園藝界冠名「黑檀」後，同遭噩運，已列為嚴重瀕臨絕滅品種。香港野生小果柿，無可避免繼沉香、羅漢松後成為又一被偷挖目標。

多花山竹子

23 兩種野生山竹子擬即多花山竹子（*Garcinia multiflora*）和嶺南山竹子（*Garcinia oblongifolia*）。多花山竹子花期夏季，8 至 9 月間果熟。果熟時可食，但因味酸且多膠質，多食會引起腹痛。嶺南山竹子花期 4 至 5 月，果期 10 至 12 月，味美可食。

小果柿

hindsii），枝幹有刺，結鮮亮小橙，內有核一到兩枚，佔據了皮下差不多所有空間。可加糖醃製，或做果醬，但要大量果子才能做出一磅。金橘屬另一品種是酒餅簕（*A. buxifolia*），有黑色的果，完全熟透時尚可一吃。

薔薇科（Rosaceae）除玫瑰（Roses）和石斑木屬（Rhaphiolepis）外，有很多品種所結果實都是可吃的。中國人種植沙梨及雪梨，都源自梨屬（Pyrus）植物，但與經濟作物蘋果、啤梨是不同種。華南共產五種野梨，本地至少有一種，薄扶林地區種有開滿白花的梨樹，果小，只四分一吋長，似是小型沙梨。[24] 另一種在大帽山附近的觀音山山坡生長。[25] 在 4 月我在吊手岩欣喜地發現了香花枇杷／山枇杷（*Eriobotrya fragrans*）開花，樹形如栽種的枇杷（*E. japonica*），但葉較順滑，花白，約 1 吋長，很香，果可吃，但我未得見。

本地也長多種懸鈎子（*Rubus*）。果熟時形如黑莓（Blackberry），紅或橙紅色。可口，但身上多刺，採摘其果子比在英國採懸鈎子漿果（Bramble-berries）辛苦。空心泡／薔薇莓（*R. rosaefolius*）開白花，結果如草莓，紅艷誘人，但沒有食用價值，只宜用作沙律伴碟。

山坡或高山之邊，長有一種小樹名餘甘子（*Phyllanthus emblica*），有時整個山頭只長一棵，孤零零的。客家婦女在冬季整天猷在山中伐柴薪，揹到村下賣作燃料。她們為何對它手下留情？多得此樹可供給貌似鵝莓／醋栗（Gooseberries）的果實，此果肉硬、味苦，但有甘味。其葉看似羽狀複葉，其實是單葉互生，沿小枝長成兩列。大戟科（Euphorbiaceae）另外一些屬也有此種葉序。此果在佛羅里達州也有，稱作「Myrobalan」，富維多命 C，生津解渴。

在本地溪谷及山邊林地廣泛生長的攀援灌木胡頹子（*Elaeagnus*），有多個品種，易於辨識，它們的葉底、葉柄、花苞、花，以至果，都像鍍上一層銀銅或金屑。懸垂之果卵形，像戴了一頂高帽，那其實是殘留的花萼。果熟時粉紅或紅白色，內有一核，味酸，但頗可吃，或煮成膠做果漿。英國園藝界愛其獨特花形而栽植，菲律賓人則栽種俗稱「Lingaro」的菲律賓胡頹子（*E. philippensis*）取食其果。

本地最可口的野果要算是白桂木（*Artocarpus hypargyreus*），其英文名為「Jack fruit」，這有一點誤導，因為它只有杏子那樣大，而且顏色也如杏，但只要

觀音山豆梨

24　即栽種沙梨（*Pyrus pyrifolia*（Burm. f）Nakai）。

25　即原生種豆梨（*Pyrus calleryana* Decne）。

薔薇梅結果

餘甘子果

剖開果子，就可見到如麵包果的結構。白桂木在本地常見，可從樹皮辨認：灰白樹皮會片狀剝落，露出紫紅樹幹。葉橢圓形，深綠色，底披柔毛。果肉橙紅，內有成打種子。8 至 9 月時果熟，男孩和胡蜂都會採食。其樹皮或許與有經濟價值的玉桂木相似，所以本地人叫它白桂木。

最常見灌木品種之一是崗棯（*Rhodomyrtus tomentosa*），開粉紅色花，8 月至 9 月結果，半吋長，深紅色的果肉內藏無數細小種子。此果華人稱作「絳念」（kong nim），英國人稱為「barley bues」。[26] 英國人為什麼這樣命名我不知道，按中文字義，絳念的字面意思是「紫色紀念」，[27] 我不肯定這是否就是華人命名的原因。它們能製成很好的果凍，就像番石榴（Guava）一樣，番石榴在本地已逸化，但野生的很少能長出美味果實，栽種種在 7 月尾結果。野生的攀爬植物地菍（*Melastoma dodecandrum*）紫色的果也可吃。Melastoma 的意思就是「黑口」，也就是說吃得多，會把口染成紫黑色。

胡頹子果

26　據《英漢大詞典》，找到最近似 barley bues 的詞是 barley-bree/broo/broth，可解作「大麥酒或威士忌」。崗稔酒是客家人土特產，其色暗紅，似拔蘭地。我的推斷是，barley bues 即 barley-bree。英國人命名崗稔酒為 barley-bree，很可能是因為其顏色與威士忌相似，而非味道或酒精量相似。

27　崗稔果。今日用拼音寫「崗稔」，會注明九聲，寫成 gong1 nim1。香氏沒有用九聲，臨時寫成 kong nim，寫書時問人 kong nim 中文怎樣寫，其人把它讀成 kong3 nim6，於是有「華人稱作絳念」、「字面意思是紫色記念」之謬說。在今天，博物學家利用互聯網很容易找到更可信的資料：「稔子的『稔』字在客家方言裏是『軟』的意思，而這個『稔』字一般用於形容柿子成熟以後很軟的那種特徵，由於桃金娘的果實上有四葉如柿蒂，成熟後又軟如柿，故客家人形象地把它稱之為『稔子』。」

· 蟲 癭 (Gall Nuts) ·

　　我的桌子堆滿博物，如雜貨舖貨架，琳瑯滿目，閒人勿碰，一段時間後，放滿了，便把諸物推到一邊。從這堆物品中取出任何一件，都是不凡之物。蟲癭就是其中之一。我的蟲癭是從廣西送來的，近來在港備受推崇，中文名為「五倍子」。[28] 我猜這名字是用來形容蟲癭奇特的增生情況。清洗後看似紅褐色玻璃或膠，其內中空，內含一些白色粉末。其實它是一種漆樹鹽膚木（*Rhus semialata / R. chinensis*）的枝或根被一種蚜蟲（*Aphis chinensis*）長期侵襲而成的附生物。中國及南洋把它當藥用。中醫也許有一定律，就是那些奇形怪狀、不宜食用的生物，都有顯著療效。在歐洲，五倍子則用來鞣皮製革。我估計，用蟲癭沖水飲能治胃痛，其功效與飲一壺磨碎印度茶相似，不信的話，給小費問一問那些身兼草藥師的清潔女工。[29]

· 有 毒 植 物 ·

　　本地有很多種植物都有毒，毒性或強或弱。有的全株有毒，有的只在特定部分如種子才有毒。一物所以使人畜中毒，是因為它用一種極端的方式干擾了人體細胞的功能，或影響心臟、或攻擊腺體組織、或破壞神經系統。某些有毒植物，如果只取用細小而準確的劑量，能舒緩或消解某些疾病的症狀。很多國家的藥典，例如英國的，都有記載本土草藥的這些功效。中樞神經興奮藥馬錢子鹼（Strychnine）及二甲馬錢子鹼 / 番木鱉鹼（Brucine），由不同的馬錢子科植物的種子提煉而成，全世界的土著都用它來做毒箭或毒藥的毒源。用作強心劑的毒毛旋花子甙（Strophanthin），由羊角拗科植物的種子抽取而成，把它用作箭毒，已有很長歷史，近來轉作藥物，替代毛洋地黃苷（Digitalin）；它作為利尿劑能提升血壓，是強力的強心劑。

　　本地幾種有毒植物即屬此類。兩種馬錢子（*Strychnnos*），果實大如小橙，種子的味道非常苦，不可吃；一種羊角拗（*Strophanthin divergens / S. divaricatus*）

28　其他造癭昆蟲包括癭蜂、葉蜂、癭蚋、果實蠅、蚜蟲、介殼蟲、木蝨、網
　　蝽、薊馬、捲葉蛾、透翅蛾、天牛、象鼻蟲在其他樹種上所造的蟲癭。

29　1930 至 1950 年代本地醫療福利匱乏，大部分華人未能享用西醫服務，依賴
　　農村長輩口耳相傳的土方，到鄰近野外找尋草藥，或到草藥店中藥店購買藥
　　材以治病。其中以婦女擁有最多這類地方性民俗植物知識。都市化使農村婦
　　女入城成為清潔女工，此所以香氏發現許多清潔女工「身兼草藥師」。我一
　　位沙頭角原住民客家友人之母親，沒讀過書更沒學過醫，卻經常上山採藥，
　　為村民治病，朋友間或陪行，他還記得某些草藥的用法並曾自行採摘使用。

三種不同的蟲癭

是有毒的，另有一種鉤吻／斷腸草（*Gelsemium elegans*）能製鉤吻鹼（gelsemidine）。

斷腸草

許多植物被折斷時若分泌白色乳汁，此乳汁多數有害人體，雖然也有例外，但為了安全，不要亂嚐。果實、種子和葉若有苦味，都不要去碰。種子含油質也可疑。多種野豆的種子有毒，不能吃；沙葛（Yam Bean）的根可吃，但葉有毒，種子尤毒；刀豆（Sword-bean）未熟時無害，熟了便有毒。

一種常見的野生豆科攀援植物相思子（*Abrus precatorius*），[30] 果實成熟時，豆莢爆裂，果皮向後彎，露出鮮紅及黑色種子。把種子整粒吞或許安全，但只要咬破少許，或會索命。相思子種子曾經被金匠用作琺碼，因為它們的大小超乎尋常地勻一，也有人用線串起它做項鍊或佛珠。蓖麻（Castor）果實含可溶於水的蓖麻蛋白，有劇毒。同科的另一種植物蓖麻籽（Castor oil seed）長出油質的果實，好看又好味，但有劇毒。本地有多個品種的巴豆屬（Croton）和麻瘋樹屬植物如麻瘋樹（*Jatropha curcas*）種子也有劇毒。

茄科植物（Solanaceae）部分有毒，毒性或重或輕。龍葵（*Solanum nigrum*）的果黑而小，本地有人當零嘴採食，但在一些地方卻視為毒果。很多種顛茄（*Solanum capsicoides*）結橙色果實，[31] 看似小茄，莖和葉都有刺，在村旁荒地生長，十分常見，切勿採食。鄉村空地往往是毒草的集中地，因為牲畜把沒有毒性的植物都吃光，只剩下有毒的。另一鄉村空地常見的洋金花／白花曼陀羅（*Datura alba / D. metel*），[32] 有刺的果實和種子有劇毒，白花似喇叭，易於辨認。馬利筋（*Asclepias curassavica*）開橙紅花，是來自美國的野草，現已逸化，在村旁常見，折斷會流出白汁，看來有毒。另一種美國毒草同瓣草（*Isotoma longiflora*），長在維園，長窄管狀花，五瓣如星，也有毒。

所有杜鵑（*Rhododendron*）都有毒。栽種植物中有毒的包括黃蟬（*Allamanda*）、黃花夾竹桃（*Thevetia*）、夾竹桃（*Oleander*）、嘉蘭（*Gloriosa*）

30　相思子毒性強度是蓖麻毒素的七十多倍，已被列為世界上十大最毒物質之
　　一，本地「四大毒草」它卻不佔一席，更有報道指相思子串成的手鏈成為流
　　行商品，反映本地博物學素養有待提升。

相思子

相思子全株

31　顛茄，常見於有牛吃草的荒田。牛不吃它，不因其刺，而因其毒。

32　木本蔓陀羅（*Datura stramonium*）在村前村後常見，比洋金花花大，有半上
　　臂長，因稱「天使號角」，不結果。

木本蔓陀羅

顛茄

的球根、蘇鐵（*Cycas*）大而鮮橙色的種子，不要剁碎來喂飼小雞，因為雞吃了會死，不要吃中毒的死雞，否則連你也會中毒。它的種子富含澱粉質，但人畜食用前，必須小心處理。

· 寄生現象 ·

為方便起見，可把寄生植物分成兩種，第一種本身沒有葉綠素，依賴寄主提供食物和水；第二種有綠葉，能自製有機食物或至少一部分食物，從寄主身上取得主要的水分及礦物質。

其中普遍而又頗引人注目的品種是列當（Orobanchaceae）科的野菰（*Aeginetia indica*）。[33] 在英國則包括肉蓯蓉（Broom-rapes）和碎米薺屬植物齒鱗草（Toothwort）。野菰會抽出一枝到多枝黃色莖，長 4 到 6 吋，到了 8 月，每一枝莖開花，花色外白裏紫黑，或水平、或微下垂，樣子似雀仔花（*Torenia*），有時叫「馬頭」。此植物寄生於草根上。我曾把它連草皮剷走，放在盆裏，一年後開花，寄生於樹根。

蛇菰科（Balanophoraceae）的蛇菰／葛蕈（*Balanophora harlandii*）開很多花簇，污白色，對它的詳述可見於 1932 年《香港博物學家》號外版。

在英國最著名的寄生植物是菟絲子（Dodder），在本地有兩個品種：結橢圓形果的金燈藤（*Cuscuta japonica*）；結四分一吋直徑球形果實而中間陷入之菟絲子（*C. chinensis*）。兩種都在無柄的簇上開白或粉紅色的花，外貌與英國菟絲子（Dodder）十分相似，但在本地更常見。開花更多的是樟科（Lauraceae）的無根藤（*Cassytha filiformis*），長成一長條，一大團懸掛樹枝間，也長在草和矮灌木上，走到野外，鮮少看不見它，其莖白或黃色，與菟絲子的分別，在於花較小，開穗狀花，一二吋長，而非一簇生長，果實四分一吋長。無根藤和大樹樟（Cassytha）都屬於樟科（Lauraceae）。

在英國，有一些植物外表不像寄生植物，直到把它從地上挖出，用水洗淨，看到它的根連着其他植物，方才揭盅。它們能自製碳水化合物作食物，而只從寄主身上吸取水分及礦物質。當中包括玄參科（Scrophulariaceae）的紅療齒草

33　魯迅 1911 年任中學教師時對博物學很有興趣，1912 年 2 月曾發表野外日誌《辛亥游錄》，描述一葉蘭、常山屬植物、彈塗魚及野菰，對於野菰，他寫「爰見蘆蕩中雜野菰，方作紫色華，得數本，蘆葉傷膚，頗不易致。又得其大者一，欲移植之，然野菰托生蘆根，一旦返土壤，不能自為養；必弗活矣。」他已能辨識物種，知道野菰是寄生植物，只差「連草皮劙走」的技巧。魯迅後來完全丟棄博物學，其弟周作人則終生提倡。

野菰

金燈藤

（Red Bartsia）、草地山蘿花（Common Cow-wheat）、佛甲草（Common Corn Rattle），也包括毛地黃（Foxglove）、金魚草（Snapdragon）。在香港也有屬於這一科的植物，在亞洲及非洲也廣泛分佈，有時這些雜草甚至嚴重地為禍草地。其中一種名獨腳金（*Striga lutea*）的，只有數吋高，開黃紅或白色花，驟眼看是有綠葉的獨立植物，花萼十棱。罕有品種大獨腳金（*S. Masuria*），在深水灣曾錄得花萼十五棱，據說會開藍花。

眾所週知，本地也滿佈桑寄生科（Loranthaceae）和槲寄生科（Viscaceae）植物。桑寄生差不多能寄生在任何一棵喬木上。在冬天，當寄主的枯葉落盡時，桑寄生的常綠葉卻益見茂盛，在梅夫人婦女會大樓（The Helena May）附近就有幾株樹，[34] 被它們重重纏繞。苦楝寄生（*Loranthus chinensis*）也很常見，紅花四瓣，8月開花。有五花瓣的離瓣寄生（*L. pentapetalus*），花先白後轉粉紅或粉黃。桑寄生和槲寄生都靠鳥類傳播種子，它們的果實外皮滿佈粘液，鳥類啄食時，種子黏附鳥喙，使鳥感不適，鳥飛到另一株樹在枝椏間揩抹鳥喙，就這樣，把種子楔入樹椏罅隙中。寄生果實粘液內含充足水分，足以使種子發芽，長出吸吮根，汲取寄主枝幹的水分和營養，最後使寄主枝幹脫水而死。吸吮根繼續延伸達至主幹，抽葉芽生長，寄主不致枯死，但寄客卻生機勃發。我曾挖起朴樹（Celtis）一眾幼苗置盆中，長出枝條後，在上面放上桑寄生種子，種子發芽了，生長了，而朴樹能跟這寄生植物一起生長。在另外一些國家如菲律賓，有桑寄生科品種開量大而亮紅黃的管狀花。

·槲寄生·

槲寄生在本地罕見，[35] 我只在幾處發現。槲寄生是歐洲凱爾特人（Celtic）的聖物，尤其是長在橡樹上的。傳說每年在冬至日即12月22日，凱爾特人祭司及領導者德魯伊特（Druids），帶領族人進入森林，在一棵長槲寄生的橡樹下，以活人為祭品。在歐洲，這項與槲寄生聯繫的冬至習俗維持了好幾個世紀，直到它被基督教及天主教定性為異教崇拜後，才漸漸被人遺忘。可是人們漸漸又淡忘此一禁忌，冬至後不久就是聖誕，槲寄生漸漸演變成為俗世慶祝聖誕節的一種裝

34　梅夫人婦女會為第十五任港督梅含理夫人（Lady Helena May）倡建，1916年啟用。據林愷欣，20世紀初歐洲婦女運動興起，年青英國女性到殖民地尋找新生活，成為風氣，香港跟可倫坡、新加坡一樣有需要為單身的歐洲籍職業女性提供宿舍。婦女會大樓揉合會所、基督教女青年會、旅社功能，提供社團、社交、互助提升、聯誼機會，凝聚龐大力量，使殖民地生色不少。大樓內設圖書館、禮堂、活動室、餐廳，舉辦定期聚會、講座、展覽、慈善活動、讀經班、音樂會、舞會。日治時期改建成總督部立圖書館分館。戰後被英國皇家空軍徵用。1985年起，開放給所有國籍女性。今天成為著名婚宴場地。梅夫人婦女會同仁要吸引更多人來用，可發掘及徵集舊客人的故事與眾分享，宣揚獨立女性敢作敢為的信念。

35　槲粵音「酷」huk6。

五瓣寄生　　　　　　　　　　　　　　　　　　　　桑寄生

飾。有趣的是，教會沒有忘記舊事，所以不准教堂在聖誕節掛槲寄生裝飾。

在英國，在櫟樹和老蘋果樹身上很難找到槲寄生，在諾曼第才較多。在香港最常見的兩個品種是瘤果槲寄生或東方槲寄生（*Viscum orientale / V. ovalifolium*），寄生於芸香科植物，如柚子（Pumelo）和九里香（*Murraya exotica*）身上。二千年前德魯伊特（Druids）的異教祭祀符號已改邪歸正，如果你在花園發現槲寄生，是件賞心樂事。鴨脷洲山上引水道旁有一棵紫草科（Boraginaceae）的長花厚殼樹（*Ehretia longiflora*），葉如蘋果樹，開一大簇粉紅或白色管狀花，樹梢上就有三數束槲寄生。

另一種是栗寄生（*Viscum japonicum / Korthalsella japonicum*），或稱扁枝槲寄生（*V. articulatum*），[36] 我只曾在牛押山頂遇過，它長在一棵罕有的南華杜鵑（*Rhododendron simiarum*）身上，它莖枝平，由四分一到半吋的枝接合而成，自由伸展，無葉，一束可長至 1 呎，但在牛押山頂遇見的，很少超過三四吋。

· 食 蟲 植 物 ·

在英國有兩種人所共知的食蟲植物，那就是茅膏菜／毛氈苔（Sundew/ Drosera）和狸藻（Utricularia）。兩者在香港野外都大量生長，比它們更大，也更有趣的豬籠草（Nepenthes），在港也有分佈。

本港共有三種毛氈苔，據其花色及花期可辨別為長葉茅膏菜（*Drosera indica*）、錦地羅（*D. burmanni*）和寬苞茅膏菜（*D. loureiri*）。茅膏菜葉上密佈長毛，能分泌腺體，常呈紅色。要研究其行為，最佳方法，莫如用刀刮起長有幾棵茅膏菜的草皮，放在罐內，帶它回家觀察。若有昆蟲或把任何含蛋白質物質物體如一塊肉或一枚卵，放在它的葉上，葉會把它粘住，然後慢慢內捲，直至把食物夾實，再分泌酶素，把獵物的蛋白質消化，成為養分，為茅膏菜吸收。食蟲植物依賴昆蟲提供部分營養。茅膏菜和狸藻長於沼地，或季節性滴水的山坡峭壁，在山頂及其他很多地方可見。

狸藻的捕蟲機制很不同。浸在水中的葉片散開，各有一囊，那囊就是狩獵機關。當有大小合適的水生生物如水蚤或水蠅幼體經過，機關的門便會打開，讓獵

36　凱爾特是公元前 2000 年中歐的強勢民族，從中亞草原向西遷徙，同化和消滅了當地的伊比利亞人。羅馬帝國時代，凱爾特人佔據高盧（現在的法國）及不列顛島地區，後被羅馬人及日耳曼人進佔和同化。目前只有愛爾蘭人、威爾斯人、高地蘇格蘭人等仍然堅持使用凱爾特語，並以自己的凱爾特人血統而自豪。槲寄生下接吻習俗，源自北歐神話：光明之神 Baldr 夢見自己將死於非命，母親愛神 Frigg 為保護兒子，造訪萬物，要求它們立誓不害其子，見槲寄生弱小，料無力傷人而略過。在惡作劇之神 Loki 擺佈下 Baldr 被弟兄所擲的槲寄生穿胸而死，母親之淚化解槲寄生的邪惡，救活兒子。母親非常感激，承諾無論誰站在槲寄生下，便賜給那個人一個親吻。因此在聖誕如果一對男女青年在槲寄生下相遇，男方有特權親吻女方。電視劇《欲骨查》（*Bones*）中的 Brennan 與 Booth、《哈利波特》中的哈利波特與張秋都有這一幕。刺死 Baldr 的槲寄生應該是分佈歐洲及亞洲北部之白果槲寄生（*Viscum album*）。《香港植物誌》載本地槲寄生科有三種：栗寄生（*Korthalsella japonicum*）與扁枝槲寄生（*Viscum articulatum*），葉形俱如木賊，而瘤果槲寄生（*Viscum ovalifolium*）葉形及果最似白果槲寄生。中國的槲寄生桑寄生品種雖多，但只用來做藥，沒有一種是用來索吻的。槲寄生繁衍方式都是靠雀鳥啄食其果肉時，把種子黏住鳥喙，雀鳥不適，飛到寄主樹上擦嘴，把種子播在寄主上。

棱枝槲寄生（2012 年新紀綠種）

長葉茅膏菜

錦地羅

物游進去，一大堆倒生的尖毛，使獵物不能掉頭離開，於是被囚禁、餓死並腐化，植物最後吸收其養分。本地共有七種狸藻，全部體形很小，有些品種要用顯微鏡才得一見。棲於沼地的有兩種，有一種長在緩流的溪澗或濁水中，包括南方狸藻（bladderwort, *Utricularia flexuosa*），有 1 呎或更長的莖枝，在水中浮動葉子和無數捕食囊。它有部分浸在水中，有部分挺水，開 3 到 6 吋高、三至六朵鮮黃色的花，可放在水簇箱作奇花異草欣賞。

　　豬籠草（Nepenthes）的葉長得像有把的大罐，只分佈在亞洲，有眾多品種。最多種類出現在馬來群島。其中一個品種奇異豬籠草（*Nepenthes phyllamphora / N. mirabilis*）延綿至香港及華南，[37] 相信那是該品種最東面的界線。英國植物學家邊林（George Bentham）1861 年在《香港植物誌》（*Flora Hongkongensis*）並沒收錄它，林務總監鄧恩與德邱（Dunn and Tutcher）1921 年在《廣東及香港植物誌》（*Flora of Kwangtung and Hong Kong*）只列出澳門及「Sanning」的「Szentsushan」才有，[38] 其實在香港大嶼山兩個河谷及大欖涌一個河谷，也有奇異豬籠草生長。[39] 最大的豬籠草產於婆羅州，我在馬來西

37　奇異豬籠草，枯乾撕開，豬籠裏面是
　　累積了一整年未能消化的昆蟲外殼，當
　　中大部分是蜂類外殼。已在奇異豬籠草
　　的捕蟲籠中發現了大量的共生生物包括
　　蠅、蚋、**蟎**、樹蛙、真菌等。除大嶼山
　　兩個河谷及大欖涌一個河谷，在八仙嶺
　　一帶河谷也多。據維基百科，植物學家
　　馬修·傑布（Matthew Jebb）及馬丁·
　　奇克（Martin Cheek）指新畿內亞人以
　　奇異豬籠草的捕蟲籠作陰莖護套，朱維
　　德作品有照片為證。

38　Sanning 如果是「新寧」的音譯，應是
　　廣東省江門市台山的舊稱。台山山地
　　少，谷歌地圖上有名字的只有「將軍
　　山」，發音上似乎與「Szentsushan」的
　　音譯難扯上關係。如果「Szentsushan」
　　是「仙子山」的音譯，地在重慶武隆；
　　如果「Szentsushan」是「扇子山」的
　　音譯，地在安徽廣德或湖南長沙或湖北
　　宜昌或四川成都及重慶，俱非廣東及
　　香港境內。

39　奇異豬籠草除大嶼山及大欖涌附近的
　　山谷，在青山腹地溪谷常見。譯者見過
　　最大叢的在鹿頸陳屋後山山溝。

亞福隆港（Bukit Fraser）[40] 量過長達 11 吋的。本地豬籠草通常 3 到 7 吋長。豬籠其實是葉的一部分，葉柄連葉身延伸到如捲鬚的中脈，最後就接到葉頂，也就是豬籠部分。豬籠的尾部有蓋子，葉片尚小時，蓋子是關閉的。豬籠垂直向上，昂起葉片，長成後，蓋子便會打開，露出囊腔。囊腔內層上半部分泌花蜜，下半部分泌一種液體，內含分解酶，形成一個小水池。小昆蟲走進囊腔找花蜜，經過或長或短的時間，掉進水池中，因為囊腔壁不是有倒生的尖毛，就是滑溜溜的，所以不能爬出來。昆蟲最後死掉，被分解及被葉的組織吸收。

　　令人意想不到的是，某些昆蟲竟不怕這些分解液。一種樹蛙和一種蚊甚至會在馬來亞某種豬籠草的囊內產卵，我知道後，立即把在大嶼山搜集得來的豬籠草囊內的分解液，倒進一個瓶內，並把在分解液中存活的蚊蛹，送給一位瘧疾學家。他們證實那是未發現的新種。

・水生蕨（Water-ferns）・

　　本地真正的野生水生蕨只有三種，即滿江紅、槐葉蘋及田字草。最常見的是滿江紅（*Azolla caroliniana / A. imbricata*），[41] 小型，漂浮，常與浮萍（duckweed）混在一塊。它與浮萍不同的是，其多毛的鱗片葉呈覆瓦狀排列，紅色或褐色。在英國一些地方如劍橋也很常見。

　　槐葉蘋（*Salvinia natans*）似滿江紅，[42] 但其多毛的鱗片葉較大，過往數量不多，今在林村谷常見。容易與槐葉混淆的是天南星科（Araceae）的大藻（*Pistia stratiotes*），但大藻之葉更大，可達二三吋長，狀如玫瑰。

　　鳳眼蓮／布袋蓮（*Eichornia crassipes*）的葉更大，有光澤，葉的基部膨大，中空，可浮於水。

　　田字草（*Marsilia quadrifoliata*）很獨特，在泥沼、渠溝、稻田中橫爬生長，半浮半沉，四塊葉排成田字狀，似三塊葉的酢漿草。沒有水生植物似田字草那樣，在未抽葉片前，像其他蕨類一樣，頂端向下彎，如牧羊手杖。在新界屏山一帶很多。

40　福隆港，馬來西亞的三大著名避暑高原之一，位於彭亨州與雪蘭莪州交界附近，屬彭亨州界內中央山脈範圍，海拔高度 1,260 米。這裏的環境風涼氣爽，被譽為馬來西亞最美和最自然的山區度假地。

41　滿江紅在秋冬低溫時，植株葉綠素會被破壞並產生紅色花青素，植株由綠轉紅，使其分佈之水域呈現一片通紅景觀，故名為「滿江紅」。滿江紅植株與固氮藍綠藻共生，能吸收空氣中的氮，農民撈起掩施於田間土壤分解後，可提供氮素，降低化學氮肥之使用量。滿江紅放在生態池可供魚作飼料，當滿江紅覆蓋於水面時，不但能遮蔽陽光、抑制藻類，蚊子的幼蟲孑孓也會因呼吸困難而無法存活。

42　槐葉蘋不能在受污染淡水生長，所以珍稀，且嚴重瀕**臨**滅絕。

槐葉蘋

大藻

田字草

植物與植物學家

· 植物之名 ·

很多人都會知道一點植物分類的方法：具有相同特徵的歸入同一目（genera），其下有相同特徵的，歸入同一科（family），其下有相同特徵的，歸入同一屬（genus），其下有不同特徵的，分成不同的種（species）。目、科、屬、種的名字採用拉丁或希臘文書寫，若是其他語種，也把它譯成拉丁文。[43] 以薔薇科（Rosaceae）為例，其下分為不同的屬，如薔薇屬（Rosa）、懸鈎子屬（Rubus）、櫻桃屬（Prunus）、枇杷屬（Eriobotrya）和梨屬（Pyrus），其中薔薇屬又分金櫻子（*Rosa laevigata*）和光葉薔薇（*Rosa Luciae*）兩種。植物之名除了分類之外，還包含其他資料，最常見的是該物種最先正式描述者之姓氏，如香花枇杷／山枇杷（*Eriobotrya fragrans* Champion），即是由占般（Champion）最先描述；又因為它有香氣，所以用「fragrans」這字眼，以示與人工栽種的由林德利（Lindley）命名的枇杷（*Eriobotrya japonica*）有別。如果命名者姓名被加上括號，意思是雖然他先決定該物種歸於某一屬，但其他植物學家卻不贊同此一歸類，把它轉為另一屬名，例如虎克（Hooker f.）命名一種香港獨特的寄生植物夏氏蛇菰（*Harlandii*），但范蒂耶瑪（Van Tieghem）不贊同此植物屬於蛇菰屬（Balanophora），認為它屬於葛葦屬（Balania），便把它寫成 *Balania Harlandii*（Hook f.）V. T. 紅莐蛇菰。[44] 有讀者或會對永遠冠在植物學名上以茲紀念的華南及香港植物的搜集者、描述者、或是對命名者本身感興趣，以下就對十多位探索先鋒作扼要介紹，至於只具有關著述，但從未踏足香港或華南的植物學家如林奈（Linnaeus）、[45] 林德利（Lindley）[46] 及虎克（Blume Hookers）父子就不介紹了，[47] 唯一例外的，是《香港植物誌》（*Flora HongKongensis*）的作者。我盡可能選擇

譯註
▼

43　此過程稱「拉丁名化」，如 Hong Kong 拉丁名化後是 Hongkongica，China 拉丁名化後是 Sinensis。

44　學名定名有爭議的紅苓蛇菇長於溪谷深處。

45　林奈創立二名法，沿用至今。劉夙（2013）指出二名法的好處是可消除同名異物的誤認，如以前只用李「prunus」一名，與桃、杏混用，採用二名法後，以 *prunus persica*（波斯的李）稱桃、*prunus armeniaca*（亞美利亞的李）稱杏；二名法也可消除名字太長的麻煩，如把 *Canis cauda incurvam*（尾部未彎曲之狗）簡化成 Canis lupus（狼形之狗）。

46　林德利（John Lindley，1799—1865）為倫敦大學學院植物學系主任。清代著名數學家李善蘭根據林德利所著《植物學綱要》（*Elements of Botany*）編譯成《植物學》，主要介紹植物地理分佈，內部構造，各器官形態和功能以及分類方法，又創譯了細胞、萼、瓣、心皮、子房、胎座、胚、胚乳、科和許多科的名稱，一直沿用至今。

47　虎克（W. J. Hooker）在 1841 年接任邱園（Kew Gardens，見本章註 64）園長，捐出大量標本與文獻供其他學者使用，又擴大邱園面積，向民眾開放。過世後兒子 J. D. Hooker 繼任，撰寫採集遊記 *Himalayan Journals*，被譽為除達爾文與華萊士的博物學遊記外第三部傑作。

那些在本書曾描述或提及的品種的搜集者來介紹，同列明在本書索引中。[48]

以下小傳，大部分摘自一位傑出的俄羅斯植物學家貝勒（Emil Bretschneider）[49]
的著作。貝勒是 1866 年至 1883 年期間俄羅斯駐北京大使館醫生，他對 1900 年
前中國植物分類的知識和植物研究的水平，在 1898 年出版的 *History of European
Botanical Discoveries in China* 中顯露，在當時可謂舉世無雙。

· 到訪華南的早期歐洲植物學家 ·

1688 年貝迪瓦（James Petiver）與約翰 · 雷（John Ray）到中國採集植物，
是最早訪華的歐洲植物學者，[50] 現時只保留他們從廈門帶回英國的一些乾燥葉
片。所知較多的第一位到中國採集植物的是在東印度公司供職的蘇格蘭人科寧漢
（James Cunningham），[51] 他 1698 年在廈門任公司駐廠醫生，翌年他回到英國，
在 1700 年再去中國，因為他發現了中國冷杉，所以環境保護專家布朗（Lester R.
Brown）用他的名字作為中國冷杉（*Cunninghamia sinensi*s）的學名。大埔附近及
其他地方也有野生冷杉，但因為地處南方，所以並不高壯。科寧漢也搜集了黃槿
（*Hibiscus tiliaceus* Linn）這種海邊常見的植物；桃金娘（*Rhodomyrtus tomentosa*
Hassk），即常見灌木崗稔（Rose myrtle）；龍船花（*Ixora chinensis* Lam）；以
及在本地及其他方常見的野菊（*Chrysanthemum indicum* Linn. / *Dendranthema
indicum*），它後來成為多種培植觀賞菊的其中一個祖宗。

博物學家里維斯（John Reeves）在 1812 年第一次去中國，[52] 其時尊貴東印
度公司（Honourable East India Company）要在中國找尋茶樹，聘用他做助理，
後擢升為主管。他大部分時間住在澳門，在茶季遷往廣東。他搜集大量野生或
培植品種，送回杜鵑花、茶花、牡丹花、菊花、玫瑰花，對英國倫敦園藝學會
（Horticultural Society of London）有很大貢獻。他發現的一種美麗新樹種由林
德利（John Lindley）命名為梭羅樹 / 兩廣梭羅（*Reevesia thyrsoidea*），[53] 使他
的名字流傳至今。這樹 1829 年在英國奇斯威克（Chiswick）開花。[54] 其子 John
Russell Reeves 也把採自中國的植物寄返英國。[55]

帕茲（John Potts）是英國倫敦園藝學會（Horticultural Society of London）

48　本段最後一句在原文本來在下一段，今由譯者調前。

49　米爾・布雷特施奈德（Emil Bretschneider，1833—1901）漢名貝勒，原波
　　羅的海德國人。利用東正教北京傳道團圖書館研究中國古代藥草、植物學、
　　中外交通史文獻，成為著名漢學家及博物學家。中國植物學家石漢聲曾翻譯
　　其著作。

50　貝迪瓦（James Petiver，1658—1718）實未訪華，而是訂購下文提及的印
　　度公司醫生科寧漢（James Cunningham）在廈門繪製的植物畫。Ray 亦未到
　　過中國，只是收購從中國帶回之標本。約翰・雷（John Ray，1627—1707）
　　被譽為「現代博物學之父」，首創「botany」（植物學）一詞，他要求植物學
　　家精確觀察和辨認胚芽、子葉、種子部分後，才好把植物分類。熊姣（2013）
　　已譯出其傑作《造物中展現神的智慧》（*The Wisdom of God Manifested in
　　the Works of the Creation*）。

51　科寧漢（James Cunningham，？—1709）在舟山群島沿岸搜集植物，1709
　　年回航英國途中逝世。生前搜集並發表很多新品種，標本現今成為英國自然
　　史博物館收藏，手稿則由大英圖書館收藏。

52　里維斯（John Reeves，1776—1856），1812 年至 1831 年間任廣州茶葉
　　監督官，是班克斯和園藝協會的廣州連絡人，請人繪製了很多花卉圖，指
　　導福鈞第一次勘察，為英國引進了許多植物。

53　在華語中，以「梭羅」為名
　　的，還有梭羅魚（*Ambassis
　　gymnocephalus*）、爪哇島梭
　　羅河（Solo River）、《湖濱散
　　記》作者亨利・大衛・梭羅
　　（Henry David Thoreau），但
　　它們並沒有關聯。

梭羅樹結果

54　位於大倫敦市西近郊泰晤士
　　河北岸。

55　John Russell Reeves（1805—1876），博物學家里維斯（John Reeves）之
　　子，1828 年至 1834 年期間任廣州茶葉監督官，1839 年回鄉。與父親一同引
　　進的植物有石斛等。

的花王，[56]1821 年被送到中國，1822 年 8 月帶同很多植物活體回到英國，包括假蘋婆（*Sterculia lanceolata* Cavan）和小果柿（*Diospyros vaccinioides* Lindley）。其標本中包括在港常見的開白花的樹木鼠刺（*Itea chinensis* Hook. et Arn.），以及一些地方如薄扶林發現的攀爬植物，還有一種用他名字命名的粉紅小花植物黃鴨嘴花（*Pottsia cantonensis*, Hook. et Arn.）。

帕克斯（John Damper Parks）是倫敦園藝學會最有成就的搜集者，[57]他在 1823 年開始短途旅行，1824 年 5 月回英，帶回的植物活體，包括上面提過的褐色石蘭流蘇貝母蘭（*Coelogyne fimbriata* Lindley）和梭羅樹 / 兩廣梭羅（*Reevesia thyrsoidea* Lindley）。

泰特（Tate）是倫敦苗圃主人，1829 年從中國引入少數新種，如華麗杜鵑（*Rhododendron Farrerae* Tate Captain Farrer）。這個學名除了他的名字外，還有另一名字「Farrerae」，此人是「奧威爾號」（Orwell）船的船長。

皇家海軍花叢號（H. M. S. Blossom）的比奇船長（F. W. Beechey）1827 年到過澳門搜集植物，隨行的有兩位博物學家，共搜集 460 種植物，主要產自澳門，當中有兩種植物與他有關，其一是由虎克（W. J. Hooker）與英國植物學家沃克 - 阿諾特（G. A. Walker-Arnott）命名的牛奶榕（*Ficus beecheyana*），是香港二十二種榕屬之一；一種是由植物學家門若（Munro）命名的吊絲球竹（*Bambusa beecheyana*），是眾多竹種之一。

華切爾牧師（George Harvey Vachell）是東印度公司澳門支部工廠駐廠牧師，他大量的搜集品現存於英國。眾多植物中，在澳門附近找到的「*Arundina chinensis* Blume」，就是著名的竹葉蘭。華切爾牧師在 1841 年離開澳門。

東印度公司官員米利特（Charles Milletti）住在澳門及廣東，崖豆藤屬（*Millettia*）就是由他的名字命名的。該屬有六種攀爬植物，[58]跟紫藤（Wisteria）以至魚藤（Derris）同屬蝶形花科。他發現很多植物新種，包括蘇木科的龍鬚藤（*Bauhinia championii*）、山橙 / 馬騮藤（*Melodinus suaveolens*）及上文提及的黃鴨嘴花（*Champion and Pottsia cantonensis* H. & A.）。米利特在 1827 年到中國，在 1836 年離開。

邁恩博士（Franz Julius Ferdinand Meyen）是德國植物學家，1830 年至 1832

56　即英國皇家園藝學會（Royal Horticultural Society），簡稱「RHS」，1804 年成立，1861 年有皇室成員參與後更名皇家園藝學會，以促進英國和歐洲的園林、園藝水準為目標，也是世界上唯一的蘭花新品種登錄權威機構。該學會定期舉辦一系列的花展，向公眾展示眾多花園模型，提供園藝方面的諮詢意見、知識、技能和服務。

57　John Damper Parks 本身是花王，1823 年被 RHS 送到廣州，在廣州被介紹給茶樹獵人 John Reeves，回英後再無出外搜集。

58　本地崖豆藤屬現增至九種。

年來到華南。他是普魯士（Prussian）政府船 Prinzess Louise 號的醫生和博物學家，1831 年 8 月 14 日在大嶼山登陸。這是有史以來第一位歐洲人來到後來屬於香港的地方研究植物。他在島上找到常見的毛柱鐵線蓮（*Clematis meyeniana Walpers*）。

高迪肖 - 貝奧珀（Charles Gaudichaud-Beaupre）是傑出的法國植物學家，曾以博物學家身份搭乘 L'Uranie 及 La Bonite 號兩次環遊世界，他在澳門搜集到約五百個品種，以他命名的植物，有合絲肖菝葜 / 香港偽土伏苓 [*Heterosimilax Gaudichaudiana* (Kunth) Maxim]，長於香港深水灣，它跟菝葜屬（*Smilax*）不同。前者有三塊花披及三條雄蕊，而後者有六塊花披及六條雄蕊。

· 香港植物學家 ·

第一位到港島搜集植物的英國人可能是軒氏（Richard Brinsley Hinds），[59] 他是皇家海軍硫磺號（H. M. S. Sulphur）上的醫生，[60] 據邊林（George Bentham），他在 1841 年 1 月至 2 月數星期內搜集的一百四十個品種中，有二十一個是新品種，其中一個是英國植物學家奧利弗（D. Oliver）命名的山橘（*Atalantia hindsii / Fortunella hindsii*），另一由門若命名，大量長於九龍水塘的簕竹（*Arundinaria Hindsii*）。軒氏在 1877 年身故。

漢斯博士（Dr. Henry Fletcher Hance）是卓越植物學家，[61] 第一次來港是在 1844 年 9 月 1 日，當時年方十七，他住在這裏十二年，研究過很多植物，其後到中國繼續研究，1886 年死於廈門。他總共搜集到二萬二千四百三十七種植物標本，存放在大英博物館。漢斯博士也是專精的語言學家，通曉拉丁語、希臘語、法語和德語。他總共發表了二百二十二篇論文，並註釋香港及中國植物志，包括在期刊 *Linnaean Society XIII* [62] 發表的 "Supplement to Bentham's Flora of Hongkongensis"。其中一種他曾描述及命名的品種是白桂木（*Artocarpus hypargyreus*），是一種野果樹，長出的果子為複果，像畸形的杏。在多個以他命名的品種中，包括棕櫚科的刺葵 / 海棗（*Phoenix hanceana* Naudin）。他的其中一個助手 Morris 的名字也被漢斯博士用來命名一種野柿樹，即羅浮柿（*Diospyros*

59 1841年博物學者軒氏（Richard Brinsley Hinds）將香港描述為「野蠻、枯燥、荒涼的貧瘠之地」。詳見 Richard Brinsley HINDS ed., *The Zoology of the Voyage of H.M.S. Sulphur under the command of Captain Sir Edward Belcher, during the years 1836-42*（London: Smith, Elder, and Co., 1844）；Edward Belcher, *Narrative of a Voyage Round the World: Performed in Her Majesty's Ship Sulphur, During the Years 1836-1842, Including Details of the Naval Operations in China, from Dec. 1840, to Nov. 1841,* Published Under the Authority of the Lords Commissioners of the Admiralty, Vol. 1（London: Henry Colburn Publisher, 1843）。

60 硫磺號是一艘英國皇家海軍的炮艦，愛德華·卑路乍（Sir Edward Belcher）最先駕駛它探索南美洲的太平洋沿岸，1839年沿太平洋航線，返回英格蘭。1840年至1841年，參與第一次鴉片戰爭。之後探測香港島四周水域，翌年返回英國。位於香港島堅尼地城與大小青洲之間的硫磺海峽，便是以該船命名。

61 根據范發迪 *British Naturalists in Qing China*（2004）一書記述，由於漢斯博士開始時不懂漢語，他在香港的領事館裏只能做低級職員，他一邊學漢語，一邊用大量業餘時間觀察研究香港植物，終成為華南植物方面的權威。著名博物學家郇和對他極為推崇。漢斯博士與達爾文有書信來往。

62 "Supplement to Bentham's Flora of Hongkongensis", *Linnaean Society XIII*（1873），pp. 95-144.

海棗

morrisiana），不過此人的身世無從稽考。

哈蘭醫生（Dr. William Aurelius Harland）是香港其中一間醫院的主管，[63] 也被視為醫術高明的醫生和智者。他與漢斯博士是同代人，曾一起搜集植物。他的搜集品其後成為皇家植物園邱園的藏品。[64] 以他的名字命名的植物是紅荌蛇菰［*Balania Harlandii*（J. D. Hooker）V. T.］，[65] 及一種根寄生植物圓葉挖耳草（*Utricularia Harlandi Oliver* / *Utricularia striatula Sm.*），一種狸藻（bladderwort），以及一種殼斗科港柯 / 夏蘭柯（*Quercus Harlandi* Hance）。

占般（John George Champion）生於 1815 年，在 1831 年成為 95 軍團少尉，隨軍團在 1847 年由斯里蘭卡轉來香港。他在港三年期間，工餘全部時間用來搜集港島植物，其標本很有科學價值。1851 年帶同五百到六百種植物回英，經邊林整理，收藏在邱園。1854 年升為少校，隨軍團往克里米亞，在阿爾馬河戰役（The Battle of the Alma）中表現出色，其軍團有重大貢獻，但是在因克曼（The Battle of Inkerman）一役頭部重傷，官至陸軍中校，但在 1854 年 11 月 30 日死在斯庫台（Scutari）醫院。占般在香港搜集了很多新品種植物，有些由自己發表，其他則由加德納博士（G. Gardner）［佩拉德尼亞（Peradeniya）植物園園長］、虎克、漢斯博士及邊林等人發表。本地的兩種山竹子，多花山竹子（*Garcinia multiflora*）和嶺南山竹子（*G. longifolia*）、兩種白色茶花香港毛蕊茶（*Camellia assimilis*）和柳葉茶（*Camellia salicifolia*），都由他發表。以他的名命名的植物中，有一些很值得一提，如香港木蘭（*Magnolia Championii* Benth）及龍鬚藤（*Mucuna Championi* Benth）。他曾對紅花荷 / 紅苞木 / 吊鐘王（*Rhodoleia Championii* Hook）有這番說法：「它是全港最漂亮的花樹！」漢斯在 1870 年則寫「此樹聞名是因為極漂亮的花，它也很罕有，現時只在港島有兩棵毗鄰生長，在中國內地則從未發現。」[66] 俄羅斯漢學家貝勒（Emil Bretschneider）就紅花荷也有美談：「這植物由占般及其太太在 1849 年 4 月 18 日在香港維多利亞要塞發現，並附繪圖及種子。」植物學家虎克（W. J. Hooker）寫道：「我們命名此品種，以向可親的及多才多藝的占般太太致敬。占般太太對植物的偏愛一若對先生的一樣多，多次陪伴他遠足採集植物。」[67]

陸軍中校艾爾（J. Eyre, R. A.）在 1849 到 1851 年訪港，[68] 與漢斯博士一起

63　哈蘭醫生 1822 年生於英國斯卡巴勒（Scarborough）一個醫生世家。其父
　　也是蒸汽機發明先驅。1847 年愛丁堡大學醫學院畢業後來港，在海員醫院
　　（Seaman's Hospital）行醫，主理了全港第一宗以哥羅方進行麻醉了的手術；
　　哈蘭醫生對中國文化及中醫藥有所認識，曾在專業期刊撰文指中國醫學名著
　　《洗冤錄》比歐洲先進三百年。他搜集了多種中國植物並為之分類。哈蘭醫生
　　後擢升為總醫官（舊譯「國家大醫師」），1858 年，他因替貧苦華人診治而
　　染上疫症，死於任上，享年 39 歲。哈蘭醫生英年早逝使港人痛惜。哈蘭醫生
　　的家書，現完整保存下來，是研究早期香港的珍貴史料。哈蘭墓地在今跑馬
　　地墳場。

64　香氏在本節多次提及之 Kew Gardens（邱園／裘園），正式名稱為皇家植物
　　園（Royal Botanic Gardens），座落在英國倫敦西南角，現收約五萬種植物，
　　約佔已知植物七分之一。其地及展品由皇家捐贈。展品按水生、樹木、杜
　　鵑、杜鵑、竹、玫瑰、草、日本、柏等分成二十六個專門花園，數十座造型
　　各異的大型溫室，專種棕櫚、高山植物、睡蓮等植物。另建標本館、經濟植
　　物博物館，亦分設研究植物生理、生化、形態的實驗室。經過幾百年發展，
　　邱園已經從兵頭花園那一類單一休閒用途，轉向多元植物科學和經濟的應用
　　研究發展。

65　「Balanophora」一詞源於希臘語「balanos（橡實）」和「phoreo（生育）」，
　　指多在橡樹下寄生。

66　如果沒有香樂思一類博物學家的發現和保存，美麗的紅花荷很可能已在本地
　　絕滅。

67　香氏太太也經常陪同作者遠足，「Champion 太太對植物的偏愛一若對先生的
　　一樣多，多次陪伴他遠足採集植物。」這句話很可能引起香氏共鳴，刻意引
　　用，含蓄向愛妻致意。

68　原文是 Lt. Colonel J. Eyre, R. A.，是英國中校軍銜。

採集植物。基曼博士（Berthold Carl
Seemann）花三星期陪他們同行，可
是漢斯博士不幸染上瘧疾（百年前
那是致死的疾病）。艾爾後來官至上
將。艾爾所發現的植物中最著名的
是香港茶（*Camellia hongkongensis*
Seemann）。1849 年時他只找到三
棵，而在翌年占般說只剩兩棵。得到
英人的保護，經過百年，到現在發現
原地的山坡已數以百計。

香港茶

寶靈爵士（Dr. Sir John Bowring F.
R. S., F. L. S.）曾任香港總督多年，[69]
其子 J. C. Bowring[70] 在香港及華南研
究植物。虎克（Sir W. Hook）在多
份論文裏都詳細提及寶靈父子在中
國台灣發現俗名稻紙草（Rice-paper
plant）的通脫木（*Aralia (Fatsia) papyrifera*）的歷史，及為邱園引入植物的
史蹟。兒子 J. C. Bowring 搜集了多種植物，其中一種新種由占般命名的是藤槐
（*Bowringia callicarpa*），是木質攀籐植物，其種子猩紅色，廣佈於太平山山谷、
新界離島及華南各處。漢斯博士提及「J. C. Bowring 看來是唯一關心香港苔蘚的
人，搜集了不同的品種」。其中一種以他的名命名的是包氏白髮蘚（*Leucobryum
Bowringii*）。他也廣泛搜集蕨類植物。

布萊恩（C. J. Braine）是在港的英國商人，[71] 工餘搜集蕨類及其他植物。史
密斯（John Smith）是邱園園長，他寫道：「在 1850 年 C. J. Braine 先生由香港返
英，帶回一列活品，送到邱園，當中的樹蕨，約 1 呎圓周的莖上，長有附生蘭。
它們看來已死，便放置在養蘭的溫室內。豈料大概兩年後，抽出側芽，轉到盆
中，長勢很好。」這種蕨是一新種，被命名蘇鐵蕨（*Brainea insignis* Hook），
是全港最廣泛生長的樹蕨。由於抗火，所以在新界的一些山坡上仍有很多。[72]

69 寶靈爵士在 1935 年曾任英國下議院議員，1849 年來華任英國駐廣州領事，學會廣州話，1852 年到香港任代理商務總監，1854 年 4 月升任為第四任港督。他是英國哲學家邊沁的好朋友，他同時也是一名英國的政治經濟學家、旅遊家、多才多藝的作家和語言學家。寶靈街以他命名。

70 J. C. Bowring 是狂熱的植物學家及專精於鞘翅目的昆蟲學家，與港督父親一起行山時搜集了一些珍稀植物及昆蟲，1852 年 J. C. Bowring 帶同香港蕨類苔蘚及開花植物回英，死後捐出大批鞘翅目的標本供英國博物館。

71 布萊恩（C. J. Braine）躍於 1840 年代。他曾把在香港及舟山群島的蕨類寄給虎克，並在其公司寶順洋行（Messrs Dent & Co.）允許下在香港建立了一個著名的花園。

72 冬季新界鄉村後山經常有人為山火，綠山一夜變白，山坡佈滿灰燼，蘇鐵蕨樹幹被燒成焦炭。焦炭原來只是表面，裏面生命力猶存。迨至春天，在白灰與焦炭上抽出鳳羽紅葉，茁向藍天，蔚為奇觀。蘇鐵蕨現屬國家珍稀植物。

蘇鐵蕨

基曼博士（Dr. Berthold Carl Seemann）在 1825 年生於德國漢諾威（Hanover），曾在邱園研習。1846 年由虎克船長推薦為皇家海軍先鋒號（H. M. S. Herald）軍艦的博物學家。在此艦第三次也是最後一次航程，即 1850 年 12 月 1 日至 22 日，停泊香港。基曼在此三星期搜集島上及廣東附近植物。在 1853 年英國海軍請他為此程作匯報，結果他發表了《皇家海軍「先鋒號」航程的植物》（*Botany of the Voyage of H. M. S. Herald*），其中七百三十三品種來自香港，但這植物清單其實基於漢斯博士在 1851 年交託給他的全部搜集品。

懷特（Charles Wright）是了得的美國植物學家及植物搜集者，[73] 在 1854 年 3 月訪港，逗留至 9 月。翌年 1 月至 4 月再來，他搜集品多於五百種，邊林撰《香港植物誌》（*Flora HongKongensis*）時收錄了他的全部品種。

威爾佛（Charles Wilford）是邱園的搜集員。1857 年 11 月至 1858 年 6 月來港，搜集了四百種植物，其中只有四種是新種，這說明那時港島上的植物，大部分已經被發現。

巴特（J. M. D. Barthe）是法國人，1855 年到 1856 年在港研究植物，是漢斯博士的朋友。他發現一種野牡丹科（Melastomataceae）灌木，開白色與粉紅色花，以他的名命名為棱果花 [*Barthea barthei* (Hance ex Benth.) Krass]。

英國植物學家邊林（George Bentham）生於 1800 年，[74] 從未到過香港，但談起香港植物史不得不提其名字，是因為他在 1861 年出版了《香港植物誌》（*Flora HongKongensis*）。此書得到多位傑出植物學家如林德利博士（J. Lindley）、W. J. 虎克（W. J. Hooker）、J. D. 虎克（J. D. Hooker）、門若（Munro）上校、奧利弗

棱果花

73　Charles Wright（1811—1885）在 1853 年至 1856 年參與北太平洋探索，
　　曾到過函館（Hakodate）、種子島（Tanegashima）、小笠原群島（Bonin
　　Islands）、琉球群島（Ryukyu Islands）、沖繩（Okinawa）。

74　邊林（George Bentham，1800—1884）出生於樸次茅斯（Portsmouth）工
　　程師家庭，從小能說多國語言。看到了德堪多（A. P. de Candolle）的著
　　作《法國植物》（*Flore françaisec*）後開始鑒別身邊的植物，研究有關比利
　　牛斯地區及唇形科植物。1831 年獲遺產，以後專心研究植物學、法理學、
　　邏輯學，把龐大的標本和圖書收藏捐給政府，在皇家植物園做義工，直到
　　去世。1857 年，英國政府鼓勵研究殖民地原生植物，他寫出第一部《香
　　港植物誌》，描述了香港巴豆，接着寫出 7 卷本《澳大利亞植物》（*Flora
　　Australiensis*）、《不列顛植物手冊》（*Handbook of British Flora*），多次獲獎
　　章。他一直對進化理論有保留，到了 1874 年，才逐漸接受達爾文理論。

教授（D. Oliver）、布特博士（Boott）及其他人的協助，才得以完成。此植物誌共收入一千零五十六個品種，「這是一本好書，每一頁都展示作者廣博的植物學知識，對植物的描述既迎合大眾，又有專精之處，足為植物志範本。」

福鈞（Rober Fortune）[75] 開創中國植物探索新時代。他在港島發現的物種雖然不多，卻都是別具價值的植物。在 1820 年，車輪梅（*Raphiolepis indica*）[76] 最先為林德利（Lindley）發現，直至 1847 年，福鈞把它的種子（來自廣東或香港）送到英國，萌發成活株，種在園藝學會裏。這可能是本地最常見的開花灌木。1844 年，福鈞把採自離島的常山（*Dichroa febrifuga* Lour.）活株寄回園藝學會。他這樣描述茜草科龍船花（*Ixora chinensis*）：「在高山上，我們發現了美麗的龍船花，在崖上大片大片開着，在陽光映照下，耀眼悅目，令人目眩。」對杜鵑花科吊鐘（*Enkianthus quinqueflorus*），他這樣描述：「海拔 1,000 至 2,000 呎山上，吊鐘遍山開花，繁花似錦」。1844 年，由香港山上送回的華麗杜鵑（*Rhododendron farrerae*），在 1846 年在園藝學會園中開花，他這樣描述與大岩桐（*Gloxinia*）有親屬關係的唇柱苣苔（*Chirita sinensis* Lindl.）：「這種媚人的溫室小花，是福鈞第一次中國旅程時發現的，1844 年採自香港，其大而漂亮的花朵，似紫丁毛地黃，在抵岸時開了花」。在太平山峻坡常見的苞舌蘭（*Spathoglottis Fortunei* / *S. pubescens* Lindley），開黃花，是福鈞在香港花崗石山嶺上最早遇上的植物之一。他在 1844 年送回的球莖，其後開花，這就是眾所周知的苞舌蘭。寄生蘭石仙桃（*Pholidota chinensis* Lindl.）也是由福鈞送回，1847 年在英國開花，在太平山有很多。1844 年他又把竹葉蘭（*Arundina chinensis*）送回家。

福特（Charles Ford，1844–1927）於 1871 年任香港植物公園首任總監，翌年他開始在光禿山頭植樹的試驗，結果令人滿意。1876 年徵得當時總督同意，策劃並執行本地化的植林大計，以期擺脫港島盡是光頭山的惡名。1879 年港督軒尼詩（Sir John Pope Hennessy）批准計劃，並設立植物與園林處執行。福特也在香港及華南大量搜集植物，以他的名命名的植物有木蓮（*Manglietia fordiana* Oliv.），其中一株，原本位於山頂道大約四分之三點近太平山頂一邊之處，在日本佔領期間被砍伐，此後在本地便再也找不到這種樹了！漂亮的猴頭杜鵑（*Rhododendron fordii*），在馬鞍山數量很多，現在包含在南華杜鵑（*R. simiarum* Hance）內。由

75　福鈞最早受雇於愛丁堡植物園，後轉至英國皇家園藝學會，1842 年中英簽訂《南京條約》後到中國採集植物。後為大不列顛東印度公司在中國採購，剃頭偽裝成中國人，偷運二萬株茶樹至印度大吉嶺，引進製茶工業，結束一直為中國壟斷的茶市。一位發現不同茶種，如紅茶、綠茶其實是由同一種茶所生產的外國人。他後來也曾造訪台灣及日本學習養蠶及種稻。他引進多種樹木花卉至西方世界，多種植物學名均以福鈞命名。近年已出版福鈞之傳記《茶葉大盜》（*For All the Tea in China*）（孟馳譯，2015），又有陳玉慧小説《幸福之葉》（2014）。

76　車輪梅是本地野花，在野外所見皆壯健，被種在花圃的皆見虛弱。

車輪梅

英國植物學家赫姆斯利（William B. Hemsley）以 FORD 命名的兩種植物南酸棗（*Poupartia Fordii / Choerospondias axillaris*）與油桐／三年桐（*Vernicia fordii*）有親緣關係，果橙黃色，可吃，在香港仔對上山谷有生長。因着福特的主意，政府建立了一所植物圖書館及標本室，規模為當時亞洲第一。不幸的是圖書館在日佔時期書稿盡失，標本室藏品卻因被熱心人及早送到新加坡而倖存，現已運回香港。讚賞香港郊野之美的人，應記住福特，且要心存感激，全因他在山坡植林和保護植物，才使港島至今綠意盎然。

韋斯特蘭（A. B. Westland）在 1883 年到 1890 年當過福特的助手。他在大嶼山搜集了羊角杜鵑，遂以他的名命名為 *Rhododendron Westlandii* Hemsley。

邦（H. F. Bon）來自法國巴黎外方傳教會（Missions Étrangères de Paris），1886 年把在港搜集的四百五十種植物送到巴黎。

鄧恩（Stephen Tyoyte Dunn）於 1903 年至 1910 年任植物與園林處總監。[77] 德邱（William James Tutchert）1901 年至 1910 年任鄧恩的助手，[78] 鄧恩退休後，由他接任總監，直至 1920 年死於香港。兩人合著的《廣東及香港植物誌》（*Flora of Kwangtung and Hongkong*）在 1912 年由 H. M. Stationery Office 出版，作為皇家植物園年報雜項附錄之五。1913 至 1915 年及 1919 至 1928 年鄧恩供職於邱園，在 1919 至 1928 年並兼任印度助理。《廣東與香港植物誌》使他發現的植物以及以他名命名的植物長存不朽。德邱以他的名為茜草科（Rubiaceae）命名一個新的屬繡球茜屬（Dunnia）。又以其名命名鄧氏八角（*Illicium Dunnianum*）和魔芋蒟蒻（*Amorphallus Dunnii*）。我懷疑厚斗科石柯（*Quercus Elizabethae*）是德邱以他的妻子之名命名。[79]

鄧恩亦發現多種新植物，其中兩種以他妻子命名，那就是漂亮開大白花的莫氏含笑（*Michelia, M. Maudiae*），[80] 這種植物與木蘭（Magnolia）有親緣關係。另一種是箬竹／篔竹（*Phyllostachys Maudiae / Pseudosasa hindsii*）。鄧恩回報德邱，以德邱命名茶花科（Camellia）開大而可愛的白花的新屬石筆木（*Tutcheria / Pyrenaria*）。[81] 另外還有小葉九節（*Psychotria Tutcheri*）和香港胡頹子（*Elaeagnus Tutcheri*）。Hemsley 也曾以德邱的名命名廣東水絲梨（*Sycopsis Tutcheri*）。他們都在繼承前人，受惠於福特的《香港植物誌》、港島及九龍新界部分地方的綠化工程，以及由香港植物園建立的圖書館及標本室。

77　鄧恩（Stephen Troyte Dunn，1868—1938）生於北愛爾蘭，牛津畢業，修讀古典文學。1898 年成為邱園總裁戴爾（W. T. Thiselton-Dyer）的私人秘書，1901 年在印度供職草藥園助理，1903 年到香港任植物及林務部總監。他曾去台灣、廣東、福建、韓國、日本搜集植物，其蕨類尤感興趣，1913 年回英後成為邱園解說員，1915 年赴美四年後回英，直至 1928 年退休，常在林奈學會期刊發表有關中國及英國植物著述，「Dunn」常見於學名中，但不要把他跟動物學者 Emmett Reid Dunn 混淆。

78　德邱（William J. Tutcher，1867—1920）畢業於布里斯托（Bristol）地區 Merchant Venturers School，林奈學會（Linnean Society）成員，1888 年進入邱園，1891 年到港，兼任香港西醫學院植物學講師，著有 *Gardening for Hong Kong*，與 Dunn 合著《廣東及香港植物誌》（*Flora of Kwangtung and HongKong*）。1910 年接任植物與園林處總監後，1911 年獲頒授太平紳士，設計粉嶺哥爾夫球場，死後葬於跑馬地墳場。

79　德邱之妻名 Elizabeth Aikman，是澳洲政治家 Mr. John Aikman 之姊妹，「*Quercus Elizabethse*」確是為她而命名。

80　莫氏含笑中的「莫氏」（*Maudiae*）原來是鄧氏之妻。博物學家好以自己的妻子之名命名新種，香氏是否因為未曾以妻子之名來命名新物種而遺憾？香氏在第二次印刷《野外香港》時新增了獻辭：「獻給 我親愛的妻子，海枯石爛的旅伴，見第 19 頁」，應算是一種補償？卻披露愛妻的一件不願公開之糗事（詳見本書〈二月·林村谷〉，頁 85。），脫不了頑皮本性。

81　即石筆木（*Tutcheria spectabilis* Dunn）及小果石筆木（*Tutcheria microcarpa* Dunn）。此屬已改名石筆木（Pyrenaria），該兩木今名 *Pyrenaria spectabilis*（Champ.）C. Y. Wu & S. X. Yang 及 *Pyrenaria microcarpa*（Dunn）H. Keng。

莫氏含笑

第四章
Chapter 4

行山遠足
Walks and Climbs

導讀

獲取保護家園的力量

香樂思在第四章寫香港一日遊遠足路線共五條：1）九龍灣上稅關坳，落西貢墟，上馬鞍山頂吊手岩，下大水坑沙田回九龍灣；2）由長沙或東涌上伯公坳登鳳凰山頂；3）上鹿頸陳屋後山，落三擔籮過新娘潭，出涌尾至大埔；4）沙田火車站—炭窰下—沙田坳—茅笪—崗背村—小瀝源—沙田火車站；5）荃灣—大帽山頂—梧桐寨—大埔。

香氏為什麼不把他熟悉的林村、米埔、輞井半島列入一日遊行山遠足路線而只寫這五段？或者問，為什麼香氏不把這五條路線的描述分拆成其他章的一節，不惜另起只有寥寥幾頁的一章，破壞每章字數的平衡？

地理學家段義孚《經驗透視中的空間與地方》（*Space and place: The Perspective of Experience*）（1977）曾區分「地方」（Place）與「空間」（Space）。依其定義，前面章節中出現的林村、米埔、輞井半島、碧麗園、赤柱集中營屬於地方，這五條遠足路線便屬於空間了。

段義孚定義的空間，因充滿感覺的身體在移動運作的體驗而形成，其特徵可歸納為以下三種。香氏對五條遠足線之描述，每多符合此三種特徵：

特徵之一是空間可精確量度。第一條線「在下午 6 時 45 分回到添馬艦」、「全程總共走了九小時十五分鐘」；第二條線攀「3,065 呎的鳳凰山」，「用了一小時十三分登頂」；第三條線「最後的 300 碼我狂奔，才在車開前三秒衝上。我靠五隻橙、兩樽檸檬水和七杯茶，才能補充失去的水分」；第四條線「全程連休息時間只用了四小時三十分鐘」；第五條線「在晚上 11 時 45 分先登上 3,130 呎山頂」。

特徵之二是空間處於未被太多人為改變的天然狀態，沒有指定路標，進入者

可以自由、開放、豪情方式進出。五線主要範圍雖不足稱為荒野，但當時俱是遠離城市位於農村外圍的深山野嶺，今天已劃入郊野公園，算是全港最少被「發展」的天然地區。第一條線「他（在山下）說自行回九龍去，便向我們告別」；第二條線「要找尋刺激，就不要走這路，而是從高原直攀山頂」；第三條及第四條線路可用不同方式連走各山村，都揭示沒有路標、自由進出的特性；第五線條線可作營火燒烤、觀日出、攀崖、跳潭裸泳，最具拓荒豪情。

　　特徵之三是空間使人曝露在外，易受攻擊。除第四條線「牛坳／石芽背西南地方，可見鬱鬱蒼蒼一片樹林」比較委婉，各線之危險性清楚明白。第一條線「此路山勢陡峭，又剛被山火蹂躪，沙浮石碎，一旦滑倒，非死即傷」；第二條線「那次最後的數百呎是在霧中完成的」；第三條線「傳云有一位坐轎子的新娘，正要橫過這溪澗時，遇上洪水，轎夫滑倒，新娘連轎子跌進下面的水潭裏」；第五條線「冷不及防驚動了一尾蛇，向我嘶嘶吐信，我只能彈起，繞道而走」。

　　空間雖然具威脅性或是邪惡的，帶給人茫然不安之感，可是另一方面卻與自由密切相關，提供各種豐富經驗使生活更美好，以致發現自我迄今未見的一面：

1　在這個我最喜愛的高山之巔，望見的可能是全港最美景觀。（馬鞍山）

2　高原有特別植物，植物學家務必登臨，要有更有趣的發現，便要別開蹊徑。（鳳凰山）

3　新界有一塊優山美地 …… 曾經有豐富的原生物種 …… 春天時 …… 繽紛多姿，村莊繁花似錦。（新娘潭）

段義孚進一步探討了地方與空間的辯證運動及其之於人生存的意義。「家的存在似乎促使了某些人對異地荒涼空間的嚮往」（Yi-fu Tuan，1993）[1]。

1930 年代起，以黃佩佳、吳灞陵為代表的一批本地華人開始成立旅行隊，前往新界離島探勝，其基礎在於他們已經在香港安居樂業，以此為家。

段義孚提出身體與空間的關係，本質上是人與世界的關係。作為客體的人包含在世界之中，但人的身體可以不單止是一具肉體，而因為置身空間之中，並通過其空間感及由之衍生的意向，可以試圖去控制及規劃空間並予實踐，身體因之成為「活過來的身體（lived body）」（港人的說法應該是「與一條鹹魚有別的身體」），空間因之成為被建構的空間，世界是可以被改造或被創造：

> 無論在戰前以及戰後，我都提議在此地成立自然保育區，為博物學家或行山者建旅舍，聘護林員，兼置宿舍供之當值。或許有天這夢想會實現。（新娘潭）

1　Yi-fu Tuan, "Desert and Ice: Ambivalent Aesthetics", in Salim Kemal & Ivan Gaskel ed., *Landscape, Natural Beauty and the Arts* (UK: Cambridge University Press, 1993), p. 149。轉引自宋秀葵：《地方、空間與生存：段義孚生態文化思想研究》（北京：中國社會科學出版社，2012），頁 49－50。

　　香港自然保育區亦開始被建構。與華人旅行隊成立的風氣相一致，1960 至 1970 年代籌劃及落實郊野公園法例，體現的就是香港決策者及有關持份者基於思想的地方感了。經驗是感覺和思想的混合體，互融互滲。當大家因為感覺野外香港為肉體帶來的感官享受或審美經驗或驚奇感而開始求知，而能辨識愈來愈多物種，了解愈來愈多演替模式或平衡系，發掘愈來愈多民俗史地蘊藏，獲得愈來愈多親切的經驗，則原本與你棲居地無關的野外空間，便開始被建構成我們的地方，我們的家園之一部分，故郊野公園又被稱為「香港人的後／前花園」。

　　自香氏來香港起至第一個郊野公園落成，香港人花了四十年去建構。自第一個郊野公園落成至今又逾四十年，郊野公園供無數港人，以至愈來愈多的內地同胞所享用，尤其是令支付不起或不喜歡到外地旅遊或上健身室者，保持較高的生活質素和開心指數。今日在郊野公園建屋竟已排入政府議程，未來會否又是逐步拆毀後花園，再驅逐人們離開家園的四十年？在這轉折點上重溫香氏著作，不單要享受懷舊的興味，更要獲取前瞻的、保護家園的力量。

一日遊

在香港有少數瘋子，相信能用最短時間，走不可能完成的路線。當中最熱衷於此的，要算是一批海軍，而且不只是年青的那批。[1] 11 月的一天，一位老海軍向我推薦一條絕妙路線：從九龍灣出發，經稅關坳（Customs Pass）下山，[2] 沿白沙灣（Hebe Haven）西海岸走到西貢墟，然後上馬鞍山，沿吊手岩下吐露港東岸到沙田，回九龍灣解散。

我說妙哉妙哉，但未知他是否誤以為我是海軍陸戰隊同袍。我問他從何得知此路線，他說路線刊於本地報紙，有人送他這份剪報。事隔多年，回想起來，我認為事源是有一批血氣方剛的年青海軍完成壯舉後，向老海軍激將。

數天後，我們三人乘汽艇往九龍灣，約好在 6 時半回程。我們很快便穿過稅關坳去到風光如畫的西貢墟拍照。穿越水稻田入樹林，有村名虎地口，[3] 看到溪邊長滿鳶尾科（Iridaceae）射干（Belamcanda punctata / Pardanthus chinensis），此花 6 月開，橙花上佈滿紅點，結黑果，1759 年傳至英倫。

走進大金鐘（Pyramide Hill）和馬鞍山間東南走向河谷，[4] 來到十字路口，選了谷右山脊方向上山。此路山勢陡峭，又剛被山火蹂躪，沙浮石碎，一旦滑倒，非死即傷。我們中間有兩人習以為常，領路走到山肩，再上到馬鞍山東峰。由此下望，第三位友人在千呎以下，因為沒穿膠底鞋，所以攀不上。我們向他大聲呼叫，他說自行回九龍去，便向我們告別。我們在山頂各吃了一個橙，欣賞無與倫比的壯闊景色。北面距我們 300 呎的是 2,261 呎的馬鞍山主峰，東面是大

射干花

譯註

▼

1　1928 年，25 歲的香氏剛到港大任高級講師，即每星期跟隨皇家海軍赫特森（H. P. W. Hutson）將軍觀鳥，Hutson 期後更為香氏鳥書畫圖，有可能是世交；29 歲時香氏更成為香港海軍將領 Philip Walter 之女婿，可見香氏與一批父執輩皇家海軍，即他筆下的「老海軍」，關係密切。

2　稅關坳今稱茶寮坳，是清水灣道最高點。黃佩佳《新界風土名勝大觀》云：「當時新安縣北部及東北部居民，往來港九，無論水陸 …… 必登電洲角（今沙田圓洲角）碼頭 …… 咸豐時，設稅關於電洲角之北，如佛堂門、佛堂洲、塔門、汲水門之所置，皆無異於村居之小屋一幢」。清水灣道最高點也是西貢往來港九必經之地，清廷是否也曾設稅關於此，所以才有稅關坳一名？如是，則「Customs Pass」一名不是英人創設，而是製地圖者知清廷以該坳作稅關，意譯成英文地名，不直譯 Shui Kwan Au？稅關坳是否又因為清廷撤走稅吏後空置，被鄉民改成茶寮，而易名茶寮坳？

3　原文為 Fu Tai Tau，當譯「虎地頭」，但據現時地圖，在西貢墟附近沒有地方名稱與此相符，卻有 Fu Tai Hau，中文名為「虎地口」，料是香氏筆誤／聽誤。

4　即坑糟水河谷，是由坑糟水河谷小徑上望之馬鞍山。

通往馬鞍山的崎嶇山路

鵬灣（Mirs Bay），再後拜亞士灣（Bias Bay），幸好海盜已經絕跡。[5]

我們爬上主峰後共晉午餐，下望船灣，北眺沙頭角海。在這個我最喜愛的高山之巔，望見的可能是全港最美景觀。北面是船灣和其後的沙頭角海。往東急降500 呎後，再攀上 2,226 呎的吊手岩，在那兒碰上另一群登山客。我們的前路尚遠，上上落落吊手岩諸尖峰，不容稍竭。自最後一個山頭轉走西南，橫過運送鐵礦的馬路，再沿山脊西降至大水坑村前溪口，急走三哩半到達沙田圍，斯時太陽開始下山，再兩哩全速趕至沙田坳，紅霞尚未褪盡。夜行無阻，就在下午 6 時 45分回到添馬艦（H. M. S. Tamar），[6] 全程總共走了九小時十五分鐘，但我們那位早退的朋友還未抵步。

回到船上，我要朋友取出促成本次行程的那份剪報，看到原來該路線還沒有提及由沙田坳到九龍灣一段呢！剪報最後說：「在大水坑可乘舢舨經潮水灣到沙田。如果還有時間，可綑邊走至沙田圍，過橋去到沙田火車站。由九龍灣出發，以沙田為終點，一般人至少要用九小時才能完成。」我希望這位海軍朋友最終贏得這場牙骹賽，但願那班年青海軍會相信他。[7]

· 鳳凰山 ·

我曾多次攀上大嶼山最高峰鳳凰山，先說用最短時間登頂那次。1931 年 11月一個週六，我們一班人自港島乘艇經長洲，在茶果洲（Rocky Islet）[8] 石灘以北岸邊拋錨，登陸位置，準確地說，是在 3,065 呎的鳳凰山與 2,800 呎的大東山間山坳對下的一條村子前，稍為偏東的那個海灣的中間，[9] 隨即兵分兩路：一路人數較少而精力旺盛；另一路人數較多而冷靜沉着。村後有斜坡可上山坳，然後有路下東涌，精力旺盛組找到這條路便出發，他們很快便再分成斷續的四群人，最快的兩個，用了一小時十三分登頂。大帽山高 3,141 呎，是境內第一高峰，用同樣的時間，可由零海拔的荃灣攀上。後來我和同伴更創下用一小時十一分登頂的紀錄。我的同伴是協助我採集植物的華人，他看來因為要不時停下來遷就我，所以未盡全力。

由東涌上接高原的是一條路況良好的小徑，[10] 小徑能通往大澳漁村，高原有

5   拜亞士灣（Bias Bay）即今大亞灣（Daya Bay）。Bias 一字帶貶義，指
     「偏」、「不正」、「邪」，據饒玖才先生口述，「Bias Bay」一名應只流行於英
     籍人士，尤其是海軍及海關之間，但英文為國際語言，所以「Bias Bay」一
     名沿用至今，粵譯「拜阿士灣」。在當年香港通往汕頭、福州、夏門、上海
     的水路運輸，經常遭到來自海陸豐等廣東水域海盜的阻擾與劫掠，可能因有
     海盜聚集，所以英人用「偏邪」命名附近水域，以示其混亂無紀狀態。1927
     年，以拜阿士灣為基地之一群海盜掠走商船 Irene 號，香港皇家海軍派兩艘
     潛艇擊沉商船，救回人質，拘捕海盜，判以死刑，但大部分人質遭魚雷炸
     死，香氏很可能從海軍朋友口中知道此一事件，故有「幸好海盜已經絕跡」
     之想。香氏 12 月日誌説「2 月的一天，在拜亞士灣和哈林灣之間，我再次看
     到六隻紅喉潛鳥」，哈林灣（Harlem Bay）疑即今紅海灣。紐約昔有「哈林
     區」，為三不管地帶，英人可能以「哈林」命名此灣，與「Bias」近義，表示
     此海盜據點混亂無紀狀態。「Irene 號事件」可見於 http://en.wikipedia.org/
     wiki/Irene_Incident。

6   添馬艦原是英國海軍三桅運兵船，以流入英國樸次茅夫港之添馬河（Tamar
     River）命名，1863 年下水，1864 年運兵前往中國地區。加裝鍋爐成為補給
     艦，1897 年第三次抵港後，之後被拆去引擎，成為海軍學員宿舍，停泊在香
     港英國海軍船塢。1941 年日軍佔領香港前被英軍自沉。作者在本書中多次
     提及使用汽艇及出入添馬艦，大概跟其外父是香港海軍將領 Philip Walter 有
     關。二戰後海軍接收金鐘威靈頓兵房建成威爾斯親王大廈，命名全區為「添
     馬艦海軍基地」，回歸後威爾斯親王大廈同昂船洲由解放軍駐港部隊接收。
     2011 年香港政府將政府總部、香港立法會、行政長官辦公室，一併搬到前添
     馬艦海軍基地地皮添美道 2 號，稱添馬艦新政府總部。

7   英國海軍在新界群山急行此一活動，發展成傳統，英軍撤走後，由喎喀軍繼
     承，於 1981 年舉行 100 公里麥里浩徑全走籌款活動，即「毅行者」。1986
     年樂施會加入合辦，籌款用於推行各項扶貧救災及倡議事務，為不同地域、
     性別、種族、宗教和政治界限的貧窮人改善生活。喎喀兵團隊在 1996 年撤
     走前以十三小時二十八分贏得冠軍，2009 年解放軍駐港部隊以十二小時十七
     分破其紀錄，2012 歐洲運動員以十一小時十二分破其紀錄，2016 尼泊爾裔
     團隊以十一小時一分再創紀錄。

8   擬為茶果洲。

9   擬指長沙。

10   擬指昂平。

草徑通山頂，大部分登山者都由東涌或大澳經此草徑登山。[11] 要找尋刺激，就不要走這路，而是從高原直攀山頂。[12] 我曾在兩星期內兩次這樣做，第二次那次最後的數百呎是在霧中完成的。高原有特別植物，[13] 植物學家務必登臨，要有更有趣的發現，便要別開蹊徑。

· 新娘潭 ·

新界有一塊優山美地，無論在戰前以及戰後，我都提議在此地成立自然保育區，為博物學家或行山者建旅舍，聘護林員，兼置宿舍供之當值。或許有天這夢想會實現。[14] 此區河谷有新娘潭及照鏡潭瀑布群，新娘澗及照鏡澗及其支流合流後，注入船灣及附近山麓。此地山林曾經有豐富的原生物種，包括秋楓／楓香（*Liquidambar formosana*）、殼斗科（chestnuts, oaks）、冬青（hollies）。春天時鮮紅的紅杜鵑（*Rhododendron simsii*）繽紛多姿，村莊繁花似錦。

新娘潭生長了別處所無的紅花八角／鄧氏八角（*Illicium dunnianum*），它有長長的花托，櫻桃紅的花，葉香誘人。眾多開花灌木佈滿，瀑布旁石上有秋海棠、蕨和好濕闊的蘭花。蓮座紫金牛（*Ardisia primulaefolia*）結鮮紅漿果，唇柱苣苔（*Chirita sinensis*）開花如丁香大岩桐。

蓮座紫金牛

11　擬指天梯。

12　從東山法門門樓上攀山頂，旅行界稱「鳳尾」線。

13　「從高原直攀山頂」其沿線可發現傘南星、紫背天葵、萬年松等「特別植物」。

紫背天葵　　　　　　　　　　萬年松

14　香氏夢想於本書原著出版後二十七年實現。1966 年美國環境科學專家湯博
　　立教授（Lee M. Talbot）考察香港郊野環境後，建議成立法定的保護地區，
　　1978 年港督麥里浩政府終於在新娘潭及附近地區成立船灣郊野公園，又在降
　　龍脊設山火瞭望台連宿舍，比台灣在 1982 年才成立的墾丁國家公園還早。唯
　　博物學家或行山者可入住之旅舍至今欠奉，倒是西貢及大帽山有青年旅舍。
　　可是 2013 年梁振英政府批准在郊野公園內的鄉間土地建丁屋，並附和地產商
　　開發郊野公園的言論，香氏已圓之夢想正逐步崩裂。

紅花八角／鄧氏八角（*Illicium dunnianum*）可長成小樹，是八角茴香（*I. verum*）近親，其星狀蓇葖果由香港出口到德國漢堡，是製造茴香利口酒（liqueur Anisette de Bordeaux）的原料，某些缺產季節，則以入口自中國的鄧氏八角代替。其味甚香，在海旁付運時，香味會飄到遠方。[15] 八角的其他品種，果實有毒，曾有人因錯誤飲用白花八角（*I. anisatum*）種子浸液致死，這種八角的種子並不香，所以易於辨別，除非有人用它摻假，不要把八角／大茴香和傘形科的洋茴香（*Pimpinella anisum*）的種子混淆。與八角有親緣關係的，還有原產中南美洲的冬木科（*Drimys*），其中的林仙（*D. winteri*）可製冬釀酒（Winter's bark）。

鄧氏八角花紅色

到新娘潭最快捷方法是由大埔乘水警輪到船灣，登岸走上河谷。[16] 我想終有一天可從大埔墟坐車直達。[17] 一般人的方法，是由粉嶺火車站乘巴士或駕車4哩半到沙頭角警署（戰時沙頭角警署被毀，但可能已重建），不入沙頭角墟，而是沿沙頭角公路行駛，到海邊後轉右行。由沙頭角海走到新娘潭，再接走大埔墟，路途趣味盎然，簡述如下：

以沙頭角警署為起點，沿小徑走向沙頭角海西南岸，一路絪邊行，經過一些燒珊瑚製石灰的灰窯，[18] 不要轉右，[19] 繼續沿左邊走，經過幾堆未燒的蠔蠣和珊瑚，稍轉右走入稻田，再靠左走，來到小山腳下，看到幾間村屋，[20] 屋後有蜿蜒

15　鄧氏八角花紅色，種子多是八角，間或更多，含莽草酸，有毒，不可當傳統香料八角茴香（*Illicium verum*）用。香氏筆下的鄧氏八角無毒且能釀酒，莫非胡説？查網上資料，峰迴路轉。原來對抗禽流感的特效藥特敏福，

八角果

是從中國原生的八角中抽取莽草酸而製成的。中國原生的莽草／紅茴香（*I. henryi*）、紅毒茴（*I. lanceolatum*）、台灣八角（*I. arborescens*），香港鄧氏八角，都含莽草酸，蓇葖果芳香健胃，經醫師指示後可用。所以説鄧氏八角能釀酒，原來它有芳香健胃的特質。所以説無毒，前題是德國漢堡有醫師／藥劑師訂定及監察用量；「其味甚香，在海旁付運時，香味會飄到遠方」一句，是暗示「香港」一名的由來不是沉香而是它？

16　當年船灣未建淡水湖，沒有堤壩，汽艇可泊涌尾村碼頭，上岸後北行接走新娘潭谷，上烏蛟騰或鹿頸。

17　大埔墟至大尾督公路在 1960 年代築成，大尾督至鹿頸公路在 1970 年代築成。

18　灰窰今天在鹿頸路兩旁仍存四座，最先一座在路左，後三座在路右。用途是把蠔蠣或珊瑚燒成石灰，作建築或農業用途。在海下、上窰及東涌都有類似古蹟，並有介紹牌，惟鹿頸路的沒有，其實鹿頸的每一座灰窰都比海下及上窰的更高更大，更可觀。

19　轉右便入南涌。

20　即鹿頸陳屋。

灰窰

的小徑上山。山南是樹林，現在要轉右，沿主徑再穿過幾間屋，然後在遠離稻田的一邊上山，上行 400 呎左右，[21] 穿山坳下山，沿一條向南流入船灣的小澗走，最後來到新娘潭瀑布頂，此處與另一橫過小澗的山徑相交。傳云有一位坐轎子的新娘，正要橫過這溪澗時，遇上洪水，轎夫滑倒，新娘連轎子跌進下面的水潭裏。走過瀑布頂，下行不久，右邊突然又見另一小徑，沿着走便能去到新娘潭。若沿主徑續走，便見有石橋橫跨西流之照鏡澗。不過橋，沿山徑走入澗谷不遠，即是照鏡潭（Dragon's pool），注入潭中的水是另一個瀑布，再走，便到一條鄉村。這片山坡曾經林木繁盛，只要得到保護，很快便可復原。1 月某天，我在下午 12 時 45 分匆匆離開新娘潭，因為要走約 9 到 10 哩到大埔墟趕搭 2 時56 分開出的火車。我急走到船灣，沿八仙嶺南山麓跑。最後的 300 碼我狂奔，才在車開前三秒衝上。之後要靠五隻橙、兩樽檸檬水和七杯茶，才能補充失去的水分。

· 九龍後山 ·

新界其中一處最就腳、景觀又多又美的遠足區，是九龍山脈以北鄉郊。可以九龍城及沙田為起點或終點。山脈間共有多個山坳可供選擇，由西至東分別有有九龍坳、沙田坳、割草坳（Grasscutters pass）、[22] 稅關坳（Customs pass）、[23] 大老坳（Tate's pass），再北行是小牛坳／石芽背（Heather pass）[24] 和水牛坳（Buffalo pass）。[25]

1 月 14 日，我們由沙田車站出發，沿堤岸南行，踏過石樁橫過城門河，再沿隔開海水與農田的堤岸，轉東來到位於狹灣[26] 內的沙田古村。[27] 沙田坳於村後山上，沿溪澗東岸行至山頂，可至警署及修士住的平房（這些建築戰時被毀）。

路邊遇到圓形大洞穴。其中一個就在路的下面。這些大洞穴從中心計有 6 呎高，寬 9 呎，內壁垂直，穹頂。洞在地下，洞頂與地面齊平。這些建築並非用磚石砌成，洞的兩頭有通風井接連地面，可容一人爬下，它可能是古代燒炭或燒石炭用的窰，但為何要築在高山上？若是炭窰，那麼一定是很久以前落成的，因為這山坡的樹木很久以前已被砍光。在大潭水塘岸邊和建香港仔水塘時，也發現類

21　根據上文在 1942 年軍用地圖上標示全程路線：

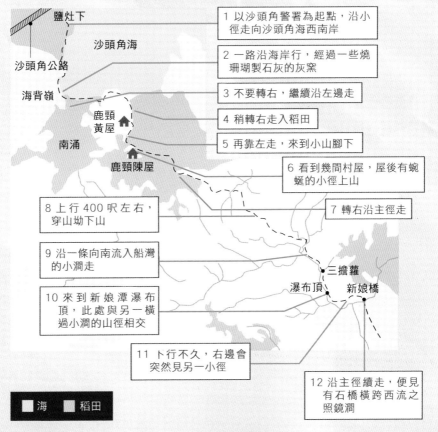

1 以沙頭角警署為起點，沿小徑走向沙頭角海西南岸

2 一路沿海岸行，經過一些燒珊瑚製石灰的灰窰

3 不要轉右，繼續沿左邊走

4 稍轉右走入稻田

5 再靠左走，來到小山腳下

6 看到幾間村屋，屋後有蜿蜒的小徑上山

7 轉右沿主徑走

8 上行 400 呎左右，穿山坳下山

9 沿一條向南流入船灣的小澗走

10 來到新娘潭瀑布頂，此處與另一橫過小澗的山徑相交

11 卜行不久，右邊會突然見另一小徑

12 沿主徑續走，便見有石橋橫跨西流之照鏡澗

■ 海　■ 稻田

22　今地圖稱吊草岩。有行家指 1957 年出版的地圖第十五張標明該處名「割草坳」（Grasscatter Pass），後來出版的地圖改成「吊草岩」。

23　今地圖稱茶寮坳。

24　今地圖只標「石芽背」，有行家指原名「小牛坳」，則 Heather Hill 之中文名稱應是「小牛山」（相對於「水牛山／牛坳山」）。

25　今地圖稱「打瀉油坳」，有行家指不合理。「水牛坳」（Buffalo Pass）才是合理的本名。

26　「狹灣」指「潮水灣」（沙田海），今灣已填滿，只留一道城門河。

27　「沙田古村」指「灰窰下」，原址在今「沙角邨」。「灰窰下」村名由來，很可能與本篇提及建在其山上之古窰有關。

似建築。[28]

到了沙田坳，我們不攀慈雲山，也不東降至割草坳，而是向北走，穿過被樹木圍繞的山村茅笪，走到山頂。此路再東行，可抵割草坳之頂峰，但我們再轉北抄捷徑沿山谷而下，卻不是匆匆走到潮水灣，而是東轉入連串山村群，[29] 山村後位於小牛山（Heather Hill）以南，小牛坳／石芽背（Heather Pass）西南地方，[30] 可見鬱鬱蒼蒼一片樹林。[31] 經過散佈的小村，來到小瀝源附近的岸邊，經山腳橫過城門河，回到沙田。全程連休息時間只用了四小時三十分鐘。

· 大帽山之夜 ·

戰前數年，10 月 24 日一個月夜，在皇家海軍協助下，我們十二人夜攀大帽山。從荃灣開始上攀。有一隊騾子為我們馱食物、食水和木柴、毯子。是夜明月在天，把小徑照得光鑑易行，領隊沒出岔子，折回再找路的事一次也沒發生，不過有一隻騾子失蹄，蹲在一件包袱上面，後來證實那包袱內藏了我的牙膏牙刷。我不喜騾子的氣味，便抄捷徑越過騾隊，重奪領頭地位，冷不及防驚動了一尾蛇，向我嘶嘶吐信，我只能彈起，繞道而走。

騾隊在攀最後 500 呎陡坡時力不從心。隊中一些人在晚上 11 時 45 分先登上 3,130 呎山頂，另外的則生起大火堆，圍着營火，唱完歌便烤肉，沒有栗子可烤，我改烤蘋果。有人嫉妒這主意，待發現我烤熟的蘋果內有一條蟲時，他們幸災樂禍。幸好第二隻蘋果再沒發現房客。我們取出毯子，很快入睡。

距日出還有一段時間，熱衷看日出的朋友，喚醒其他人趕上山頂。我穿衣從未如此快捷 —— 如果說穿多一條絨褲和一雙襪子就叫穿衣的話。我們氣喘心跳地攀過石頭，上到山頂，月落已久，我們很心急要看日升。哎呀！東面一塊浮雲遮住旭日。紅球出雲來，天色已開。回到營地，我們吃了個奢侈的早餐。把毯子收起，掛在騾身，向回程的印籍槍手和華人小弟告別，然後再上山頂。在此分成兩路：懶骨頭和婦女組，一起下粉嶺哥爾夫球會；另外五個壯男攜繩索、食物、毛巾，下陡峭山峽。高山上看見兩隻隼、兩隻鵪鶉、一隻鷚、一隻鷯。

我們來到 100 呎高的瀑布，[32] 這是全港最美的瀑布之一。我們必得繞路走，來到一道懸崖，崖下是深潭，[33] 我嘗試沿邊攀下去，途中行囊裏的珍稀蘭花、乾

28 「燒炭或燒石炭用的窯」，考古學家在馬灣島上也有發現，外形與香氏描述相似，馬灣的古窯更在原址重建。與鹿頸的窯最大的不同是，後者只有數百年歷史，而前者有數千年歷史，是石器時代遺蹟。香氏推斷，灰窯在「很久以前落成」，指的是石器時代。

29 「連串山村群」指崗背村、草堆下、觀音山等山村。

30 即牛坳山。

31 石芽背「西南地方鬱鬱蒼蒼一片樹林」是少數香氏描述風景中至今不變的一處：

32 即梧桐寨長瀑。

33 即梧桐寨中瀑，見本書第一章〈二月〉註53。

梧桐寨長瀑

淨汗衣和午餐盒墜落崖壁，反彈到另一面崖壁，最後插入潭中，濺起水花。前無去路，於是我們把繩索一端固定在潭上一塊突出來的石上，逐個下降，到達潭邊，脫掉衣服，拋到岸邊，然後沿石面滑入冷冰清澈的潭中裸泳。

其下另一瀑布，不能攀越，便離開此一溪谷，沿割草徑走到另一溪谷，在此我們淋浴，在石上曬太陽、吃午餐。[34] 我那份是濕了的肉批和烤蘋果。突然石後竄出一條蛇，我們靜止不動，看牠游走到石隙樹根去捕蛙，牠爬過我掉在地上的一件上衣，鑽進澗的對岸消失，牠是灰鼠蛇／過樹榕（*Ptyas korros*），約4呎半長，深橄欖褐色。

沿澗而下，到達林村谷水稻田。多看三種蛇，其中兩種是稻田中常見的漁游蛇／草花蛇（*Natrix piscator*），路上還可以見到開白藍花的大花老鴉嘴（*Thunbergia grandiflora*），還有開鮮橙及黃色花的馬利筋（*Asclepias curassavica*）。去到大路，我們駕車回九龍，再乘汽艇到添馬艦海軍總部喝下午茶，才各自回家。

大花老鴉嘴花

34　依據文意，本段「其下另一瀑布」應指梧桐群瀑最下一條，即井底瀑。但是若果真是井底瀑，則與下文的「不能攀越」有矛盾，因為井底瀑是三條瀑布中最短的，而且分成兩段，未達「不能攀越」程度。若果真是井底瀑，再下一句「離開此一溪谷，沿割草徑走到另一溪谷」更難理解，因為無論從井底瀑向東走入雞公坑，或向西走入蕉坑，路程都很遙遠，而且此三溪谷在現時及當年在經濟及旅遊上都缺乏開鑿徑道貫通的理由，因此譯者認為香氏記憶出錯，此「不能攀越」之瀑其實是長瀑，本句其實與第一章〈二月 · 林村谷〉中的「來到一道懸崖，前無去路，便在瀑布頂的右面，橫過谷肩，步步為營踏過長滿植物的碎石坡，接走澗道」重疊。至於「在此我們淋浴，在石上曬太陽、吃午餐」，指的是中瀑。

原書文獻參考

　　以下只列出香港博物學不同範疇之主要參考文獻，供想認真研習的讀者參考：

· 植物學 Botany ·

E. Bretschneider, *History of European Botanical Discoveries in China*. London: Sampson Low, Marston & Co. Ltd., 1898.

F. B. Forbes and W. B. Hemsley, "Index Flora Sinensis: an enumeration of all the plants known from China", *Journal of the Linnean Society, Botany* (Vol. XXIII–XXXVI), London: Longmans, Green and Co., 1886–1905.

George Bentham, *Flora Hongkongensis*. London: Lovell Reeve, 1861.

S. T. Dunn and W. J. Tutcher, *Flora of Kwangtung and HongKong. Royal Botanic Garden, Kew. Bulletin of Miscellaneous Information, additional series X.* London: H. M. Stationery Office, 1912.

· 昆蟲 Entomology ·

J. C. Kershaw, *Butterflies of Hong Kong*. Hong Kong: Kelly and Walsh Ltd., 1907.

· 鳥類 Ornithology ·

G. A. C. Herklots, *The Birds of Hong Kong Field Identification and Field Note Book*. Hong Kong: South China Morning Post, 1946.

H. R. Caldwell & J. C. Caldwell, *South China Birds*. Shanghai: Hester May Vanderburgh, 1931.

J. D. D. La Touche, *A Handbook of the Birds of Eastern China*. London: Taylor and Francis, 1925–1934.

· 通識 General ·

G. A. C. Herklots et al., *The Hong Kong Naturalist: A Quarterly Illustrated Journal Principally for Hong Kong and South China*. Hong Kong: The Newspaper Enterprise Ltd. & South China Morning Post, 1930–1941.

譯註本參考書目

1　B. Owen & R. Shaw, *Hong Kong Landscapes: Shaping the Barren Rock*. Hong Kong: Hong Kong University Press, 2007.

2　Edward Stokes, *Hong Kong's Wild Places: An Environmental Exploration*. Hong Kong: Oxford University Press, 1995.

3　G. A. C. Herklots, "Orchidaceae of Hong Kong: Part 1" In *The Hong Kong Naturalist* (Vol. 1) No. 1. Hong Kong, Jan 1930, pp.15-18.

4　G. A. C. Herklots, *Hong Kong Birds*. Hong Kong: The South China Morning Post, 1954.

5　G. S. P. Heywood, "Hong Kong hills (Tai Mo Shan)." In *The Hong Kong Naturalist* (Vol. 6). Hong Kong, 1935, pp. 29-35.

6　Hong Kong Herbarium & South China Botanical Garden, ed. *Flora of Hong Kong* (Vol. 1). Hong Kong: Agriculture, Fisheries & Conservation Department, 2007.

7　J. L. Young Saye, "Orchid hunting on Ma-On-Shan" In *The Hong Kong Naturalist*. Hong Kong, July 1937, pp. 84-88.

8　P. Marshall, *Wild Mammals of Hong Kong*. Hong Kong: Oxford University Press, 1967.

9　S. J. Karsen, M. W. N. Lau & A. Bogadek, *Hong Kong Amphibians and Reptiles* (2nd Edition). Hong Kong: Provisional Urban Council Hong Kong, 1998.

10　S. Y. Hu, *The Genera of Orchidaceae in Hong Kong.* Hong Kong: Chinese University Press, 1977.

11　尹璉、費嘉倫、林超英：《香港及華南鳥類》。香港：政府新聞處，2008。

12　卡森著，呂瑞蘭、李長生譯：《寂靜的春天》。上海：上海譯文出版社，2014。

13　石仲堂：《香港陸上哺乳動物》。香港：天地圖書，2006。

14　吉卜林著，張新穎譯：《叢林書》。長沙：湖南文藝出版社，2006。

15　朱維德：《原來如此》。香港：明窗出版社，1989。

16　艾榮・莫雅頓著，雷欣然譯：《米埔沼澤地理》。香港：香港大學出版社，1990。

17　何維俊：《香港的竹節蟲》。香港：香港昆蟲學會，2013。

18　李君毅：〈香港地名分類初談（中）〉，載《野外》雜誌「在野論說」專欄。香港：野外動向，1978 年 8 月，頁 4－5。

19　李君毅：《登山臨水篇其二：林村群瀑》，出版年份不詳。

20　李熙瑜：《尋蟲記——大城市小生物的探索之旅》。香港：商務印書館，2011。

21　李維怡：《沉香》。台北：聯合文學，2011。

22　沈石溪：〈逼上深山的豺〉，《保母蟒》。台北：民生報，1995。

23　沈石溪：《鳥奴》。杭州：浙江少年兒童出版社，2009。

24　阮志：《從沙頭角蓮麻坑村說起》。香港：三聯書店，2012。

25　岩井俊二著，孟海霞譯：《華萊士人魚》。海口：南海出版公司，2008。

26　林文宏：《台灣鳥類發現史》。台北：玉山社，1997。

27　邱東：《新界風物與民情》。香港：三聯書店，1999。

28　范發迪著，袁劍譯：《清代在華的英國博物學家：科學、帝國與文化遭遇》。北京：中國人民大學出版社，2011。

29　香港園藝學會：《香港古樹名木》。香港：天地圖書，2006。

30　香港觀鳥會：《香港鳥類圖鑑》。香港：萬里書店，2010。

31　香樂思、林書顏：《香港食用魚類圖志》。香港：南華早報，1940 / 1962。

32　韋基舜：《吾土吾情 II》，香港：成報出版，2005。

33 孫啟元：《模糊的腳印》。香港：郭良蕙新事業有限公司，2003 。

34 格雷厄姆著，馬曉聲、朱兆林譯：《柳林風聲》。天津：新蕾出版社，2003。

35 郝朝運等：〈我國胡椒屬植物區系地理研究〉，載《植物分類與資源學報》，
34（5），2012。

36 馬克・歐柏馬西克著，張穎綺譯：《觀鳥大年》。台北：麥田，2012。

37 馬萊著，龐元媛譯：《白蟻之魂》。台北：貓頭鷹出版社，2010。

38 高添強：《彩色香港》。香港：三聯書店，2014。

39 張展鴻：《香港濕地四季遊》。香港：野外動向，2014。

40 張樹發等：《藥用動植物種養加工技術（13）——蜈蚣・斑蝥》。北京：中
國中醫藥出版社，2000。

41 張麗翔：《粉嶺舊時月色》。香港：上書局，2014。

42 盛和林：《中國哺乳動物圖鑒》。鄭州：河南科學技術出版社，2005。

43 莎拉・史坦因著，杜菁萍譯：《生機花園》。台北：大樹文化，1998。

44 許舒著，嘉熙語文翻譯中心譯：《滄海桑田話荃灣》。香港：滄海桑田話荃
灣出版委員會，1999。

45 陳千惠：《台灣植物染》。台北：遠見天下文化，2006。

46 陳玉慧：《幸福之葉》。台北：印刻文學，2014。

47 陳秉安：《大逃港》。廣州：廣東人民出版社，2010。

48 湯姆森著，胡學亮譯：《動物生活史》。北京：新星出版社，2015。

49 費梁：《中國兩棲動物圖鑑》。鄭州：河南科學技術出版社，1999。

50 馮志明，冼玉儀編：《元朗文物古蹟概覽》。香港：元朗區議會，1996。

51 黃佩佳著，沈思編：《香港本地風光》。香港：商務印書館，2017。

52 黃佩佳著，沈思編：《新界風土名勝大觀》。香港：商務印書館，2016。

53 黃垤華：《香港山嶺志——桂角山志・雞公山志・牛潭山志・麒麟山志》。
香港：商務印書館，2017。

54 黃競聰：〈窩拿與深井潮僑街坊盂蘭勝會〉，載蕭國健、游子安編：《鑪峰
古今：香港歷史文化論集 2015》。香港：珠海學院香港歷史文化研究中心，
2014。

55	楊建業、饒戈：《香江蝶影》。香港：萬里書店，2002。
56	達爾文著，王瑞香譯：《小獵犬號航海記（上下冊）》。台北：馬可孛羅，2001。
57	漁農自然護理署：《香港植物名錄》。香港：漁農自然護理署，2004a。
58	漁農自然護理署：《賞樹手記》。香港：天地圖書，2004b。
59	漁農自然護理署：《追蹤蛇影：香港陸棲毒蛇圖鑑》。香港：天地圖書，2006。
60	漁農自然護理署：《香港植物誌》。香港：漁農自然護理署，2011。
61	遠藤敬著，孫玉珍譯：《男的民俗學——山林篇》。台北：遠流出版公司，2008。
62	劉禾：《六個字母的解法》。北京：中信出版社，2014。
63	劉夙：《植物名字的故事》。北京：人民郵電出版社，2013。
64	劉克襄：《失落的蔬果》。台北：二魚文化，2005。
65	劉克襄：《四分之三的香港》。香港：中華書局，2014。
66	劉華傑：《博物學文化與編史》。上海：上海交通大學出版社，2015。
67	蕭步丹撰、關培生校勘：《嶺南採藥錄》。香港：萬里書店，2003。
68	鍾明哲、楊智凱：《台灣民族植物圖鑑》。台北：晨星出版，2012。
69	薩拉・羅斯著，熊姣著：《造物中展現的神的智慧》。北京：商務印書館，2013。
70	鄺智文：《重光之路：日據香港與太平洋戰爭》。香港：天地圖書，2015。
71	懷特著，繆哲譯：《塞耳彭自然史》。廣州：花城出版社，2002。
72	羅斯著，孟馳譯：《茶葉大盜》。北京：社會科學文獻出版社，2015。
73	饒戈：《觀蝶圖鑑觀蝶地圖》。香港：野外動向，2004。
74	饒玖才：《香港地名探索》。香港：天地圖書，1998。
75	饒玖才：《香港方物古今》。香港：天地圖書，1999。
76	饒玖才：《香港舊風物》。香港：天地圖書，2001。
77	饒玖才：《香港的地名與地方歷史（上）》。香港：天地圖書，2011。

索引

中文名	外文名	頁碼
棱果花	Barthea barthei	100, 376
椋鳥	Chinese Starling	140
殼斗科港柯 / 夏蘭柯	Quercus harlandi	372
無花果	Figs	334
無根藤	Cassytha filiformis	354
猴頭杜鵑	Rhododendron fordii	378
番石榴	Guava	348
畫眉	Hwamei	56, 64, 108, 128, 132, 166
短角蚱蜢	Short-horned Grasshopper	312
筆管榕 / 雀榕	Ficus wightiana	336
紫玉盤	Uvaria microcarpa	134
紫灰錦蛇	Elaphe porphyracea / Banded Racer	260
紫沙蛇	Psammodynastes pulverulentus	261
紫珠	Callicarpa tomentosa	196, 201, 206
紫紋兜蘭 / 香港拖鞋蘭	Paphiopedlilum purpuratum	194
紫棕小頭蛇	Oligodon cinereus / Holarchus violaceus	260
絨毛潤楠	Machilus velutina	92, 96
絲光椋鳥	Silky Starling	66
絳念	Barley bues	348
菝葜	Smilax china	200, 201, 204
菟絲子	Cuscuta chinensis / Dodder	354
華南虎	Felis tigris amoyensis / South China Tiger	221, 228, 230
華南雲實	Caesalpinia crista / C. nuga	94
華南龍膽	Gentiana loureiri	90
華麗杜鵑	Rhododendron farrerae	62, 98, 368, 378
鈍尾兩頭蛇	Calamaria septentrionalis	260
隆頭魚	Wrasse	68
雲母蛤 / 明瓦	Placuna	284
雲實	Caesalpinia sepiaria	94
飯鏟頭	Naja kaouthia / Cobra	261, 268

第二版跋

《野外香港歲時記》原書 2008 年在港大圖書館發現，2009 年 12 月把幾篇譯文放上博客，總瀏覽量為 6。2018 年 7 月由香港中華書局出版，9 月 27 日在尖沙咀商務印書館舉辦了新書發佈會。會後一位大學生持書走向我，表示他即赴外國攻讀生態學，只挑了這本書裝入行李箱。當時反應不來，只識祝福同學學業及事業有成，此話此境卻一直咀嚼至今。大抵因為自己自六歲起一直留在小學，社交圈子狹窄、生活體驗貧乏，很少聽這類如金之聲，見這類如玉之人。

2018 年 11 月，在市郊見一熱心解說員，帶領十人上下生態導賞，在上坡路段，手持又大又重此書，遇上相應物種，竟純熟地翻到某頁，向大家引述，之後又加個人評述。這太刺激我了，一陣熱血湧入心頭，尾隨於後，趁有空檔，冒昧自報名號，表示欽佩，也衷心感激。這位超級解說員冷靜地回應，此書有瑜，亦多瑕，再版時務須修訂，期望此書可讓更多市民珍惜我們的自然環境。

我誠惶誠恐，自知魯鈍，當面請教時 70% 以上會忘掉，便呈上電郵，請賜細明指正。真高人也，不數日，收到共 30 條訂正意見，極其專業，詳盡到位。除以 400 頁，在下大吃一驚，即是表明此書不到 14 頁，便至少有一處錯漏！我忙把高人建議呈交書局，建議盡快出修訂版。可是多事之秋接連，書局未暇考慮重印。

在新書發佈會中，另外有位座上客是文化研究博士，在大學任職，關心本書序言一註中列出的一篇「未刊稿」拙作，推薦在文化網刊《微批》發表。〈重估《香港方物志》——兼論香樂思與葉靈鳳之間〉在同年 12 月 16 日刊出後，博士又邀我翌年 3 月 19 日赴香港中文大學第四屆「博群書節」演講，我定下似乎適

合在大學演講的題目〈追憶的風景 —— 香港自然寫作對本土的定位〉，本是因讀完一位前輩寄來的台灣某大學學報一篇論文而寫。該論文引用人文地理大師段義孚「地方感」概念，論證葉靈鳳是香港最早的鄉土文學、自然寫作者。

之所以要回應該論文，事源在《野外香港歲時記》出版前一個月，當時中華書局黎耀強先生的副手建議我為全書每章寫導讀，說讀者需要。情急之下，採用了段義孚「地方感」理論為分析框架交差。事後反思，讀者需要的是其他，「地方感」其實是自己需要。但是因為有了這分析，我對該台灣論文生起了極大的反應。事實上，開始寫作本地鄉土自然的，在上世紀三十年代，有香樂思在內的 *The Hong Kong Naturalist* 期刊同仁；在二十年代，有黃佩佳及吳灞陵；在一十年代，有宋學鵬。沒有他們尤其是香樂思及希活，作為以寫作城市情慾成名的新感覺派小說家葉靈鳳，在五十年代不可能突然變成自然書寫鄉土作家。

《微批》文章及「博群書節」演講，都是針對該論文而發。這部分最重要內容，港台電視《漫遊百科》第七集全都剪除了，他們專業，最能掌握讀者需要。可幸《微批》文章傳到台灣學者處，博士又再傳給我學者面書日記，表示已終止這題目的研究。

我跟這位文化研究博士素未謀面，交談不過兩三句，可是不僅不見天日的未刊稿刊了，無謂的個人牢騷竟阻止了一場可能影響聲譽的誤判，我獲得有史以來最高演講費，更重要的是，我可以踏入少年期最嚮往的中大本部圖書館。一年夢不中一件，夢中一件已樂翻天。這位不是我導師的博士，令我接連夢境成真，比我前生所遇所有博士導師，更幫助我自我實現。

寄台灣論文給我的前輩，是著作等身、活躍香港地方史的資深調研高手，是香港本地旅行界無人不曉的顧問，我與他此前素未謀面，有幸結識，事緣 2009 年在港大圖書館發現本地旅行界傳說已久的神作 —— 黃佩佳《新界風土名勝大觀》手稿影印本，因為禁止攝影，我用了一個暑假抄出一部分，打字放上網誌。想不到在 2016 年，前輩利用剪報編訂並出版全書，2017 年他編出黃佩佳第二本作品《香港本地風光》後，突然打電話來送我兩書，說因為在網誌見到我喜歡黃佩佳，視為同道。

我向他談及葉靈鳳與香樂思的關係，他便寄來台灣論文，我才寫出那篇未刊

稿，他又安排我 2018 年 1 月 20 日到文物探知館研討會發表。得他提攜，我有幸在 2019 年秋至 2020 年冬，隔週跟隨他與《明報》記者探遊北區及大埔古鄉，在星期天副刊〈街知巷聞〉撰寫專欄。編輯以「生態圈」一名為我制訂分工職能，但我多次全篇不提一物種，多寫家人同學或神話傳聞，總編頗有不滿，但記者為我頂住，說包含人文學的生態圈，才是更整全的生態圈啊，囑我照一貫風格寫，真是豪氣干雲。當編輯收到不少讀者讚好，就沒意見了。

中華書局黎先生又介紹我見《橙新聞》文化版主編拍視頻做宣傳。主編真心喜歡此書，我呈上幾篇用譯註擴寫而成的小品，主編竟然不說這種文章少人讀，不適合本版，而是說這種文章少人寫，有刊載價值。〈香港生態史地歷奇〉專欄於是在 2019 年 4 月 9 日面世，〈博物旅行文學鉤沉〉專欄 2020 年 3 月 13 日刊出。編輯的配圖往往比原稿更吸引，又為文章設定超連結及關鍵字。當我沒信心再寫下去時，會傳來高稱讚點數；當稿件混亂出錯，耐心提示改正。編輯最屬害之處，是接受專欄用一個離奇題目，高談闊論，大段引文，續寫十篇八篇成萬千字。這種包容，在本地似乎絕無僅有。

在完美寫作條件下，在下可以跟香樂思繼續愉悅地抬槓，分享此生結緣的生物和山水，為被人類中心主義蒙冤受難的生物辯護，也陸續整理出由《新安縣志》經宋學鵬、希活、香樂思等，到《野外》作者群的香港博物旅行文學發展大綱，提出葉靈鳳「由置換到原創」的新論斷；還總結過往探索教學經驗，結合到今日提倡的科學及資訊素養教學上；拆解一堆香港史地謎題。這些主題到現時一直在深化，成為我外出演講、展覽、主持活動的題材。

2024 年 1 月，收到黎先生來郵，《野外香港歲時記》要重印了。編輯楊安琪小姐在高人讀者 30 條修訂建議的基礎上，校對及統一全書生物名稱，再加在下一分力，增補香樂思年譜。這書在這幾年帶給我的太多了，我希望再有高人發現再版有另外三十處錯漏，構成出第三版理由，屆時寫第三版後記，再述其他夢想成真自我實現事。

2024 年 5 月 9 日

野外香港歲時記（第二版）

The Hong Kong Countryside

Throughout the Seasons

香樂思　原著

彭玉文　譯註・攝影

責任編輯　黃懷訢　楊安琪

裝幀設計　霍明志

排　　版　霍明志
　　　　　　賴艷萍

協　　力　陳美連
　　　　　　沈崇熙

印　　務　劉漢舉

出版

中華書局（香港）有限公司

香港北角英皇道四九九號北角工業大廈一樓 B

電話：（852）2137 2338

傳真：（852）2713 8202

電子郵件：info@chunghwabook.com.hk

網址：http://www.chunghwabook.com.hk

發行

香港聯合書刊物流有限公司

香港新界荃灣德士古道 220-248 號

荃灣工業中心16 樓

電話：（852）2150 2100

傳真：（852）2407 3062

電子郵件：info@suplogistics.com.hk

印刷

深圳市雅德印刷有限公司

深圳市龍崗區平湖輔城坳工業大道 83 號 A14 棟

版次

2018 年 7 月初版

2024 年 6 月第二版

©2018 2024 中華書局（香港）有限公司

規格

16 開（230mm×170mm）

ISBN

978-988-8861-80-4